Keycloak
- 모던 애플리케이션을 위한 ID 및 접근 관리

Keycloak, OpenID Connect 및
OAuth 2.0 프로토콜의 강력한 기능을
활용한 애플리케이션 보안

Keycloak
- 모던 애플리케이션을
위한 ID 및 접근 관리

최만균 옮김

스티안 토르거센
페드로 이고르 실바 지음

i!i
에이콘

에이콘출판의 기틀을 마련하신 故 정완재 선생님 (1935-2004)

코로나19에 맞서 싸우는 사람들에게. 특히, 우리에게 영원히 기억될 재디얼 필리오에게.

– 페드로 이고르 실바

| 옮긴이 소개 |

최만균(ferozah83@naver.com)

한국과 뉴질랜드에서 15년 동안 IT 엔지니어로서 다양한 경험을 쌓고 있다. 한국에서는 네트워크 및 보안 분야 엔지니어로 근무하며 다양한 국내외 대기업 및 정부 프로젝트에 참여했다. 뉴질랜드에서는 소프트웨어 테스팅 및 테스트 자동화 그리고 웹 보안 업무를 수행 중이다. 또한 빅데이터 분석, AI, 클라우드 보안에 관심이 많다. 최근에는 스노우플레이크Snowflake를 활용한 빅데이터 분석 및 ETL 테스팅 프로젝트에 참여하고 있다.

기술 관련 도서 번역을 제2의 직업으로 생각하며, 에이콘출판사에서 출간한『디지털 트윈 개발 및 클라우드 배포』(2022),『어반 컴퓨팅』(2020),『사이버 보안』(2019)을 번역했다. 앞으로도 다양한 책을 번역하고자 하는 목표가 있다.

클라우드와 AI 관련 산업이 발전하면서 보안의 중요성은 더욱 커지고 있다. 이제는 대부분의 소프트웨어와 애플리케이션이 온라인에 연결돼 있으며 인터넷에 연결된 모든 사용자가 자유롭게 접근할 수 있다. 이러한 IT 환경의 변화로 인해 사용자를 인증하고 다양한 리소스에 대한 접근 권한을 관리하는 역할은 보안의 핵심적인 역할을 수행하게 됐으며 모든 애플리케이션은 사용자의 ID와 접근을 관리하기 위한 도구가 필요해졌다. Keycloak은 이러한 ID 및 접근 관리 소프트웨어 분야에서 가장 강력한 커뮤니티를 갖춘 오픈 소스 애플리케이션이다(동일한 기능을 제공하는 Auth0 및 Okta는 유료다). Keycloak은 다양한 인증 프로토콜과 LDAP 또는 액티브 디렉터리와 같은 데이터베이스를 지원한다. 또한 구글 및 페이스북과 소셜 ID 제공자를 지원하기 때문에 소셜 로그인을 사용하고자 하는 사용자에게 매우 유용하다. 마지막으로, 웹 기반의 GUI와 SSO 기능까지 갖추고 있다. 기업의 보안 관리 업무에서 IAM(ID 및 접근 관리) 기능은 이제 필수다. Auth0와 Okta와 같은 유료 솔루션 도입을 고민해본 독자라면 오픈 소스 IAM 솔루션으로 Keycloak을 고려해볼 수 있다.

| 지은이 소개 |

스티안 토르거센 Stian Thorgersen

대부분의 기업이 단일 벤더 퍼블릭 클라우드를 사용할 준비가 되기 몇 년 전부터 클라우드 연합 플랫폼을 구축하는 아르주나 테크놀로지스 Arjuna Technologies에서 경력을 시작했다. 그 후 레드햇 Red Hat에 합류해 개발자들의 업무를 도울 방법을 찾았으며 여기서부터 Keycloak에 대한 아이디어가 시작됐다. 2013년 레드햇의 다른 개발자와 함께 Keycloak 프로젝트를 공동 설립했다. 현재 Keycloak 프로젝트의 리더이자 프로젝트의 최고 기여자다. 또한 레드햇과 레드햇 고객의 ID 및 접근 관리 업무를 수행하는 수석 소프트웨어 엔지니어로 꾸준히 일하고 있다. 여가 시간에는 노르웨이에서 산악 자전거 타기를 좋아한다.

페드로 이고르 실바 Pedro Igor Silva

사랑하는 딸들의 자랑스러운 아빠다. 2000년에 ISP에서 커리어를 시작했다. 그곳에서 자바와 J2EE 소프트웨어 엔지니어로 일하며 FreeBSD와 리눅스와 같은 오픈 소스 프로젝트를 처음 접했다. 그 후 다양한 IT 회사에서 시스템 엔지니어, 시스템 아키텍트 및 컨설턴트로 근무했다. 현재 레드햇의 수석 소프트웨어 엔지니어이자 Keycloak의 핵심 개발자 중 한 명이다. 현재 관심을 갖고 연구하는 분야는 IT 보안, 특히 애플리케이션 보안, ID 및 접근 관리 분야다. 쉬는 날에는 자신의 수족관을 돌본다.

제게 일할 수 있는 공간을 주고 지지를 보내준 사랑하는 가족들에게 감사의 마음을 전합니다.

이 책을 쓰고 싶었습니다. 팩트출판사 편집 팀 전체가 초보 작가에게 엄청난 도움을 줬지만, 제 작업의 대부분을 편집한 로미 디아스 Romy Dias에게 특별히 감사를 전하고 싶습니다.

| 기술 감수자 소개 |

하이넥 므나릭 Hynek Mnarik

IT 분야에서 20년 이상의 경험을 갖추고 있다. 컴퓨터 과학의 이론적 측면에 매료돼 결국 스스로도 놀라운 컴퓨터 과학 박사 학위를 취득하게 됐다. 또한 이론과 실습의 시너지를 선호하기 때문에 도매 업무 지원 및 은행 분야에서 가상화 및 보안에 이르기까지 다양한 IT 시스템의 아키텍처, 개발, 품질 엔지니어링 및 관리 작업을 동시에 수행했다. 지난 몇 년 동안 주된 관심사는 Keycloak이었고, 다양한 코드를 여러 곳에 기여했으며 현재는 다른 사람들이 기여한 코드를 검토하는 중이다.

싯다르타 데 Siddhartha De

BITS Pilani에서 시스템 엔지니어링 석사 학위를 취득했으며 기술 지원, 컨설팅 및 인프라 설계를 포함한 IT 산업에서 약 10년간의 경험을 보유하고 있다. 현재 인도 레드햇에서 근무하고 있다.

우카시 부드니크 Łukasz Budnik

정보 시스템 분야에서 박사 학위를 취득했으며 IT 솔루션을 설계하고 구현한 20년 이상의 경험을 가진 인사이드-아웃사이드 inside-outside 기술자다. 부동산 포털, 자동차/주택 보험, 음성 및 비디오 솔루션, 모바일 뱅킹, 의료 시스템과 같은 프로젝트에 참여했다. 지난 9년 동안 AWS, 애저, 헤로쿠 Heroku 그리고 랙스페이스 Rackspace와 같은 클라우드 플랫폼 아키텍트로 근무했다. 클라우드 네이티브 애플리케이션 전문가다. 클라우드 환경의 엄격한 보안, 거버넌스 및 규정 준수 프로그램을 구현하는 일을 담당하고 있다.

행복한 남편이자 활기찬 세 아들의 아버지다.
클라우드 기술 애호가이며 비를 전혀 신경 쓰지 않는다!
GitHub와 X(전 트위터)에서 @lukaszbudnik라는 아이디를 사용하고 있다.

| 차례 |

1부 — Keycloak 시작하기

1장   Keycloak 시작하기

3부 — Keycloak 설정 및 관리

10장 사용자 관리

11장 사용자 인증

Keycloak은 단일 페이지 애플리케이션, 모바일 애플리케이션, REST API와 같은 최신 애플리케이션에 초점을 맞춘 오픈 소스 ID 및 접근 관리 도구다. Keycloak 프로젝트는 2014년 개발자들이 애플리케이션을 더 쉽게 보호하는 데 도움을 주기 위해 시작됐다. 이후 강력한 커뮤니티와 사용자 기반을 갖춘 활성화된 오픈 소스 프로젝트로 성장했다. 사용자가 소수인 소규모 웹사이트부터 수백만 명의 사용자가 있는 대기업까지 다양한 환경에서 쓰이고 있다.

Keycloak 설치 방법과 프로덕션 사용 사례에 맞게 Keycloak을 설정하는 방법에 대해 알아보는 책이다. 또한 애플리케이션을 보호하는 방법에 대해 다루며, OAuth 2.0 및 OpenID Connect를 이해하는 데 필요한 훌륭한 기초를 제공한다.

░ 이 책의 대상 독자

개발자, 시스템 관리자, 보안 엔지니어 또는 Keycloak의 기능을 활용해 애플리케이션을 보호하고자 하는 독자를 대상으로 한다.

Keycloak을 처음 접하는 경우 이 책을 통해 프로젝트에서 Keycloak을 활용할 수 있는 강력한 기반을 제공한다.

만약 Keycloak을 사용해본 적이 있지만 아직 익숙해지지 않았다면 이 책에서 여러 가지 유용한 정보를 찾을 수 있을 것이다.

∷ 이 책에서 다루는 내용

1장, Keycloak 시작하기 Keycloak에 대한 간략한 소개와 직접적인 Keycloak 설치 및 실행을 통해 Keycloak을 활용할 준비 단계를 다룬다. 또한 Keycloak 관리 및 계정 콘솔에 대해 소개한다.

2장, 애플리케이션 보안 설정 단일 페이지 애플리케이션 및 REST API로 구성된 샘플 애플리케이션을 사용해 해당 애플리케이션을 Keycloak으로 보호하는 방법에 관해 설명한다.

3장, 간략한 표준 소개 간략한 소개 및 애플리케이션을 Keycloak과 안전하고 쉽게 통합할 수 있도록 Keycloak에서 지원하는 표준을 비교하고 설명한다.

4장, OpenID Connect를 통한 사용자 인증 OpenID Connect 표준을 통한 사용자 인증 방법을 다룬다. 애플리케이션이 Open ID Connect를 통해 Keycloak에 대해 인증하는 방법을 확인하고 이해할 수 있는 샘플 애플리케이션을 사용한다.

5장, OAuth 2.0을 활용한 접근 권한 인가 OAuth 2.0 표준을 통한 REST API 및 다른 서비스 접근 인가 방법을 다룬다. 샘플 애플리케이션에서 보안이 적용된 REST API를 호출하는 데 사용하는 OAuth 2.0을 통해 어떻게 애플리케이션이 접근 토큰을 획득할 수 있는지 직접 확인할 수 있다.

6장, 다양한 애플리케이션 유형 보안 웹, 모바일, 네이티브 애플리케이션, REST API 및 기타 백엔드 서비스를 비롯한 다양한 유형의 애플리케이션을 보호하는 방법에 관한 베스트 프랙티스를 다룬다.

7장, Keycloak과 애플리케이션 통합 Go, Java, 클라이언트 사이드 자바스크립트, Node.js 및 파이썬과 같은 다양한 프로그래밍 언어 기반의 애플리케이션을 Keycloak과 통합하는 방법을 단계별로 제공한다. 또한 리버스 프록시를 활용해 프로그래밍 언어 또는 프레임워크로 구현된 애플리케이션을 보호하는 방법도 다룬다.

8장, 인가 전략 애플리케이션이 접근 관리를 수행하기 위해 Keycloak의 사용자 정보를 활용하는 방법, 역할 및 그룹, 사용자 정의 정보를 다룬다.

9장, 프로덕션 환경을 위한 Keycloak 설정 TLS를 활성화하는 방법, 관계형 데이터베이스를 설정하는 방법, 추가 확장 및 가용성을 위해 클러스터링을 활성화하는 방법을 포함해 프로덕션 환경에서 Keycloak을 설정하는 방법을 다룬다.

10장, 사용자 관리 사용자 관리와 관련돼 Keycloak이 제공하는 기능을 자세히 살펴본다. 또한 LDAP, 소셜 네트워크 및 외부 ID 공급자와 같은 외부 소스의 사용자를 통합하는 방법도 설명한다.

11장, 사용자 인증 보안 키를 포함해 2차 인증을 활성화하는 방법 및 Keycloak에서 제공하는 다양한 인증 기능을 다룬다.

12장, 토큰 및 세션 관리 Keycloak이 서버 측 세션을 활용해 인증된 사용자를 추적하는 방법과 애플리케이션에 발행된 토큰 관리에 대한 베스트 프랙티스를 다룬다.

13장, Keycloak 확장 로그인 페이지 및 계정 콘솔과 같은 사용자 페이지의 인터페이스를 수정하는 방법을 포함해 Keycloak을 확장하는 방법을 다룬다. Keycloak 확장을 수행할 수 있는 다양한 위치와 사용자 정의 확장을 수행할 수 있도록 해주는 Keycloak의 가장 강력한 기능 중 하나에 대해 간략하게 소개한다.

14장, Keycloak 및 애플리케이션 보안 프로덕션 환경에서 Keycloak을 보호하는 방법에 대한 베스트 프랙티스를 다룬다. 또한 자체 애플리케이션을 보호할 때 준수해야 하는 몇 가지 베스트 프랙티스를 간략히 소개한다.

░ 이 책의 활용 방법

이 책의 예제를 실행하려면 컴퓨터에 OpenJDK와 Node.js가 설치돼 있어야 한다. 모든 코드 예제는 Linux(Fedora)에서 OpenJDK 11 및 Node.js 14를 사용해 테스트를 수행했다. 하지만 윈도우^{Windows} 및 macOS뿐만 아니라 OpenJDK 및 Node.js의 최신 버전에서도 동작한다.

이 책에서 사용하는 소프트웨어/하드웨어	운영체제
Keycloak 12	리눅스, macOS, 또는 윈도우
OpenJDK 8+	리눅스, macOS, 또는 윈도우
Node.js 14+	리눅스, macOS, 또는 윈도우

이 책의 디지털 버전을 사용하는 경우 코드를 직접 입력하거나 GitHub 저장소를 통해 코드에 접근할 수 있다. 이렇게 하면 코드 복사 및 붙여넣기와 관련된 잠재적 오류를 방지할 수 있다.

⁞ 예제 코드 파일 다운로드

이 책의 예제 코드 파일은 GitHub(https://github.com/PacktPublishing/Keycloak-Identity-and-AccessManagement-for-Modern-Applications)에서 다운로드할 수 있다. 코드 업데이트가 필요한 경우 해당 저장소 코드를 업데이트할 것이다. 에이콘출판사 깃허브 저장소(http://github.com/AcornPublishing/keycloak-iam)에서도 같은 코드를 다운로드할 수 있다.

⁞ Code in Action

다음 링크(https://bit.ly/3h6kdDm)에서 Code in Action 동영상을 확인해보라.

⁞ 컬러 이미지 다운로드

이 책에 사용된 스크린샷/다이어그램의 컬러 이미지가 포함된 PDF 파일을 제공한다. 다음 링크(http://www.packtpub.com/sites/default/files/downloads/9781800562493_ColorImages.pdf)에서 다운로드할 수 있다.

에이콘출판사 도서정보 페이지(http://www.acornpub.co.kr/book/keycloak-iam)에서도 볼 수 있다.

⠿ 편집 규약

이 책에 사용된 몇 가지 텍스트 규칙이 있다.

코드체: 텍스트상의 코드, 데이터베이스 테이블 이름, 폴더 이름, 파일 이름, 파일 확장자, 파일 경로, URL, 사용자 입력값과 트위터 처리 문자는 다음과 같이 표시한다.

```
"Keycloak supports the authorization_code grant type and the code and
token response types."
```

코드 블록은 다음과 같이 표시한다.

```
<Header>.<Payload>.<Signature>
```

코드 블록의 특정 부분에 주의가 필요한 경우 관련 라인이나 항목을 굵게 표시한다

```
{
"access_token": "eyJhbGciOiJSUzI1NiIsI…",
"expires_in": 299,
"token_type": "bearer",
"scope": "profile email",
…
}
```

커맨드라인 입력 또는 출력은 다음과 같이 표시한다.

```
$ npm install
$ npm start
```

경고와 중요한 노트는 이와 같이 나타낸다.

⁝⁝⁝ 문의

독자의 의견은 언제나 환영한다.

일반적인 피드백: 이 책에 대한 모든 질문은 제목에 책 제목을 넣어 customercare@packtpub.com으로 보내주길 바란다.

오탈자: 콘텐츠의 정확성에 항상 주의를 기울임에도 불구하고 실수는 생기기 마련이다. 책에서 발견한 실수를 알려주는 독자에게 깊이 감사한다. 이를 통해 다른 독자의 혼란을 막고, 다음에 출간할 버전을 개선할 수 있다. www.packt.com/submit-errata에 방문해 해당 책을 선택한 후, Errata Submission Form 링크를 눌러 자세한 오류 내용을 입력한다.

한국어판의 정오표는 에이콘출판사 홈페이지(http://acornpub.co.kr/book/keycloak-iam)에서 확인할 수 있으며, 이 책과 관련해 질문이 있다면 이 책의 옮긴이나 에이콘출판사 편집 팀(editor@acornpub.co.kr)으로 문의해주길 바란다.

저작권 침해: 인터넷상에서 팩트의 책을 어떤 형태로든 불법적으로 복사한 자료를 발견했다면 주소나 웹사이트 이름을 보내주길 바란다. 자료의 링크를 copyright@packt.com으로 보내면 된다.

1부

Keycloak 시작하기

1장에서는 첫 번째 애플리케이션에 초기 보안 설정을 포함해 Keycloak을 실제로 활용할 것이다.

- 1장, Keycloak 시작하기

- 2장, 첫 번째 애플리케이션 보안 설정

01

Keycloak 시작하기

Keycloak을 처음 접한다면 1장에서 빠르게 Keycloak에 대해 살펴볼 것이다. 먼저 간단한 소개부터 시작한다. Keycloak을 설치하고 사용하는 일이 얼마나 쉬운지 알게 될 것이다. Keycloak을 사용하게 되면 이를 관리하고 설정할 수 있는 훌륭한 인터페이스를 제공하는 Keycloak 관리 콘솔^{admin console}을 학습할 예정이다. 마지막으로 애플리케이션 사용자가 자신의 계정을 관리할 수 있는 Keycloak 계정 콘솔도 다룰 것이다.

1장을 통해 Keycloak 서버를 시작하는 방법과 Keycloak 관리 콘솔을 사용해 Keycloak을 관리하는 방법을 알게 될 것이다. 2장에서 첫 번째 애플리케이션의 보안을 실행하기 위해 테스트 사용자^{example user}를 사용해 Keycloak을 준비하는 방법을 배울 것이다.

1장에서는 다음과 같은 주제를 다룰 것이다.

- Keycloak 소개
- Keycloak 설치 및 실행
- Keycloak 관리자 및 계정 콘솔 활용

⁝⁝ 기술 요구 사항

1장에서 Keycloak를 실행하기 위해 도커(https://www.docker.com/) 또는 JDK 8+(https://openjdk.java.net/)가 워크스테이션에 설치돼 있어야 한다. 다음 링크(https://bit.ly/3nRLgng)에서 Code in Action 동영상을 확인해보라.

⁝⁝ Keycloak 소개

Keycloak은 단일 페이지 애플리케이션single-page applications, 모바일 애플리케이션 및 REST API와 같은 최신 애플리케이션에 초점을 맞춘 오픈 소스 ID 및 접근 관리 도구다.

Keycloak 프로젝트는 개발자들이 애플리케이션을 더 쉽게 보호하는 데 도움을 주기 위해 2014년에 시작됐다. 이후 강력한 커뮤니티와 사용자 기반을 갖춘 활성화된 오픈 소스 프로젝트로 성장했다. 소수의 사용자만 있는 소규모 웹사이트부터 수백만 명의 사용자가 있는 대기업까지 다양한 환경에서 사용하고 있다.

Keycloak은 강력한 인증을 포함해 완전히 사용자의 입맛에 맞게 설정할 수 있는 로그인 페이지를 제공하며 암호 복구, 주기적인 암호 업데이트 설정, 이용 약관 동의 등과 같은 다양한 기능을 제공한다. 해당 기능들을 애플리케이션에 포함시키기 위해 추가적인 설정이나 코딩을 할 필요가 전혀 없다. 사용자에게 표시되는 모든 페이지는 사용자 정의 테마를 지원하므로 페이지의 모양과 디자인을 회사 브랜드 및 기존 애플리케이션에 손쉽게 통합할 수 있다.

Keycloak을 통해 인증을 수행하면 애플리케이션의 서로 다른 인증 메커니즘이나 암호 저장의 안전성에 대해 걱정할 필요가 없다. 또한 이런 방법은 애플리케이션이 사용자 자격증명에 직접 접근하지 않고 필요한 항목에만 접근할 수 있는 보안 토큰을 제공해 더 높은 수준의 보안을 제공한다.

Keycloak은 세션 관리 기능뿐만 아니라 SSO^{Single Sign-On} 기능을 제공해 사용자가 한 번만 인증하면 여러 애플리케이션에 접근할 수 있다. 사용자와 관리자 모두 사용자가 인증된 위치를 정확하게 파악할 수 있으며 필요한 경우 원격으로 세션을 종료할 수 있다.

Keycloak은 OAuth 2.0, OpenID Connect 및 SAML 2.0을 지원하는 업계 표준 프로토콜을 기반으로 한다. 업계 표준 프로토콜을 사용하는 것은 보안적인 측면과 기존 애플리케이션 및 신규 애플리케이션을 통합하는 측면에서 매우 중요하다.

Keycloak은 자체 데이터베이스를 갖고 있기 때문에 별다른 설정 없이도 사용할 수 있다. 또한 기존 인증 인프라스트럭처와 손쉽게 통합할 수 있다. ID 브로커링identity brokering 기능을 통해 소셜 네트워크 또는 다른 엔터프라이즈 ID 공급자의 기존 사용자 데이터를 연동할 수 있다. 또한 액티브 디렉터리Active Directory 및 LDAP 서버와 같은 기존 사용자 디렉터리와 통합할 수도 있다.

Keycloak은 가볍고 설치가 쉬운 솔루션이다. 또한 높은 확장성을 갖고 클러스터링 기능을 통해 고가용성high availability을 제공한다. 좀 더 고도화된 이중화redundancy를 구현하는 경우 여러 데이터 센터에 대한 클러스터링도 지원한다.

Keycloak을 손쉽게 설치하고 다양한 활용 사례를 구축함과 동시에, 필요한 경우 높은 사용자 정의 및 확장성을 가진다. Keycloak 사용자 정의 코드custom code를 구현 및 배포해 기존 동작을 수정하거나 완전히 새로운 기능을 추가할 수 있는 확장 가능한 부분이 많다. Keycloak에 적용할 수 있는 확장에는 사용자 정의 인증 메커니즘, 사용자 정의 사용자 저장소user stores 그리고 사용자 정의 토큰 연동 등이 그 예다. 또한 사용자 고유의 로그인 프로토콜을 사용할 수 있다.

여기서는 Keycloak의 특징과 기능에 대해 간략히 소개했다. 이 책은 Keycloak에 대한 실용적인 가이드를 제공하기 위한 것이므로, 추후 이어지는 장에서 해당 기능을 어떻게 활용할 수 있는지 실습할 것이다.

⁝⁝ Keycloak 설치 및 실행

Keycloak을 설치하고 실행하는 방법을 간략히 살펴볼 것이다. Keycloak을 실행한 후에는 Keycloak 관리 콘솔admin console과 Keycloak 계정 콘솔account console을 관찰할 예정이다.

Keycloak을 설치하는 방법에 대한 몇 가지 옵션은 다음과 같다.

- 도커에서 컨테이너로 실행

- 로컬에서 Keycloak 설치 및 실행(OpenJDK와 같은 Java 가상머신 필요)

- 쿠버네티스^{Kubernetes}에서 Keycloak 실행

- Keycloak Kubernetes operator 사용

이미 시스템에 도커가 설치된 경우에는 도커 컨테이너를 사용하는 것이 가장 간단하기 때문에 해당 방법을 권장한다.

도커가 설치돼 있지 않은 경우, Keycloak을 로컬에 설치하고 실행하는 방법이 가장 쉽다. 유일한 의존성은 자바 가상머신이다.

Keycloak은 설치, 설정 그리고 관리를 도와주는 Keycloak Kubernetes Operator 옵션을 가진 쿠버네티스에도 쉽게 설치할 수 있다. 여기에서는 쿠버네티스에 대한 상세한 내용을 다루지 않는 대신, Keycloak과 해당 기능을 자세히 설명한다. 쿠버네티스에서 Keycloak 사용에 대해 알고 싶으면 Keycloak 웹사이트(https://www.keycloak.org/getting-started)에서 자세한 관련 자료를 제공하니 방문해본다.

다음 절에서는 도커에서 Keycloak을 컨테이너로 실행하는 방법을 알아볼 것이다. 로컬에서 Keycloak을 사용하는 경우 'OpenJDK를 통한 Keycloak 설치 및 실행' 절로 가면 된다.

도커에서 Keycloak 실행

도커를 사용하면 Java 가상머신을 직접 설치할 필요도 없고 Keycloak을 다운로드하고 설치할 필요도 없기 때문에 Keycloak를 매우 쉽게 실행할 수 있다.

Keycloak을 도커에서 실행하려면 다음 명령어를 사용한다.

```
docker run -p 8080:8080 -e KEYCLOAK_ADMIN=admin -e KEYCLOAK_ADMIN_
PASSWORD=admin?quay.io/keycloak/keycloak:22.0.1start-dev
```

Keycloak에는 디폴트 관리자 계정이 없기 때문에 `KEYCLOAK_USER` 및 `KEYCLOAK_PASSWORD` 환경변수를 사용하면 초기 관리자 계정을 쉽게 생성할 수 있다. 또한 `-p 8080`을 통해 호스트에서 Keycloak이 사용하는 포트를 설정해 Keycloak에 접근할 수 있도록 한다.

잠시 후, 다음과 같은 메시지를 볼 수 있으며 해당 메시지는 Keycloak이 성공적으로 설치됐음을 의미한다.

그림 1.1 Start up 메시지

다음 링크(http://localhost:8080)에 접근해 Keycloak이 실행 중인지 확인할 수 있다.

설치가 완료됐다! 이제 Keycloak을 도커 컨테이너로 실행하고 먼저 Keycloak 관리자 및 계정 콘솔을 검색해 Keycloak을 사용할 수 있다.

OpenJDK를 통한 Keycloak 설치 및 실행

자바Java에서 Keycloak을 사용할 수 있기 때문에 의존성을 추가로 설치할 필요 없이 모든 운영체제에서 Keycloak을 쉽게 실행할 수 있다. OpenJDK와 같은 Java 가상머신만 설치하면 된다.

다음 절에서 Keycloak을 실행하기 전에 필요한 OpenJDK를 설치한다. Java 가상머신이 이미 설치돼 있는 경우 다음 절을 건너뛰고 Keycloak을 설치하는 부분으로 넘어가면 된다.

OpenJDK 설치

OpenJDK를 설치하는 가장 좋은 방법은 사용하는 운영체제에 따라 다르다. 예를 들어 대부분의 리눅스 배포판에는 OpenJDK 패키지가 기본 저장소^{repositories}에 포함돼 있다.

예를 들어 페도라^{Fedora}에서 다음 명령어를 실행해 OpenJDK를 설치할 수 있다.

```
$ sudo dnf install java-latest-openjdk
```

운영체제와 관련된 설치 방법은 다음 URL을 통해 확인할 수 있다.

- Windows: https://www.google.com/search?q=install+openjdk+windows

- macOS: https://www.google.com/search?q=install+openjdk+macos

- Ubuntu: https://www.google.com/search?q=install+openjdk+ubuntu

OpenJDK를 설치하는 또 다른 간단한 방법은 다음 링크(https://jdk.java.net/)에서 사전 빌드된 파일을 다운로드하는 것이다. 브라우저에서 해당 페이지로 이동한 후 **Ready for use** 옆에 **JDK 15**를 클릭한다. 사용하는 운영체제에 해당하는 파일을 다운로드하고 적절한 위치에 압축을 해제한다. 압축을 해제한 후에는 압축이 해제된 디렉터리를 JAVA_HOME 환경변수로 설정한다.

다음 스크린샷은 리눅스에서 사전 빌드된 OpenJDK를 설치하는 예시를 보여준다.

```
$ mkdir ~/kc-book
$ cd ~/kc-book
$ tar xfvz ~/Downloads/openjdk-14.0.2_linux-x64_bin.tar.gz
$ export JAVA_HOME=~/kc-book/jdk-14.0.2
$ $JAVA_HOME/bin/java ?version
```

마지막 명령어(java -version)는 자바가 정상적으로 동작하는지 검증한다.

이제 OpenJDK 설치를 완료했고 Keycloak을 설치한다.

Keycloak 설치

자바 가상머신을 시스템에 설치한 다음에는 Keycloak 웹사이트에서 Keycloak 배포판을 다운로드한다.

다운로드 링크(https://www.keycloak.org/downloads)에 접속한 후 서버 버전의 **ZIP** 또는 **TAR.GZ** 파일을 다운로드한다standalone server distribution. 다운로드를 완료한 다음에는 적절한 위치에 파일 압축을 해제한다.

다음 스크린샷은 리눅스에서 Keycloak을 설치 예시를 보여준다.

```
$ cd ~/kc-book
$ unzip ~/Downloads/keycloak-11.0.1.zip
$ cd keycloak-11.0.1
$ export KC_HOME=~/kc-book/keycloak-11.0.1
```

실제 환경에서 디폴트 사용자 이름과 패스워드를 사용해 Keycloak이 실행되는 것을 방지하기 위해 Keycloak에는 디폴트 관리자 계정이 포함돼 있지 않다.

따라서 Keycloak을 사용하기 전에 초기 관리자 계정을 생성행야 한다.

리눅스 또는 macOS에서 관리가 계정을 생성하려면 터미널에서 다음 명령어를 실행한다.

```
$ cd $KC_HOME
$ bin/add-user-keycloak.sh -u admin -p admin
```

윈도우에서는 다음 명령어를 실행한다.

```
> cd %KC_HOME%
> bin\add-user-keycloak.bat -u admin -p admin
```

NOTE

> 실제 운영 환경에서 관리자 계정은 보안성이 높은 인증을 포함하는 강력한 패스워드를 사용해야 한다. 책 후반부에서 Keycloak에서 이중 인증(Two-Factor Authentication)을 활성화하는 방법에 대해 알아볼 것이다.

이제 Keycloak을 실행할 준비를 마쳤다.

Keycloak 실행

Keycloak 설치하고 초기 관리자 계정을 생성한 다음 Keycloak을 실행할 수 있다.

리눅스 또는 macOS에서 Keycloak 실행 명령어는 다음과 같다.

```
$ cd $KC_HOME
$ bin/standalone.sh
```

윈도우에서는 다음 명령어를 실행한다.

```
> cd %KC_HOME%
> bin\standalone.bat
```

잠시 후, 다음과 같은 메시지를 볼 수 있으며 해당 메시지는 Keycloak이 성공적으로 실행됐음을 의미한다.

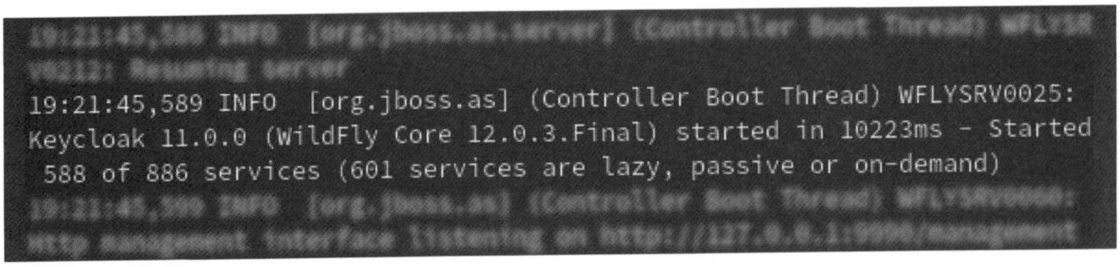

그림 1.2 Start up 메시지

다음 링크(http://localhost:8080)에 접속해 Keycloak이 실행되는지 확인할 수 있다.

이제 시스템에서 Keycloak을 실행하고 먼저 Keycloak 관리자와 계정 콘솔을 통해 Keycloak을 사용할 수 있다.

Keycloak 관리 및 계정 콘솔 활용

이번 절에서는 Keycloak 관리자 및 계정 콘솔을 살펴볼 것이다. 관리자 콘솔은 Keycloak을 설정하고 관리할 수 있는 확장 콘솔이다. 반면 계정 콘솔은 사용자가 자신의 계정을 관리할 수 있게 해준다.

Keycloak 관리자 콘솔 시작하기

이번에는 Keycloak 관리 콘솔에 로그인하는 방법과 초기 애플리케이션 보안에 필요한 기본적인 구성 설정 방법을 알아볼 것이다.

Keycloak 관리자 콘솔은 관리자 및 개발자에게 편리하며 다양한 Keycloak 구성 및 관리 인터페이스를 제공한다.

관리자 콘솔에 접근하려면 브라우저에서 다음 링크(http://localhost:8080/auth/admin/)로 접속한다. Keycloak 로그인 페이지로 리다이렉트되며 이전 절에서 Keycloak을 설치하면서 사전에 생성한 관리자 사용자 이름과 패스워드를 사용해 로그인한다.

로그인하게 되면 다음 스크린샷과 같이 Keycloak의 master realm 설정이 표시된다.

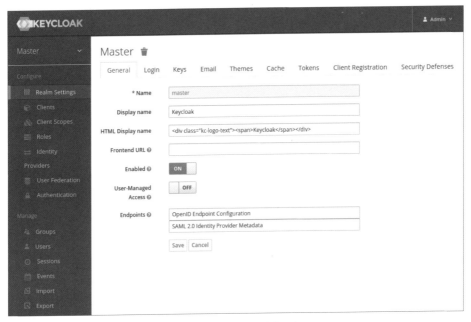

그림 1.3 Keycloak 관리자 콘솔

관리자 콘솔에 대해 추후 더 자세히 알아보겠지만, 먼저 Keycloak 애플리케이션의 기본적인 보안 설정에 대해 다루도록 한다.

Realm 생성 및 설정

먼저 애플리케이션 및 사용자에 대한 realm을 생성해야 한다. realm을 테넌트^{tenant}로 생각해보자. realm은 다른 realm과 서로 완전히 독립적이며 각 realm은 고유의 설정과 애플리케이션 및 사용자를 갖는다. 해당 특성을 통해 Keycloak을 다양한 목적으로 사용할 수 있다. 예를 들어 내부 애플리케이션 및 직원들을 위한 realm과 외부 애플리케이션 및 고객을 위한 realm을 설정할 수 있다.

신규 realm을 생성하려면 좌측 상단(Keycloak 로고 바로 밑)에 위치한 realm 셀렉터^{selector}에 마우스를 이동한다. realm 셀렉터 위에 마우스를 이동하면, 신규 realm 생성 버튼을 포함해 realm 리스트를 확인할 수 있다. **Add realm** 버튼을 클릭한다.

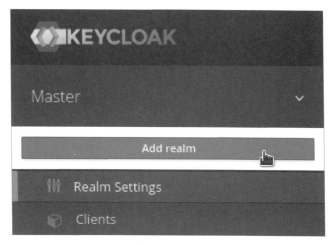

그림 1.4 Realm 셀렉터

다음 페이지에서 realm의 이름을 입력한다. 이름이 URL에 사용되기 때문에 URL에서 이스케이프가 필요한 특수 문자(예: 공백)를 사용하지 않기를 권장한다.

realm을 생성하면 이해하기 쉬운 디스플레이 이름을 설정한다. 예를 들어 이름을 my realm으로 설정하고 디스플레이 이름을 My Realm으로 설정한다.

사용자 생성

realm을 생성한 후에는 해당 realm의 첫 번째 사용자를 생성해보자.

1. 좌측 메뉴에서 **Users**를 클릭한 다음 **Add Users**를 클릭한다.

2. 기억하기 쉬운 사용자 이름을 입력하고 이메일, 성과 이름을 입력한다.

    관리자는 해당 정보가 사용자의 유효한 이메일 주소임을 알고 있는 경우 **Email Verified** 옵션을 선택할 수 있다.

3. **Required User Actions**을 통해 관리자는 사용자가 로그인 시 초기 작업을 수행하도록 설정할 수 있다(예: 사용자 프로파일 확인 및 이메일 주소 확인).

4. 사용자 생성 양식을 작성한 후 **Save**를 클릭해야 한다.

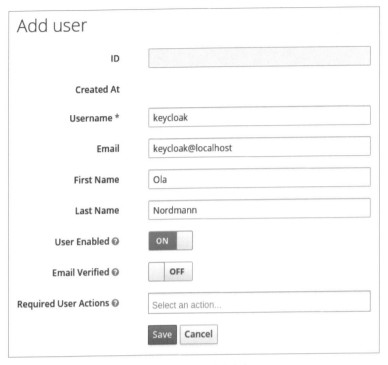

그림 1.5 사용자 생성 양식

사용자는 이름과 같은 몇 가지 표준 내장 속성standard built-in attributes을 갖고 있지만, **Attributes** 탭을 통해 사용자 정의 속성을 추가할 수도 있다.

사용자가 로그인하려면 먼저 초기 임시 패스워드를 생성해야 한다. 임시 패스워드를 생성하려면 **Credentials** 탭을 클릭한다. **Set Password** 섹션에서 패스워드를 입력하고 **Set Password**를 클릭한다.

Temporary 옵션이 활성화된 경우, 사용자는 처음 로그인할 때 패스워드를 변경해야 한다. 해당 옵션은 관리자가 사용자를 생성하는 경우 일반적으로 사용된다.

그룹 생성

그룹을 생성하고 사전에 생성한 사용자를 그룹에 추가한다. 좌측 메뉴에서 **Groups**를 클릭한 다음 **New**를 클릭한다.

그룹 이름(예: mygroup)을 입력하고 **Save**를 클릭한다.

그룹을 생성한 다음 해당 그룹에 속성을 추가한다. 사용자는 자신이 속한 그룹의 모든 속성을 상속받는다. 예를 들어, 전체 사무실 직원이 속한 그룹이 있고 해당 그룹의 직원 속성에 사무실 주소를 추가하는 경우에 유용하다.

또한 그룹에 역할role을 설정할 수 있으며, 해당 역할은 그룹의 모든 멤버가 상속한다.

사용자를 그룹에 추가하려면 **Users** 페이지에서 **View all users**를 클릭하고 사전에 생성한 사용자를 선택한다.

그다음, **Groups** 탭을 클릭한다. 우측 열에서, 사전에 생성한 그룹을 선택하고 사용자를 그룹에 추가하기 위해 **Join**을 클릭한다.

글로벌 역할 생성

글로벌 역할global role을 생성하려면 좌측 메뉴에서 **Roles**를 클릭하고 **Add Role**을 클릭한 뒤 이름을 입력한다(예: myrole). 또한 여러 명의 관리자가 있는 경우 역할에 대한 설명을 추가하는 것이 좋다.

Keycloak의 역할은 해당 역할에 다른 역할을 추가해 통합 역할composite role이 될 수 있다. 통합 역할 권한을 가진 사용자는 통합 역할에 포함된 모든 역할이 동적으로 부여된다. 통합 역할은 다른 통합 역할도 포함할 수 있다. 해당 기능은 매우 강력할 수 있지만 그와 동시에 주의해서 사용해야 한다. 통합 역할은 관리가 어렵고, 특히 통합 역할의 계층이 많을 경우 성능 저하가 발생할 수도 있다.

사용자를 역할에 추가하려면 **Users** 페이지에서 **View all users**를 클릭하고 사전에 생성한 사용자를 선택한다.

그런 다음 **Role Mappings** 탭을 클릭한다. 좌측 열에서, 사전에 생성한 역할을 선택하고 **Add selected**를 클릭해 사용자를 역할에 추가한다.

첫 번째 애플리케이션의 보안과 관련된 초기 설정을 이제 모두 마쳤다. 이번에는 사용자가 자신의 계정을 관리할 수 있는 Keycloak 계정 콘솔을 알아본다.

Keycloak 계정 콘솔 시작하기

Keycloak 계정 콘솔은 다음 기능을 포함해 사용자가 자신의 계정을 관리할 수 있는 인터페이스를 제공한다.

- 사용자 프로파일 업데이트

- 사용자 패스워드 업데이트

- 이중 인증 활성화

- 애플리케이션 보기(인증된 애플리케이션 포함)

- 현재 세션 보기(다른 세션에서 원격 로그아웃 포함)

계정 콘솔에 접근하려면 브라우저에서 다음 링크(http://localhost:8080/auth/realms/myrealm/account/)에 접속한다(이전 절에서 다른 realm 이름을 사용한 경우, myrealm을 해당 이름으로 변경한다). 첫 번째 사용자를 생성할 때 생성한 사용자 이름과 패스워드로 로그인할 수 있는 Keycloak 로그인 페이지로 리다이렉트된다.

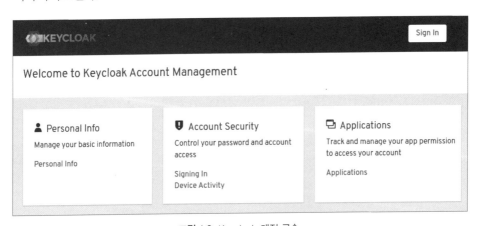

그림 1.6 Keycloak 계정 콘솔

TIP

Keycloak 관리자 콘솔을 통해 계정 콘솔 URL을 확인할 수 있다. 관리자 콘솔에서 클라이언트를 클릭하면 계정 클라이언트 옆에 계정 콘솔의 URL이 표시된다.

지금까지 Keycloak 확장 관리자 콘솔과 사용자가 자신의 계정을 관리할 수 있는 자체 관리 콘솔에 대해 알아봤다. 뿐만 아니라 애플리케이션 사용자가 자신의 계정을 관리할 수 있는 자체 관리 콘솔도 제공한다.

⠿ 요약

1장에서 Keycloak 설치 방법과 실행 방법을 알아봤다.

또한 관련 역할을 가진 테스트 사용자를 포함한 realm을 생성하기 위해 Keycloak 관리자 사용 방법에 대해 살펴봤다. 앞으로 자세히 알아볼 기본적인 기능도 소개했다.

2장에서는 Keycloak에서 애플리케이션의 보안을 설정하기 위해 1장에서 학습한 내용을 활용할 것이다.

⠿ 질문

1. 도커 및 쿠버네티스에서 Keycloak을 실행할 수 있습니까?

2. Keycloak 관리자 콘솔은 무엇입니까?

3. Keycloak 계정 콘솔은 무엇입니까?

02

애플리케이션 보안 설정

2장에서는 Keycloak을 통해 애플리케이션 보안을 설정하는 방법을 알아본다. 여기서 실행할 샘플 애플리케이션은 프론트엔드 웹 애플리케이션과 백엔드 REST API로 구성해 더욱 흥미롭게 진행한다. 해당 애플리케이션은 프론트엔드에서 사용자를 인증하는 방법과 프론트엔드가 백엔드를 안전하게 호출하는 방법을 보여준다.

2장을 통해 Keycloak에서 OpenID Connect를 통해 어떻게 애플리케이션의 보안을 강화하는지 기본적인 내용을 알게 될 것이다.

2장에서는 다음과 같은 주제를 다룰 것이다.

- 샘플 애플리케이션의 이해

- 애플리케이션 실행

- 애플리케이션에 로그인하는 방법

- 백엔드 REST API의 안전한 호출

⫶ 기술 요구 사항

2장에 포함된 샘플 애플리케이션을 실행하려면 Node.js((https://nodejs.org/)를 설치해야 한다.

또한 이 책의 GitHub 저장소를 로컬에 다운로드해야 한다. Git을 이미 설치한 경우 다음 명령어를 터미널에서 실행해 해당 저장소를 복제^{clone}할 수 있다.

```
$ git clone https://github.com/PacktPublishing/KeycloakIdentity-and-
Access-Management-for Modern-Applications.git
```

또는 해당 파일을 ZIP으로 다운로드받을 수 있다(https://github.com/PacktPublishing/Keycloak-Identity-andAccess-Management-for-Modern-Applications/archive/master.zip).

다음 링크(https://bit.ly/3nQjU0W)에서 Code in Action 동영상을 확인해보라.

⫶ 샘플 애플리케이션 이해

샘플 애플리케이션은 프론트엔드 웹 애플리케이션 및 백엔드 REST API로 구성된다.

프론트엔드 웹 애플리케이션은 자바스크립트 기반의 단일 페이지 애플리케이션이다.

Keycloak의 기능에 초점을 맞추기 때문에 해당 애플리케이션은 아주 간단하다. 또한 애플리케이션 프로그램을 최대한 간단하게 실행하기 위해 Node.js를 사용한다. 애플리케이션은 다음과 같은 기능을 제공한다.

- Keycloak 로그인
- 사용자 이름 표시
- 사용자 프로파일 사진(프로파일 사진이 있는 경우) 표시
- ID 토큰

- 접근 토큰

- 토큰 초기화

- 백엔드에서 제공하는 보안 엔드포인트 호출

또한 백엔드 REST API는 매우 간단하며 Node.js 기반으로 수행된다. REST API에는 다음과 같은 두 가지 엔드포인트가 있다.

- **/public**: 보안이 구현되지 않은 공개적으로 사용 가능한 엔드포인트

- **/secured**: myrealm 글로벌 역할의 접근 토큰이 필요한 보안 엔드포인트

사용자의 프로그래밍 언어 경험과 관계없이 코드를 최대한 쉽게 이해하고 실행할 수 있도록 샘플 애플리케이션에 Node.js를 사용한다. 다음 다이어그램은 프론트엔드, 백엔드 및 Keycloak 간의 관계를 보여준다. 프론트엔드는 Keycloak을 통해 사용자를 인증한 다음 백엔드를 호출한다. 백엔드는 Keycloak을 사용해 요청이 허용됐는지 확인한다.

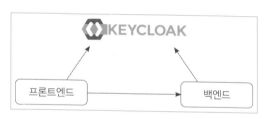

그림 2.1 애플리케이션 개요

이제 샘플 애플리케이션에 대한 기본적인 내용에 대해 알아봤으니 전체 애플리케이션이 어떻게 동작하는지 좀 더 자세히 살펴보자. 사용자가 프론트엔드 애플리케이션에서 로그인 버튼을 클릭하면 브라우저가 Keycloak 로그인 페이지로 리다이렉트된다. 그런 다음 사용자는 인증을 수행하며, Keycloak은 인증 코드authorization code를 애플리케이션에 전달한다. 애플리케이션은 인증 코드를 다음에 나오는 토큰으로 교환하기 위해 Keycloak을 호출한다.

- **ID 토큰**: 인증된 사용자와 관련된 애플리케이션 정보를 제공한다.

- **접근 토큰**: 애플리케이션이 서비스를 요청하는 경우 해당 토큰을 포함하며, 이를 통해 서비스는 요청의 허용 여부를 확인할 수 있다.

- **리프레시 토큰**: ID와 접근 토큰 모두 짧은 유효 시간을 가진다(기본적으로 5분). 리프레시 토큰은 애플리케이션이 Keycloak으로부터 신규 토큰을 획득하기 위해 사용된다.

다음에 설명된 흐름은 OpenID Connect의 인가 코드 흐름^{authorization code flow}이다.

OAuth 2.0 또는 OpenID Connect에 익숙하지 않은 경우, 처음에는 조금 어려워 보일 수 있지만 일단 익숙해지면 사실 매우 간단하고 이해하기 쉽다.

다행히 샘플 애플리케이션은 Keycloak 자바스크립트 및 Node.js 라이브러리를 사용하므로 Keycloak를 사용하기 위해 관련 명세를 실제로 이해할 필요가 없다.

로그인 프로세스를 시각화하기 위해 다음과 같이 간소화된 시퀀스 다이어그램을 제공한다.

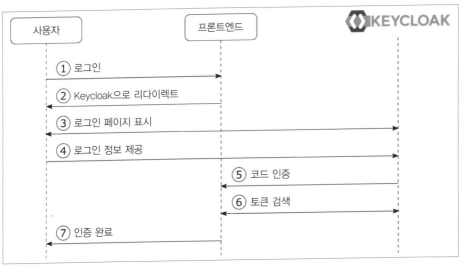

그림 2.2 간소화된 OpenID Connect 인가 코드 흐름

다이어그램 단계에 관한 상세한 설명은 다음과 같다.

1. 사용자는 로그인 버튼을 클릭한다.

2. 애플리케이션은 Keycloak 로그인 페이지로 사용자를 리다이렉트한다.

3. Keycloak 로그인 페이지가 사용자에게 표시된다.

4. 사용자는 사용자 이름과 패스워드를 입력하고 Keycloak에 전송한다.

5. 사용자 이름과 패스워드를 검증한 다음, Keycloak 인가 코드를 애플리케이션에 전송한다.

6. 애플리케이션 인가 코드를 ID 토큰 및 접근 토큰과 교환한다. 애플리케이션은 ID 토큰을 확인해 사용자의 ID를 검증한다.

> **TIP**
>
> 사용자 인증을 Keycloak에 위임함으로써 애플리케이션은 사용자 인증 방법 대해 알 필요가 없다. 이러한 사실은 인증 메커니즘이 변경될 때 특히 중요하다. 예를 들어 애플리케이션의 변경 없이 이중 인증 (two-factor)을 활성화할 수 있다. 따라서 애플리케이션은 사용자의 자격증명에 접근하지 않는다.

Keycloak과 관련된 다음 단계는 프론트엔드가 백엔드를 호출하는 것이다. 백엔드 REST API는 글로벌 역할^{myrole}에 소속된 사용자만 호출할 수 있는 보안 엔드포인트를 갖고 있다.

정확히 말하면 프론트엔드는 사용자를 대신해 백엔드를 호출할 수 있는 권한을 갖는다.

이 부분은 OAuth 2.0의 장점 중 하나다. 애플리케이션은 사용자가 수행할 수 있는 모든 작업에 대한 접근 권한을 갖고 있는 것이 아니라 필요한 작업에 대한 접근 권한만을 갖는다.

프론트엔드에서 백엔드로 요청을 전송하는 경우 해당 요청에는 접근 토큰이 포함된다.

기본적으로 Keycloak은 JWS$^{JSON\ Web\ Signature}$를 토큰 포맷으로 사용한다. 해당 토큰 포맷은 일반적으로 non-opaque tokens로 사용되며, 토큰의 내용이 애플리케이션에서 직접 확인 가능하다. 또한 해당 토큰이 실제로 Keycloak에서 발행됐는지 검증하는 디지털 시그니처를 포함한다. 본질적으로 백엔드는 토큰을 검증하고 Keycloak에 요청을 보내지 않고 콘텐츠를 확인할 수 있다. 따라서 Keycloak 서버에 대한 요청을 줄이고 백 엔드에 대한 요청을 처리할 때 지연 시간을 단축한다.

다음 다이어그램은 프론트엔드가 백엔드에 요청을 전송하는 경우에 대한 처리 과정을 시각화한 것이다.

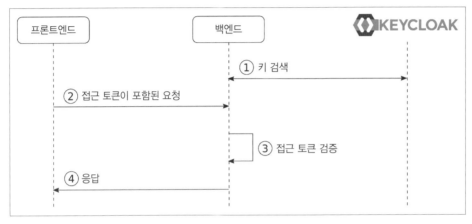

그림 2.3 간소화된 프론트엔드와 백엔드 보안 통신

다이어그램 단계의 상세한 설명은 다음과 같다.

1. 백엔드는 Keycloak의 공개 키를 검색한다. 백엔드로 향하는 모든 요청에 대해 해 당 작업을 수행할 필요는 없으며, 메모리에 공개 키를 캐시할 수 있다.

2. 프론트엔드는 접근 토큰이 포함된 요청을 백엔드에 전송한다.

3. 백엔드는 이전에 검색한 공개 키를 사용해 접근 토큰이 신뢰할 수 있는 Keycloak 인스턴스에서 발급됐는지 확인한 다음 토큰이 유효하고 토큰에 역할^{myrole}이 포함 돼 있는지 확인한다.

4. 백엔드는 프론트엔드에 응답을 전송한다.

이제 샘플 애플리케이션에서 어떻게 보안 동작이 수행되는지를 알게 됐다. 다음 절에서 샘플 애플리케이션 실행 방법을 알아볼 것이다.

⁝⁙ 애플리케이션 실행

이번 절에서는 샘플 애플리케이션의 실행 방법에 대해 알아볼 것이다.

아직까지 Node.js를 설치하지 않았다면 다음 링크(https://nodejs.org/)로 접속해 설치한다.

프론트엔드에서 Node.js를 실행하려면 터미널을 열고 다음 명령어를 실행한다.

```
$ cd Keycloak-Identity-and-Access-Management-for-ModernApplications/
ch2/frontend/
$ npm install
$ npm start
```

그런 다음, 백엔드를 실행하기 위해 다른 터미널을 열고 다음 명령어를 실행한다.

```
$ cd Keycloak-Identity-and-Access-Management-for-ModernApplications/
ch2/backend/
$ npm install
$ npm start
```

이제 샘플 애플리케이션에서 Node.js를 실행했고, 해당 애플리케이션을 Keycloak에 등록할 수 있다. 다음 절에서 등록 방법에 대해 알아본다.

⁝⁙ 애플리케이션에 로그인하기

1장에서 Keycloak을 시작하는 방법을 다루면서 Keycloak을 실행하는 방법과 realm 생성 방법에 대해 알아봤다. 이번 절을 진행하기 전에 1장에서 생성한 realm으로 Keycloak을 실행해야 한다. 필요한 설정은 다음과 같다.

- Keycloak 설치 및 실행

- realm 설정myrealm

- 글로벌 역할 설정myrole

- 역할 설정이 포함된 사용자

Keycloak에 로그인하기 위해서는 애플리케이션을 클라이언트로 등록해야 한다.

프론트엔드를 등록하기 전에 애플리케이션이 등록돼 있지 않은 상태에서 Keycloak으로 인증을 시도하면 어떻게 되는지 알아본다. 다음 링크(http://localhost:8000)로 접속한 후 로그인 버튼을 클릭한다.

Keycloak은 Client not found라는 메시지를 표시한다. 해당 에러는 애플리케이션이 Keycloak에 등록되지 않았음을 의미한다.

Keycloak에 프론트엔드를 등록하려면 Keycloak 관리자 콘솔에 접속한다. 좌측 상단 메뉴에서 사전에 생성한 realm을 선택할 수 있다. myrealm을 선택한다. 좌측 메뉴에서 **Clients**를 클릭한 후 **Create**를 클릭한다.

다음과 같이 폼의 내용을 입력한다.

- **Client ID**: myclient

- **Client Protocol**: openid-connect

- **Root URL**: http://localhost:8000

다음 다이어그램은 입력해야 할 **Add Client** 폼의 내용을 보여준다.

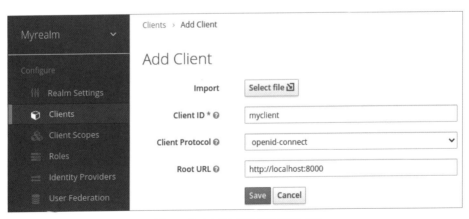

그림 2.4 관리자 콘솔에서 클라이언트 생성

해당 폼을 작성한 다음 **Save**를 클릭한다. **Save**를 클릭하면 전체 클라이언트 설정이 표시된다. 전체 설정 중 2개의 설정 옵션을 주의 깊게 살펴볼 필요가 있다.

- **Valid Redirect URIs**: 해당 설정은 클라이언트 사이드 애플리케이션이 OpenID Connect를 사용하는 경우 OpenID Connect 인가 코드 흐름에서 매우 중요한 값이다. 클라이언트 사이드 애플리케이션은 애플리케이션의 사용자에게 자격증명을 노출할 수 있기 때문에 어떠한 자격증명도 가질 수 없다. 악의적인 애플리케이션이 실제 애플리케이션으로 속이는 행위를 방지하기 위해 valid redirect URIs에 설정된 URL로 사용자를 리다이렉트하도록 Keycloak에게 알려준다. 테스트의 경우, 해당 값이 http://localhost:8000/*로 설정돼 있기 때문에 http://attacker.com에서 호스팅되는 애플리케이션은 인증할 수 없다.

- **Web Origins**: 해당 설정은 애플리케이션의 CORS^{Cross-Origin Resource Sharing} 요청에 대한 유효한 웹 출처^{origins}를 등록한다. Keycloak으로부터 토큰을 발급받으려면 프론트엔드 애플리케이션은 Keycloak에게 AJAX 요청을 전송해야 하며, CORS가 설정돼 있지 않은 경우 브라우저는 서로 다른 웹 출처의 AJAX 요청을 허용하지 않는다.

이제 다음 링크(http://localhost:8000)에 접속해 프론트엔드로 돌아갈 수 있다. Login 버튼을 클릭하면 이번에는 Keycloak 로그인 페이지가 표시된다. 사전에 생성한 사용자 이름과 패스워드를 사용해 로그인한다.

Keycloak에서 제공한 ID 토큰을 살펴보자. Show ID Token 버튼을 클릭한다. ID 토큰의 내용은 다음과 같다.

```
{
    "exp": 1603912252,
    "iat": 1603911952,
    "auth_time": 1603911952,
    "jti": "363b94b8-7e0c-4852-8287-d331c98153f2",
    "iss": "http://localhost:8080/auth/realms/myrealm",
    "aud": "myclient",
    "sub": "67855660-fd6e-4416-96d1-72c99db5e525",
```

```
  "typ": "ID",
  "azp": "myclient",
  "nonce": "b59c4dbf-d196-4af7-9451-8020b153caff",
  "session_state": "32e2501f-f5ca-4d73-9fad-067d4c52835a",
  "at_hash": "7p1VYLHv2T5qRAf2X9UzSw",
  "acr": "1",
  "email_verified": false,
  "realm_access": {
    "roles": [
      "offline_access",
      "uma_authorization",
      "myrole"
    ]
  },
  "name": "Stian Thorgersen",
  "preferred_username": "st",
  "locale": "en",
  "given_name": "Stian",
  "family_name": "Thorgersen",
  "email": "st@localhost"
}
```

ID 토큰에서 눈여겨볼 만한 값은 다음과 같다.

- exp: 1970년 1월 1일 00:00:00 UTC(또는 Unix 또는 Epoch 시간이라고도 함) 이후 토큰이 만료되는 날짜 및 시간(초)을 나타낸다.

- iss: 토큰의 발급 주체를 나타내며, Keycloak realm의 URL이 표시된다.

- sub: 인증된 사용자의 고유 ID 값

- name: 인증된 사용자의 성명

- preferred_username: 인증된 사용자의 사용자 이름을 표시한다. 해당 값은 변경될 수 있고 추후 다른 사용자를 참조할 가능성이 있기 때문에 사용자의 키 값으로 사용하면 안 된다. 대신 sub 필드를 사용자 키 값으로 사용해야 한다.

ID 토큰은 인증된 사용자의 ID와 애플리케이션을 연동하기 위해 사용된다.

계속해서 접근 토큰에 대해 알아본다. **Show Access Token** 버튼을 클릭한다. 다음과 같이 접근 토큰의 필드 몇 개를 알아보자.

- allowed-origins: 애플리케이션에서 허용된 웹 출처 리스트다. CORS 요청이 있는 경우 백엔드 서비스에서 CORS 요청 승인 여부를 결정하기 위해 해당 필드를 사용한다.

- realm_access: 글로벌 역할의 리스트다. 사용자에게 부여된 역할과 클라이언트가 접근할 수 있는 역할 간의 교차점이다.

- resource_access: 클라이언트의 역할 리스트다.

- scope: 범위를 사용해 토큰에 포함할 필드(또는 클레임)를 결정하고, 백엔드에서 토큰이 접근할 수 있는 API를 결정할 수 있다.

현재 토큰에 포함된 정보는 Keycloak에서 사용할 수 있는 디폴트 필드다. 추가 정보가 필요한 경우, Keycloak은 토큰에 사용자 정의 콘텐츠를 허용한다.

사용자의 사진을 사용자 정의 콘텐츠로 추가해볼 것이다. 프론트엔드 탭을 열어두고, Keycloak 관리자 콘솔을 신규 탭에서 접속한다. 좌측 메뉴에서 **Users**를 클릭한 다음, **View all users**를 클릭한다. 그리고 사전에 생성한 사용자를 선택한다. 여기에 사용자 정의 속성custom attribute을 추가한다. **Attributes**를 클릭하면 하단에 2개의 입력 필드가 표시된다. **Key** 열은 picture로 설정하고 **Value** 열에 프로파일 사진의 URL을 설정한다(다음 스크린샷에서 지은이는 자신의 GitHub 아바타 URL을 설정함). 그리고 **Add**를 클릭한다.

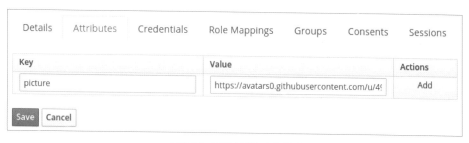

그림 2.5 사용자 정의 속성 추가

앞서 열어뒀던 프론트엔드 탭으로 이동한다. 프로파일 사진을 확인하려면 **Refresh** 버튼을 클릭한다. 해당 버튼을 클릭하면 토큰이 갱신되고, 신규 ID 토큰은 사용자가 추가한 picture 속성을 포함한다. 따라서 사용자의 프로파일 사진이 애플리케이션에 표시된다.

이어서 프론트엔드에서 안전하게 백엔드를 호출하는 방법에 대해 알아볼 것이다.

⁞⁞⁞ 백엔드 REST API 안전하게 호출하기

http://localhost:3000/에 접속하고 **Public endpoint** 링크를 클릭한다. Public message!라는 메시지를 확인할 수 있다. public endpoint는 Keycloak에서 보호되지 않으며 접근 토큰 없이 호출할 수 있다.

Keycloak에서 보안 엔드포인트를 설정해보자. http://localhost:3000에 다시 접속한다. **Secured endpoint** 링크를 클릭한다. 이번에는 Access denied 메시지가 표시된다. 엔드포인트를 호출하려면 유효한 토큰^{valid access token}이 필요하기 때문에 Keycloak Node.js 어댑터^{adapter}에서 해당 엔드포인트에 대한 요청을 차단한다.

프론트엔드에서 보안 엔드포인트를 호출해보자. http://localhost:8000/에 접속하고 **Invoke Service**를 클릭한다. 이번에는 Secret message!라는 메시지가 표시된다. 만약 Access Denied 메시지가 표시되면 대부분의 경우 사용자의 역할^{myrole} 설정 문제인 경우가 많다.

Invoke Service를 클릭하면 프론트엔드는 접근 토큰이 포함된 AJAX 요청을 백엔드 서비스에 전송한다. 해당 요청은 백엔드가 엔드포인트에 대한 접근 권한 역할을 가진 사용자를 대신해 호출이 수행됐는지 확인한다.

⠿ 요약

2장에서는 Keycloak의 프론트엔드 웹 애플리케이션 및 백엔드 REST API로 구성된 애플리케이션의 보안 설정 방법을 살펴봤다. 또한 Keycloak이 어떻게 OpenID Connect를 활용해 표준적이고 안전한 방법으로 보안 설정을 수행하는지 관찰했다. 지금까지 배운 내용을 통해 Keycloak에 대해 더 자세히 알아볼 수 있는 토대를 마련했다.

3장에서는 Keycloak 애플리케이션 보안 설정에 대해 자세히 살펴보고 해당 보안과 관련된 동작 방식을 좀 더 세부적으로 알게 될 것이다.

⠿ 질문

1. 어떻게 Keycloak을 통해 애플리케이션을 인증합니까?

2. 애플리케이션이 Keycloak을 통해 인증하려면 Keycloak 관리자 콘솔에서 무엇을 설정해야 합니까?

3. 애플리케이션이 보안이 설정된 백엔드 서비스를 안전하게 호출하는 방법은 무엇입니까?

2부

Keycloak을 통한 애플리케이션 보안

다양한 인가 전략과 함께 여러 가지 애플리케이션 유형을 보호하기 위해 활용할 수 있는 옵션에 대해 알아본다.

여기에서는 다음과 같은 주제를 다룬다.

- 3장, 간략한 표준 소개

- 4장, OpenID Connect를 통한 사용자 인증

- 5장, OAuth 2.0을 통한 접근 권한 인가

- 6장, 다양한 애플리케이션 유형에 대한 보안

- 7장, Keycloak과 애플리케이션 통합

- 8장, 인가 전략

03

간략한 표준 소개

3장에서는 애플리케이션을 Keycloak과 안전하고 손쉽게 통합할 수 있게 해주는 표준 standards을 간략히 소개한다. OAuth 2.0, OpenID Connect, JSON Web Tokens 그리고 SAML 2.0에 대해 간략히 알아본다. 해당 표준들에 익숙하지 않을 수도 있기 때문에 상세하게 설명하지 않고 가볍게 살펴볼 것이다. 해당 표준들에 상당히 익숙하더라도 3장을 간략하게 훑어보길 권장한다. 3장을 통해 OAuth 2.0, OpenID Connect, JWT 및 SAML 2.0에 대한 기본적인 이해와 함께 해당 표준들이 가진 기능에 대해서도 알게 될 것이다.

3장에서는 다음과 같은 주제들을 다룬다.

- OAuth 2.0을 통한 애플리케이션 접근 권한 인가

- OpenID Connect를 통한 사용자 인증

- JWT 토큰 활용

- SAML 2.0의 활용 이유

⁂ OAuth 2.0을 통한 애플리케이션 접근 권한 인가

OAuth 2.0은 현재 널리 사용되는 업계 표준 프로토콜이다.

OAuth 2.0의 핵심은 전체 웹사이트 생태계를 서로 통합할 수 있는 OAuth 2.0 프레임 워크가 위치한다. OAuth 2.0 이전에는 OAuth 1과 서드파티third-party 애플리케이션이 사용자를 대신해 데이터에 접근할 수 있는 비스포크 솔루션bespoke solutions이 있었지만 해당 접근 방식은 복잡하고 통합이 어려웠다. OAuth 2.0을 사용하면 서드파티 애플리케이션과 사용자 데이터를 쉽게 공유하고 사용자 자격증명을 공유할 필요가 없으며 공유할 데이터를 제어할 수 있다.

OAuth 2.0은 서드파티 애플리케이션을 제어하는 것 외에도 자체 애플리케이션에 대한 접근 제한에도 매우 유용하다. 서드파티 애플리케이션이 다른 사이트에 사용자 이름과 패스워드를 요청하는 것이 일반적인 것처럼 기업 내부에서도 이는 일반적인 패턴이었다. 예를 들어 애플리케이션은 LDAP 사용자 이름과 패스워드를 요청하고 기업 내부의 다른 서비스에 접근하기 위해 해당 자격증명을 사용한다. 즉 하나의 애플리케이션이 보안 위협에 노출되면 기업 내부의 모든 서비스 또한 위협에 노출될 수 있음을 의미한다.

OAuth 2.0에는 다음과 같은 네 가지 롤이 있다.

- **리소스 오너**Resource owner: 일반적으로 애플리케이션이 접근하고자 하는 리소스를 소유한 최종 사용자다.
- **리소스 서버**Resource server: 보호된 자원을 소유한 서비스다.
- **클라이언트**Client: 리소스에 접근하는 애플리케이션이다.
- **인가 서버**Authorization server: 클라이언트에게 접근 권한을 발급하는 서버이며, Keycloak이 이 해당 역할을 수행한다.

기본적으로 OAuth 2.0 프로토콜 흐름에서 클라이언트는 인가 서버에서 리소스 오너를 대신해 리소스에 대한 접근을 요청한다. 인가 서버는 리소스에 대한 제한된 접근 권한을 가진 접근 토큰을 발급한다. 접근 토큰을 획득한 후, 클라이언트는 요청에 접근 토큰을 포함해 리소스 서버에 있는 리소스에 접근할 수 있다.

애플리케이션 유형 및 사용자 활용 사례에 따라, 사용 가능한 여러 가지 흐름이 존재한다. 적절한 애플리케이션 흐름 유형을 선택하기 위해 다음과 같은 간단한 공식을 사용할 수 있다.

- 애플리케이션이 자체적으로 리소스에 접근하는 경우(애플리케이션이 리소스 오너인 경우), **Client Credentials flow**를 사용한다.

- 애플리케이션이 브라우저가 없는 장치에서 실행 중이거나 입력이 제한된 경우 **Device flow**를 사용한다. 예를 들어 사용자가 사용자 이름과 패스워드를 입력하기 어려운 스마트 TV가 그 예다.

- 그 밖의 경우에는 **Authorization Code flow**를 사용한다.

또한 2개의 레거시^{legacy} 흐름 유형이 존재하며, 현재 사용되지 않는다.

- **Implicit flow**: 네이티브^{native} 애플리케이션 및 클라이언트 사이드 애플리케이션을 위한 간소화된 흐름으로, 안전하지 않기 때문에 현재는 사용되지 않는다.

- **Resource Owner Password Credentials flow**: 애플리케이션 사용자의 자격증명을 직접 수집하고 해당 자격증명을 접근 토큰과 교환한다.

브라우저를 사용할 수 없는 경우 또는 단순히 로그인 폼을 애플리케이션과 직접 통합시키고자 하는 경우에 네이티브 애플리케이션에서 해당 승인^{grant} 유형을 사용하고 싶을 수 있다. 사용자의 자격증명을 애플리케이션에 직접 노출하기 때문에 해당 유형은 기본적으로 안전하지 않으며, 사용자가 패스워드보다 강력한 인증을 사용하려는 경우, 장기적으로 다른 문제가 발생할 수 있다.

OAuth 2.0의 인가 코드 흐름$^{Authorization\ Code\ flow}$에 익숙하지 않은 경우 다음 다이어그램을 통해 인가 코드 흐름의 동작 방식을 이해할 수 있다.

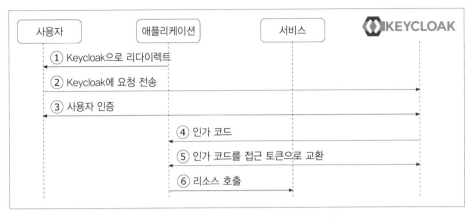

그림 3.1 OAuth 2.0 간소화된 인가 코드 승인 유형

다이어그램 단계의 상세한 설명은 다음과 같다.

1. 애플리케이션은 인가 요청^{authorization request}을 처리하고 사용자의 브라우저를 Keycloak으로 리다이렉트시킨다.

2. 사용자의 브라우저는 사용자를 인가 엔드포인트^{authorization endpoint}라는 Keycloak 엔드포인트로 리다이렉트한다.

3. 사용자가 Keycloak을 통해 인증되지 않은 경우, Keycloak이 사용자를 인증한다. 인증이 완료된 후, Keycloak은 사용자를 대신해 애플리케이션이 서비스에 접근할 수 있도록 하기 위해 사용자의 동의를 요청한다.

4. 애플리케이션은 인가 응답에서 인가 코드를 Keycloak으로부터 수신한다.

5. 애플리케이션은 Keycloak의 토큰 엔드포인트에 대한 접근 토큰 요청^{access token request}을 통해 인가 코드를 접근 토큰으로 교환한다.

6. 이제 애플리케이션은 보호된 리소스를 호출하기 위해 접근 토큰을 사용한다.

OAuth 2.0 흐름에는 기밀^{confidential} 및 공용^{public} 클라이언트 흐름이 존재한다.

기밀 클라이언트는 인가 서버를 인증하기 위한 자격증명을 안전하게 저장할 수 있는 서버 사이드 애플리케이션이다. 반면 공용 클라이언트는 자격증명을 안전하게 저장할 수 없는 클라이언트 사이드 애플리케이션이다. 공용 클라이언트 인가 서버를 인증할 수 없기 때문에 다음과 같은 두 가지의 보안을 수행한다.

- 인가 서버는 사전 등록된 리다이렉트 URL을 가진 애플리케이션에 인가 코드를 전송한다.

- OAuth 2.0의 확장 기능인 **Proof Key for Code Exchange**(PKCE, RFC 7636)는 노출된 인가 코드를 접근 토큰으로 교환되지 않도록 한다.

접근 토큰은 애플리케이션에서 서비스로 전달되기 때문에 일반적으로 짧은 수명lifetime을 가진다. 전체 흐름을 수행하지 않고 애플리케이션이 신규 접근 토큰을 사용하려면 리프레시 토큰refresh token을 사용한다.

OAuth 2.0 핵심 프레임워크 외에도 몇 가지 알아둬야 하는 사양은 다음과 같다.

- **Bearer Tokens(RFC 6750)**: OAuth 2.0은 접근 토큰 유형이나 사용 방법에 대해 정의돼 있지 않다. Bearer 토큰은 현재 가장 일반적으로 사용되는 접근 토큰 유형이며 일반적으로 HTTP 인가 헤더를 통해 리소스 서버로 전송된다. 또한 인코딩 처리된form-endocded 페이로드body, 또는 쿼리 파라미터로 전달된다. 여기서 주의해야 할 점은 Bearer 토큰을 쿼리 파라미터로 전송하는 것은 그 자체로 보안 취약점이기 때문에 사용하지 말아야 한다.

- **Token Introspection(RFC 7662)**: OAuth 2.0 접근 토큰의 내용은 애플리케이션에 노출되지 않는다. 따라서 애플리케이션은 접근 토큰의 내용을 알 수 없다. 클라이언트는 토큰 점검 엔드포인트token introspection endpoint를 통해 접근 토큰의 형식을 이해하지 않고도 접근 토큰에 대한 정보를 얻을 수 있다.

- **Token Revocation(RFC 7009)**: OAuth 2.0은 접근 토큰을 애플리케이션에 발급하는 방법을 고려하지만 취소하는 방법은 고려하지 않는다. 해당 부분은 토큰 만료 엔드포인트token revocation endpoint에서 다룬다.

또한 OAuth 2.0 사용 방법에 대한 다양한 베스트 프랙티스가 존재한다. 보안 고려 사항과 베스트 프랙티스를 포함해 네이티브 애플리케이션, 브라우저 기반 애플리케이션에 대한 권장 사항도 있다. 해당 내용은 추후에 다룬다.

지금까지 OAuth 2.0에 대한 기본적인 이해와 애플리케이션에 적용할 수 있는 방법에 대해 살펴봤다.

해당 내용들에 관해 다시 다룰 것이기 때문에 모든 세부 사항을 자세히 알고 있을 필요는 없다. 대부분 라이브러리를 사용해 복잡성을 제거하고 적절한 방식으로 애플리케이션에 적용할 수 있다. 따라서 OAuth 2.0을 사용하기 위해 세부적인 내용에 대해 모두 알고 있을 필요는 없다.

OAuth 2.0은 리소스에 접근 권한을 부여할 수 있지만 사용자 인증을 수행하지는 않는다는 사실을 아마 인지했을 수도 있다. 인증은 OpenID Connect라는 OAuth 2.0 확장에서 수행되며, 해당 내용은 추후에 다룬다.

⁑ OpenID Connect를 통한 사용자 인증

OAuth 2.0은 인가 프로토콜이기 때문에 인증을 수행하지 않는다. 인증을 수행하기 위해 OpenID Connect가 OAuth 2.0과 함께 사용된다.

OpenID Connect의 핵심은 **OpenID Connect Core specification**이며, 전체 웹사이트 생태계ecosystem에서 더 이상 사용자 관리 및 사용자 인증을 처리하지 않도록 만들었다. 또한 사용자가 인증을 수행하는 횟수와 사용자가 기억해야 하는 다양한 패스워드의 개수, 즉 사용자가 접근하는 모든 웹사이트에 필요한 패스워드 관리 부담을 감소시켰다.

구글 또는 기타 소셜 네트워크를 사용해 로그인할 수 있는 수많은 웹사이트들이 존재한다. OpenID Connect를 구현하는 대신 OAuth 2.0을 상황에 맞게 수정해 사용하는 일부 웹사이트들과 비교할 때 구글은 구글로 로그인하기sign-on with Google 기능을 아주 쉽게 추가할 수 있는 OpenID Connect를 제대로 구현하고 있기 때문에 다른 소셜 네트워크

보다 구글을 더욱 강조하고자 한다.

OpenID Connect는 소셜 로그인 기능뿐만 아니라 싱글 사인온^{single sign-on} 기능을 지원하는 통합 인증 솔루션을 구축하고자 하는 기업에게도 매우 유용하다. 또한 애플리케이션이 사용자 자격증명에 직접 접근할 수 없기 때문에 보안을 크게 향상시킬 수 있으며 애플리케이션에 추가적인 설정을 하지 않고도 **OTP** 또는 **WebAuthn**과 같은 강력한 인증을 사용할 수 있다.

OpenID Connect는 기업의 인증 도입을 용이하게 할 뿐만 아니라 파트너 회사의 직원과 같은 제3자가 기업 내에서 개별 계정을 생성하지 않고도 기업 애플리케이션에 접근할 수 있도록 한다.

OAuth 2.0과 마찬가지로 OpenID Connect 또한 프로토콜과 관련된 다양한 역할이 정의돼 있다.

- **최종 사용자**^{End User}: OAuth 2.0의 리소스 오너에 해당되며, 사용자를 인증한다.

- **Relying Party**^{RP}: 최종 사용자를 인증하고자 하는 애플리케이션 입장에서 다소 모호한 용어다. 사용자의 ID를 인증하는 OpenID Connect Provider를 신뢰하기 때문에 신뢰자^{relying party}라고 한다.

- **OpenID Provider**^{OP}: 사용자를 인증하는 ID 제공자이며, Keycloak이 해당 역할을 수행한다.

기본적으로 OpenID Connect 프로토콜 흐름에서 신뢰자는 OpenID Provider가 인증한 사용자의 ID를 요청한다. OAuth 2.0과 연동돼 있기 때문에 사용자의 ID를 요청함과 동시에 접근 토큰을 획득할 수 있다.

OpenID Connect는 OAuth 2.0의 인가 코드^{Authorization Code} 승인 유형을 사용한다. 주요 차이점은 클라이언트의 초기 요청에 scope=openid가 포함되며, 인가 요청이 아닌 인증 요청을 생성하는 것이다.

OAuth 2.0은 서로 다른 흐름 승인 유형을 요청하지만 OpenID Connect에서는 해당 요청들을 흐름으로 처리한다. OpenID Connect에는 알고 있어야 하는 2개의 흐름이 존재한다.

- **인가 코드 흐름**: OAuth 2.0 인가 코드 승인 유형과 동일한 흐름을 사용하고 OAuth 2.0과 같은 인가 코드를 반환한다. 해당 인가 코드는 ID 토큰, 접근 토큰 그리고 리프레시 토큰과 교환할 수 있다.
- **하이브리드 흐름**: 하이브리드 흐름에서 ID 토큰은 인증 코드와 함께 초기 요청에서 반환된다.

OAuth 2.0과 마찬가지로 OpenID Connect 또한 암시적 흐름Implicit flow을 정의한다. 하지만 암시적 흐름 사용을 권장하지 않는다.

OpenID Connect 클라이언트 자격증명 흐름 및 장치 흐름에 해당하는 것을 정의하지 않는다. 해당 흐름은 사용자를 인증할 필요가 없으므로 서비스에 대한 접근 권한만 부여하면 된다.

OpenID Connect의 인가 코드 흐름에 익숙하지 않은 경우, 다음 다이어그램을 통해 인가 코드 흐름의 동작 방식을 이해할 수 있다.

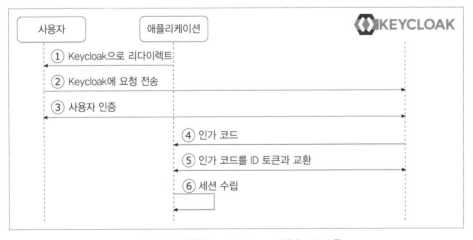

그림 3.2 간소화된 OpenID Connect 인가 코드 흐름

다이어그램 단계의 상세한 설명은 다음과 같다.

1. 애플리케이션은 인가 요청을 생성하고 사용자의 브라우저를 Keycloak으로 리다이렉트시킨다.

2. 사용자의 브라우저는 사용자를 Keycloak의 인가 엔드포인트로 리다이렉트한다.

3. 사용자가 Keycloak에 인증되지 않은 경우, Keycloak은 사용자를 인증한다.

4. 애플리케이션은 Keycloak의 인가 응답으로부터 인가 코드를 수신한다.

5. 애플리케이션은 Keycloak의 토큰 엔드포인트에 대한 토큰 요청을 통해 인가 코드를 ID 토큰 및 접근 토큰으로 교환한다.

6. 애플리케이션은 사용자의 ID를 검증할 수 있는 ID 토큰을 가지고 사용자와 인증된 세션을 수립한다.

OpenID Connect Core 명세 외에도 알아야 할 몇 가지 추가 명세가 있다.

- **Discovery**: 클라이언트가 OpenID 제공자에 대한 정보를 동적으로 검색한다.

- **Dynamic Registration**: 클라이언트가 OpenID 제공자에 동적으로 자신을 등록한다.

- **Session Management**: OpenID 제공자와 최종 사용자의 인증 세션을 모니터링하는 방법과 클라이언트가 로그아웃 방법을 정의한다.

- **Front-Channel Logout**: 임베디드 iframe을 사용해 여러 애플리케이션의 싱글 사인아웃 메커니즘을 정의한다.

- **Back-Channel Logout**: back-channel 요청 메커니즘을 사용해 여러 애플리케이션에 대한 단일 로그아웃single sign-out 메커니즘을 정의한다. 해당 메커니즘은 4장에서 다룬다.

OpenID Connect는 OAuth 2.0 외의 2개의 추가적인 개념을 가진다. 해당 개념은 OAuth 2.0의 접근 토큰과 달리 모호하지 않은 JWT 명세를 활용해 ID 토큰의 형식을 명확하게 정의한다.

해당 개념은 포맷이 잘 정의돼 있으며 토큰에 포함된 값(클레임이라고 함)은 클라이언트가 직접 확인할 수 있다. 이것을 통해 클라이언트는 인증된 사용자에 대한 정보를 일반적인 방법으로 검색할 수 있다. 또한 접근 토큰으로 호출할 수 있는 **userinfo endpoint**를 정의하며, ID 토큰에 포함된 것과 동일한 표준 클레임을 반환한다. 4장에서 사용자에게 수신되는 정보를 제어하는 방법을 포함해 userinfo endpoint에 대해 자세히 알아볼 것이다.

높은 보안 수준이 필요한 활용 사례의 경우 **Financial-grade API** 워킹 그룹이라고 하는 프로파일 집합이 있다. 해당 프로파일은 OpenID Connect 및 관련 명세를 고위험 시나리오에서 사용하는 방법에 대한 베스트 프랙티스를 설명한다.

지금까지 OpenID Connect에 대한 기본적인 동작 방식과 애플리케이션에 적용하는 방법을 알아봤다. 추후 이 부분에 대해 다시 다룰 것이기 때문에 모든 세부 사항을 이해하지 못했더라도 크게 걱정할 필요는 없다. 대부분 손쉽게 사용할 수 있는 라이브러리를 통해 OpenID Connect를 적절하게 활용할 수 있기 때문에 OpenID Connect을 사용하기 위해 모두 자세히 알고 있을 필요는 없다.

OpenID Connect ID 토큰에 대한 표준 포맷을 정의하지만 접근 토큰은 정의하지 않는다. 다음 절에서 Keycloak에서 왜 JWT를 디폴트 접근 토큰으로 사용하는지 알게 될 것이다.

⠿ JWT를 토큰으로 활용

프로젝트 초창기 때부터 Keycloak은 접근 토큰 포맷으로 JWT를 사용해왔다. 성능과 호환성을 고려한 결정이었다.

비교적 쉽게 사용할 수 있는 표준 형식을 사용해 해당 포맷이 Keycloak과 유연하게 통합될 수 있도록 했다. JWT는 JSON 기반이기 때문에, 모든 프로그래밍 언어에서 쉽게 파싱할 수 있고 이해할 수 있다.

또한 리소스 서버는 이제 접근 토큰의 값을 직접 읽을 수 있으므로 OAuth 2.0 토큰 검사 엔드포인트 또는 OpenID Connect Userinfo 엔드포인트에 항상 요청을 전송할 필요가 없다. 따라서 Keycloak의 리소스 서버 요청에 대한 2개의 추가적인 요청을 하지 않아도 되며, 지연 시간이 단축될 뿐만 아니라 Keycloak에 대한 요청 개수가 크게 감소한다.

JWT JOSE 제품군에 속하며, JWT는 **JavaScript Object Signing and Encryption**의 약자이다.

관련 명세는 다음과 같다.

- **JSON Web Token(JWT, RFC 7519)**: 점^{dot}, 헤더 및 클레임 집합으로 구분된 2개의 base64url-encoded JSON 문서로 구성
- **JSON Web Signature(JWS, RFC 7515)**: 헤더 및 클레임의 디지털 시그니처 추가
- **JSON Web Encryption(JWE, RFC 7516)**: 클레임 암호화
- **JSON Web Algorithms(JWA, RFC 7518)**: JWS 및 JWE에서 사용할 암호화 알고리듬 정의
- **JSON Web Key(JWK, RFC 7517)**: 암호화 키를 JSON 형식으로 나타내는 형식 정의

위의 명세 외에도 OpenID Connect Discovery 엔드포인트는 JWKS$^{JSON\ Web\ Key\ Set}$를 검색할 수 있는 엔드포인트와 JWA 명세에서 지원하는 서명 및 암호화 메커니즘을 포함한다.

리소스 서버가 접근 토큰을 수신하면 다음과 같은 방법으로 토큰을 검증한다.

- OpenID Connect Discovery 엔드포인트에서 JWKS URL을 검색한다.
- JWKS URL 엔드포인트에서 OpenID 제공자에 대한 공개 서명 키$^{public\ signing\ keys}$를 다운로드한다. 해당 키는 일반적으로 리소스 서버에 캐시/저장된다.
- OpenID 제공자의 공개 서명 키를 사용해 토큰의 서명을 검증한다.

JWT를 검증할 때 JWT 명세에 몇 가지 잠재적인 문제로 보안을 적절히 수행하지 않은 경우 예기치 못한 취약점이 발생할 수 있다. 해당 명세를 잘못 적용해 발생할 수 있는 두 가지 취약점은 다음과 같다.

- **alg=none**: 흥미롭게도 JWS 명세에서 알고리듬 값을 none으로 설정할 수 있다. 해당 값의 의미는 기본적으로 JWS가 서명되지 않았음을 의미한다. 해당 값은 정상적인 값이기 때문에, JWT 라이브러리는 JWS가 실제로 서명되지 않았더라도 해당 값을 유효하다고 인식한다.
- **RSA to HMAC**: 잘 알려진 또 다른 이슈는 공용 RSA 키를 사용하지만 알고리듬을 HMAC으로 설정하는 것이다. 몇몇 라이브러리는 공개 RSA 키를 선택해 HMAC을 비밀 키로 사용하기 때문에 이러한 유형의 토큰을 검증 없이 사용한다.

해당 유형의 취약점은 다음과 같이 간단한 단계를 통해 회피할 수 있다.

- alg=none을 처리하지 않는다.
- 알고리듬과 필요한 경우(서명 및 암호화)에만 키를 사용하고 JWT 헤더의 값을 무조건 신뢰하지 않는다.

일반적으로 신뢰할 수 있는 JWT 라이브러리를 선택해 적절한 방식으로 사용해야 한다.

접근 토큰으로 JWT를 지원하는 OpenID Connect/OAuth 2.0 라이브러리를 사용하는 것이 가장 권장된다. 위의 두 가지 방법을 모두 사용할 수 없는 경우 토큰의 유효성을 직접 확인하는 것보다 토큰 점검 엔드포인트를 사용하는 것이 더욱 안전한 방법이다. 관련된 내용은 5장, 'OAuth 2.0을 통한 접근 권한 인가'에서 더 자세히 다룬다.

지금까지 OAuth 2.0, OpenID Connect 그리고 JWT의 기본적인 개념에 대해 알아봤다. 다음 절에서 훨씬 더 정교한 명세인 SAML 2.0을 살펴볼 것이다.

⠿ SAML 2.0이 여전히 중요한 이유

SAML 2.0^{Security Assertion Markup Language 2.0}은 성숙하고 신뢰할 수 있는 인증 및 인가 프로토콜이다. 해당 프로토콜은 기업 내부 및 교육, 정부기관의 싱글 사인온을 구현하기 위해 널리 사용된다. 2005년 3월 OASIS 표준으로 비준돼 상당히 오랫동안 사용됐다.

SAML 2.0은 기존 사용자를 신규 배포하는 애플리케이션에서 인증을 수행할 수 있게 해주는 것과 같이 기업 애플리케이션에서 매우 다양하게 활용된다. 자체 호스팅 애플리케이션을 포함해 세일즈포스^{Salesforce}, 구글 앱스^{Google Apps} 및 오피스 365^{Office 365}와 같은 여러 SaaS^{Software-as-a-Service} 솔루션에서도 활용될 수 있다. 기업 입장에서 클라우드에서 호스팅되는 솔루션을 선택할 때 각 직원에 대한 개별 계정을 생성할 필요 없이 모든 직원이 해당 솔루션에 신속하게 접근할 수 있도록 해주는 훌륭한 옵션이다.

SAML 2.0이 좀 더 신뢰성 있고 더 널리 사용되곤 있지만, 신규 애플리케이션의 경우 SAML 2.0보다 OpenID Connect를 사용하는 것을 선호할 수 있다. OpenID Connect는 단일 페이지 애플리케이션^{single-page applications}, 모바일 애플리케이션, REST API 및 마이크로서비스와 같은 최신 아키텍처에 좀 더 중점을 두고 있기 때문에 추후 활용에 더욱 적합하다. 개발자는 또한 OpenID Connect가 JSON 및 간소화된 쿼리 파라미터를 활용하는 반면, SAML 2.0은 더 복잡한 XML 문서를 사용하기 때문에 OpenID Connect가 더 이해하기 쉬움을 알게 될 것이다.

OAuth 2.0, OpenID Connect, SAML 2.0의 세부 사항에 익숙하지 않은 경우 OAuth 2.0 및 OpenID Connect 학습부터 시작하는 것이 좋다. 따라서 이 책에서는 SAML 2.0을 다루지 않는다.

결론적으로 SAML 2.0은 지금도 여전히 중요하다. SAML 2.0을 옵션으로 사용할 수 있지만, OpenID Connect는 그렇지 않은 경우가 많다. 또한 SAML 2.0이 특정 활용 사례에 더 적절할 수 있고 내부 정책 또는 규정 준수로 인해 SAML 2.0을 사용해야 할 수도 있다.

Keycloak의 가장 큰 장점은 두 가지 옵션을 모두 사용할 수 있다는 것이다. 또한 동일한 싱글 사인온 환경에서 OpenID Connect를 사용하는 애플리케이션과 SAML 2.0을 사용하는 애플리케이션을 원활하게 통합할 수 있다.

⁝⁝ 요약

3장에서는 OAuth 2.0을 사용해 자체 애플리케이션 및 서드파티 애플리케이션에 자격 증명을 노출하지 않고 애플리케이션에 반드시 필요한 접근 권한만 제공해 서비스에 접근할 수 있는 방법에 대해 알아봤다. 또한 OpenID Connect를 사용해 애플리케이션에 싱글 사인온을 구현하고 외부 사용자가 해당 애플리케이션에 접근하는 방법도 살펴봤다. 마지막으로, 애플리케이션에서 SAML 2.0을 사용하지 않아도 SAML 2.0은 여전히 우리가 알고 있어야 하는 중요한 표준이다.

4장에서는 OAuth 2.0 활용해 어떻게 Keycloak을 애플리케이션에 적용할 수 있는지 실습을 통해 OAuth 2.0에 대해 자세하게 알아볼 것이다.

⁝⁝ 질문

1. 사용자의 자격증명을 요청하지 않고 OAuth 2.0을 사용하는 애플리케이션은 서로 다른 애플리케이션에서 제공되는 리소스에 접근할 수 있습니까?

2. OpenID Connect는 OAuth 2.0에 무엇을 추가합니까?

3. JWT는 OAuth 2.0에 무엇을 추가합니까?

04

OpenID Connect를 활용한
사용자 인증

4장에서는 Keycloak이 OpenID Connect 표준을 활용해 애플리케이션 사용자를 인증하는 방법에 대해 자세히 알아볼 것이다. 실습용 샘플 애플리케이션을 통해 요청 및 응답 내용 데이터를 포함, 애플리케이션과 Keycloak 간의 직접적인 상호 작용을 확인할 수 있다.

4장을 통해서 사용자 인증 방법, ID 토큰 동작 방식 그리고 사용자 로그아웃 처리 등을 포함해 OpenID Connect에 대해 자세히 알게 될 것이다.

4장에서는 다음과 같은 주제들을 다룬다.

- OpenID Connect 플레이그라운드 실행

- Discovery 엔드포인트 이해

- 사용자 인증

- ID 토큰 이해

- UserInfo 엔드포인트 호출

- 사용자 로그아웃 처리

⋮⋮▶ 기술 요구 사항

4장의 샘플 애플리케이션을 실행하려면 Node.js(https://nodejs.org/)를 설치해야 한다.

또한 Keycloak의 GitHub 저장소를 복제해서 다운로드해야 한다. GitHub 저장소는
다음 링크(https://github.com/PacktPublishing/Keycloak-Identity-and-Access-Management-for-Modern-Applications)
에 있다.

다음 링크(https://bit.ly/3nQ8WZe)에서 Code in Action 동영상을 확인해보라.

⋮⋮▶ OpenID Connect playground 실행

OIDC^OpenID Connect 플레이그라운드 애플리케이션은 OIDC를 최대한 쉽게 이해하고 실
용적인 방법으로 실습하기 위해 특별히 개발됐다.

플레이그라운드 애플리케이션은 OIDC용 라이브러리를 사용하지 않지만 모든 OIDC
요청은 애플리케이션 자체에서 생성된다. 여기서 주의할 점은 해당 애플리케이션이
OIDC를 안전한 방식으로 구현하지 않고 프로덕션 애플리케이션에 중요한 요청에서 선
택적 파라미터를 무시하고 있다는 점이다. 여기에는 두 가지 이유가 있다.

첫째, OIDC의 일반적인 개념을 이해하는 데 초점을 맞추기 위해서다. 둘째, 만약
OIDC용 애플리케이션 라이브러리를 구현해야 하는 경우, 관련 명세를 매우 잘 이해하
고 있어야 하며 OIDC를 해당 수준으로 상세하게 다루는 것은 이 책의 범위를 벗어
난다.

4장을 계속 진행하기 전에 플레이그라운드 애플리케이션을 계속 사용할 것이기 때문에
해당 애플리케이션을 실행해야 한다.

OIDC 플레이그라운드 애플리케이션을 실행하려면 터미널을 열고 다음 명령어를 실행한다.

```
$ cd Keycloak-Identity-and-Access-Management-for-ModernApplications/ch4/
$ npm install
$ npm start
```

애플리케이션이 실행되는지 확인하기 위해 브라우저에서 다음 링크(http://localhost:8000/)로 접속한다. 다음 스크린샷은 OIDC 플레이그라운드 애플리케이션 페이지를 보여준다.

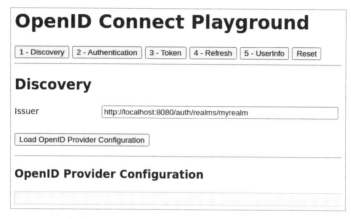

그림 4.1 OpenID Connect 플레이그라운드 애플리케이션

플레이그라운드 애플리케이션을 사용하기 위해 Keycloak을 실행하고 로그인 가능한 사용자 realm 및 다음과 같은 구성의 클라이언트가 있어야 한다.

- **Client ID**: oidc-playground

- **Access Type**: public

- **Valid Redirect URIs**: http://localhost:8000/

- **Web Origins**: http://localhost:8000

해당 설정을 어떻게 해야 하는지 알 수 없는 경우 1장, 'Keycloak 시작하기'와 2장, '첫 번째 애플리케이션 보안 설정'을 참조하면 된다.

다음 절에서 애플리케이션이 OpenID 제공자에 대한 정보를 검색할 수 있는 방법을 이해하는 것부터 시작해 플레이그라운드 애플리케이션을 활용해 OIDC에 대해 자세히 알아볼 것이다.

⁞⁞⁞ 검색 엔드포인트 이해

OIDC 검색^{Discovery} 명세는 OIDC 신뢰자^{Relying Party} 라이브러리의 상호 운용성과 가용성 측면에서 모두 중요하다. 해당 명세가 없는 경우 OpenID 제공자로 인증할 수 있도록 애플리케이션에서 많은 메뉴얼 설정을 수행해야 한다(OpenID 제공자에 대한 자세한 내용은 3장, '간략한 표준 소개' 참조).

ODIC 검색 명세는 OpenID 제공자가 구현 여부를 결정할 수 있는 선택 명세다. 다행히 Keycloak을 포함한 대부분의 OpenID 제공자는 해당 명세를 구현한다.

OpenID 제공자에 대한 base URL(보통 issuer URL)을 알기만 하면 신뢰자는 제공자에 대한 유용한 정보를 많이 검색할 수 있다.

⟨base URL⟩/.well-known/openid-configuration에서 표준 엔드포인트인 OpenID 제공자 메타데이터^{OpenID Provider Metadata}를 로드해 해당 작업을 수행한다.

OpenID 제공자 메타데이터를 자세히 알려면 브라우저에서 OIDC 플레이그라운드에 접속한다. issuer 입력에 대해 이미 입력된 값을 확인할 수 있다.

이미 입력된 issuer URL의 값은 http://localhost:8080/auth/realms/myrealm이다. 해당 URL을 나눠서 살펴보자.

- **http://localhost:8080/auth**: Keycloak의 root URL이다. 프로덕션 시스템에서는 실제 도메인 이름과 HTTPS를 사용한다(예시: https://auth.mycompany.com/).
- **/realms/myrealm**: Keycloak은 멀티-테넌시^{multi-tenancy}를 지원하기 때문에 Keycloak 인스턴스의 각 영역을 분리하기 위해 사용된다.

Keycloak이 다른 호스트 이름, 포트 또는 다른 영역에서 실행 중인 경우 issuer 필드를 변경해야 한다. 그렇지 않은 경우에는 변경하지 않아도 된다.

Load OpenID Provider Configuration을 클릭한다. 해당 버튼을 클릭하면 플레이그라운 드 애플리케이션은 http://localhost:8080/auth/realms/myrealm/.well-known/ openid configuration(issuer URL를 변경하지 않은 경우)에 요청을 전송하고 Keycloak 인스턴스의 OpenID 제공자 메타데이터 형식으로 응답을 수신한다.

다음 플레이그라운드 애플리케이션 스크린샷은 로드된 OpenID 제공자 메타데이터를 보여준다.

OpenID Provider Configuration

```
{
  "issuer": "http://localhost:8080/auth/realms/myrealm",
  "authorization_endpoint": "http://localhost:8080/auth/realms/myrealm/protocol/openid-connect/auth
  "token_endpoint": "http://localhost:8080/auth/realms/myrealm/protocol/openid-connect/token",
  "introspection_endpoint": "http://localhost:8080/auth/realms/myrealm/protocol/openid-connect/toke
  "userinfo_endpoint": "http://localhost:8080/auth/realms/myrealm/protocol/openid-connect/userinfo"
  "end_session_endpoint": "http://localhost:8080/auth/realms/myrealm/protocol/openid-connect/logout
  "jwks_uri": "http://localhost:8080/auth/realms/myrealm/protocol/openid-connect/certs",
  "check_session_iframe": "http://localhost:8080/auth/realms/myrealm/protocol/openid-connect/login-
  "grant_types_supported": [
    "authorization_code",
    "implicit",
    "refresh_token",
    "password",
    "client_credentials"
  ],
  "response_types_supported": [
    "code",
    "none",
    "id_token",
    "token",
    "id_token token",
    "code id_token",
    "code token",
    "code id_token token"
  ],
```

그림 4.2 Keycloak의 OpenID 제공자 메타데이터

다음 리스트에서 해당 메타데이터가 어떤 의미를 갖고 있는지 알아본다.

- authorization_endpoint: 인증 요청을 위한 URL

- token_endpoint: 토큰 요청을 위한 URL

- introspection_endpoint: 점검 요청을 위한 URL

- userinfo_endpoint: UserInfo 요청을 위한 URL

- grant_types_supported: 지원 가능한 승인 유형 리스트

- response_types_supported: 지원 가능한 응답 유형 리스트

전체 메타데이터를 통해 신뢰자는 요청을 보낼 엔드포인트와 사용 가능한 승인 유형 및 응답 유형을 포함해 OpenID 제공자를 활용하는 방법에 대해 지능적인 결정을 내릴 수 있다.

메타데이터를 자세히 살펴보면 Keycloak이 authorization_code 승인 유형과 코드[code] 및 토큰[token] 응답 유형을 지원한다는 사실을 알 수 있다. 다음 절에서 플레이그라운드 애플리케이션의 사용자를 인증하기 위해 해당 승인 유형과 응답 유형을 사용할 것이기 때문에 해당 메타데이터는 매우 유용하다.

⠿ 사용자 인증

Keycloak을 통해 사용자를 인증하는 가장 보편적인 방법은 OpenID Connect 인가 코드 흐름을 사용하는 것이다.

요약하면 인가 코드 흐름으로 사용자를 인증하기 위해 애플리케이션은 Keycloak으로 사용자를 리다이렉트하고 사용자를 인증하기 위해 로그인 페이지가 표시된다. 사용자가 인증을 완료하면 애플리케이션은 사용자 정보가 포함된 ID 토큰을 수신한다.

다음 다이어그램은 인가 코드 흐름을 좀 더 자세히 보여준다.

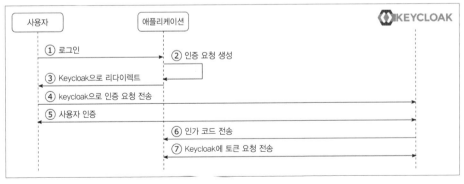

그림 4.3 인가 코드 흐름

다이어그램 단계의 자세한 설명은 다음과 같다.

1. 사용자가 애플리케이션의 로그인 버튼을 클릭한다.

2. 애플리케이션 인증 요청을 생성한다.

3. 인증 요청은 302 리다이렉트 형식으로 사용자에게 전송되며, user-agent에게 Keycloak에서 제공하는 인가 엔드포인트로 리다이렉트되도록 알려준다.

4. User-agent는 인증 요청을 통해 애플리케이션에서 명시한 쿼리 파라미터를 사용해 인가 엔드포인트를 요청한다.

5. Keycloak은 사용자에게 로그인 페이지를 표시한다. 사용자는 사용자 이름과 패스워드를 입력하고 해당 양식을 제출한다.

6. Keycloak은 사용자의 자격증명을 검증한 다음 애플리케이션에게 제공할 인가 코드를 생성한다.

7. 애플리케이션은 인가 코드를 ID 토큰과 리프레시 토큰으로 교환한다.

8. OIDC 플레이그라운드 애플리케이션으로 돌아가 해당 작업을 수행한다. OpenID 제공자 메타데이터를 이전 절에서 이미 로드했기 때문에 플레이그라운드 애플리케이션은 인증 요청을 어디로 전송해야 하는지 이미 알고 있다. 인증 요청을 전송하려면 **2-Authentication** 버튼을 클릭한다.

다음의 값들을 제공되는 폼에 입력한다.

- client_id: Keycloak에 등록된 애플리케이션 client ID이다. 클라이언트를 생성할 때 oidc-playground와 다른 값을 사용한 경우 해당 값을 변경해야 한다.

- scope: 디폴트 값은 openid이며 OpenID 요청을 수행할 것임을 의미한다. 일단 디폴트 값을 유지한다.

- prompt: 해당 필드는 여러 가지 목적으로 사용할 수 있다. 예를 들어 해당 필드에 none 값을 입력하면 Keycloak은 사용자에게 로그인 화면을 표시하지 않고 사용자

가 이미 Keycloak에 로그인한 경우에만 사용자를 인증한다. 또한 해당 필드에 `login` 값을 사용해 사용자가 이미 Keycloak으로 로그인한 경우에도 다시 로그인 하도록 요청할 수 있다.

- `max_age`: 해당 필드는 Keycloak이 사용자 인증을 유지하는 최대 시간(초)을 나타 낸다. 예를 들어 해당 필드를 `60`으로 설정하면 사용자가 마지막으로 인증된 후 60 초 이상 경과한 경우 Keycloak은 사용자를 다시 인증한다.

- `login_hint`: 애플리케이션이 인증하려는 사용자의 사용자 이름을 알고 있는 경우 해당 파라미터를 사용해 로그인 페이지의 사용자 이름이 자동으로 입력되도록 한다.

이제 **인증 요청 생성**^{Generate Authentication Request} 버튼을 클릭해 인증 요청이 어떻게 보이는지 살펴본다. 즉 인증을 수행하기 위해 애플리케이션이 사용자 에이전트^{user-agent}를 리다이 렉트하는 실제 요청을 확인할 수 있다.

다음 플레이그라운드 애플리케이션 스크린샷은 인증 요청 예시를 보여준다.

인증 요청

```
http://localhost:8080/auth/realms/myrealm/protocol/openid-connect/auth

client_id=oidc-playground
response_type=code
redirect_uri=http://localhost:8000/
scope=openid
```

그림 4.4 인증 요청

해당 요청에서 `response_type`을 `code`로 설정한 것은 애플리케이션이 Keycloak으로부 터 인가 코드를 수신하고자 함을 의미한다.

그런 다음 **인증 요청 전송**^{Send Authentication Request} 버튼을 클릭한다. Keycloak 로그인 페이 지로 리다이렉트된다. 사용자 이름과 패스워드를 입력하고 **로그인**을 클릭한다.

좀 더 세부적인 보안 설정을 원하는 경우 다음 단계를 수행한다.

- **Set prompt to login**: 해당 값을 설정하면, Keycloak은 재인증을 항상 요청한다.

- **Set max_age to 60**: 마지막으로 인증한 지 60초가 경과하면 Keycloak은 사용자를 재인증한다.

- **Set login_hint to your username**: Keycloak 로그인 페이지에서 사용자 이름이 표시된다.

위 단계를 적용하는 경우 Keycloak이 어떻게 동작하는지 확인하기 위해 인증 요청을 다시 생성하고 재전송해야 한다.

Keycloak이 플레이그라운드 애플리케이션으로 다시 리다이렉트되면 인증 응답 Authentication Response 섹션에 인증 응답이 표시된다. 코드는 애플리케이션이 ID 토큰과 리프레시 토큰을 얻기 위해 사용되는 인가 코드authorization code이다.

이제 애플리케이션이 인가 코드를 획득했기 때문에 다음 단계를 진행하거나 해당 코드를 다른 토큰과 교환할 수 있다.

3-Token 버튼을 클릭한다. 인가 코드가 양식에 이미 입력돼 있기 때문에 **Send Token Request** 버튼을 클릭한다.

Token Request 하단에서 애플리케이션이 Keycloak에서 제공한 토큰 엔드포인트에 요청을 전송하는 것을 확인할 수 있다. 해당 요청에는 인가 코드가 포함되고 grant_type을 authorization_code로 설정한다. 해당 설정은 애플리케이션이 인가 코드를 토큰으로 교환함을 의미한다.

Token Request 예시는 다음 플레이그라운드 애플리케이션 스크린샷에서 확인할 수 있다.

토큰 요청

```
http://localhost:8080/auth/realms/myrealm/protocol/openid-connect/token

grant_type=authorization_code
code=163c7414-8683-4820-adff-c08d1dae8c4d.d565bbda-a2ec-46c0-bde1-04308042c5f3.
client_id=oidc-playground
redirect_uri=http://localhost:8000/
```

그림 4.5 토큰 요청

Token Response 하단에서 Keycloak이 애플리케이션에 전송하는 응답을 확인할 수 있다. Invalid_grant 에러가 발생하는 경우 대부분 다음 두 가지 이유 중 하나일 경우가 많다.

- **단계를 너무 천천히 수행함**: 인가 코드는 기본적으로 1분 동안만 유효하므로 Keycloak에서 인증 응답을 수신하고 토큰 요청을 전송하는 데 1분 이상 걸리면 요청이 실패한다.

- **토큰 요청을 여러 번 전송함**: 인가 코드는 한 번만 유효하므로 2개 이상의 토큰 요청에 포함된 경우 요청이 실패한다.

다음 스크린샷은 플레이그라운드 애플리케이션의 성공적인 토큰 응답을 보여준다.

토큰 응답

```
{
  "access_token": "eyJhbGciOiJSUzI1NiIsInR5cCIgOiAiSldUIiwia2lkIiA6ICJpU3BBbjVm
  "expires_in": 300,
  "refresh_expires_in": 1800,
  "refresh_token": "eyJhbGciOiJIUzI1NiIsInR5cCIgOiAiSldUIiwia2lkIiA6ICI3ZThmNjM
  "token_type": "bearer",
  "id_token": "eyJhbGciOiJSUzI1NiIsInR5cCIgOiAiSldUIiwia2lkIiA6ICJpU3BBbjVmand1
  "not-before-policy": 0,
  "session_state": "d565bbda-a2ec-46c0-bde1-04308042c5f3",
  "scope": "openid profile email"
}
```

그림 4.6 토큰 응답

토큰 응답에 포함된 값들을 자세히 살펴본다.

- access_token: JWS$^{\text{JSON Web Signature}}$ 포맷을 가지는 Keycloak의 접근 토큰이다. 5장에서 OAuth 2.0을 자세히 다룰 때 함께 살펴볼 것이다.

- expires_in: 접근 토큰의 정보가 애플리케이션에 노출되지 않는 경우가 있기 때문에, 해당 값을 애플리케이션에게 제공해 토큰이 언제 만료되는지 알려준다.

- refresh_token: 해당 값은 리프레시 토큰 값이며 다음 절에서 더 자세히 알아볼 것이다.

- refresh_token_expires_in: 리프레시 토큰의 정보가 애플리케이션에 노출되지 않는 경우가 있기 때문에 해당 값을 애플리케이션에게 제공해 리프레시 토큰이 언제 만료되는지 알려준다.

- token_type: 해당 값은 접근 토큰의 유형이며, Keycloak은 항상 bearer를 사용한다.

- id_token: 해당 값은 ID 토큰 값이며, 다음 절에서 더 자세히 알아볼 것이다.

- session_state: Keycloak의 사용자 세션 ID이다.

- scope: 애플리케이션은 인증 요청에서 Keycloak의 범위scope를 요청하지만 반환된 토큰의 실제 범위는 요청된 범위와 일치하지 않을 수 있다.

ID 토큰 이해하기

이전 절에서 Keycloak으로부터 ID 토큰을 포함하는 토큰 응답을 수신했지만 ID 토큰 내부에 있는 내용을 자세히 살펴보지 않았다.

ID 토큰은 기본적으로 JWT[JSON Web Token]로 서명돼 있으며, 다음과 같은 포맷을 사용한다.

```
<Header>.<Payload>.<Signature>
```

헤더[Header] 및 페이로드[Payload]는 Base64URL로 인코딩된 JSON 문서다. 플레이그라운드 애플리케이션에서 토큰 응답을 확인하면 인코딩된 형식의 ID 토큰을 볼 수 있다. 또한 인코딩된 ID 토큰의 예시는 다음 플레이그라운드 애플리케이션의 스크린샷과 같다.

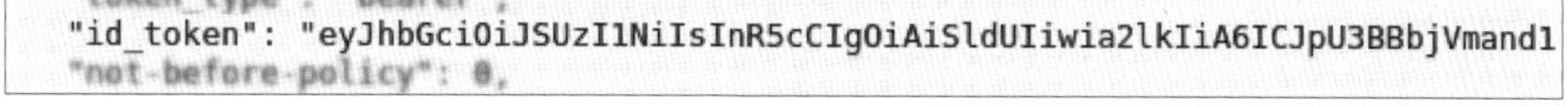

```
"token_type": "bearer",
"id_token": "eyJhbGciOiJSUzI1NiIsInR5cCIgOiAiSldUIiwia2lkIiA6ICJpU3BBBbjVmand1
"not-before-policy": 0,
```

그림 4.7 인코딩된 ID 토큰

ID 토큰 섹션 하단에서 3개의 파트로 분리돼 디코딩된 토큰을 확인할 수 있다. 헤더는 사용된 알고리듬, 페이로드 유형 그리고 토큰에 서명하기 위해 사용된 키의 key ID를 보여준다.

디코딩된 ID 토큰의 예시는 다음 플레이그라운드 애플리케이션 스크린샷과 같다.

ID 토큰

헤더

```
{
  "alg": "RS256",
  "typ": "JWT",
  "kid": "iSpAn5fjwuekOb_ysSloqMxcFoOmp9Uza_7CdBYCFvI"
}
```

페이로드

```
{
  "exp": 1601317631,
  "iat": 1601317331,
  "auth_time": 1601316791,
  "jti": "83107dee-1c80-47da-9ef2-011df87cb0ae",
  "iss": "http://localhost:8080/auth/realms/myrealm",
  "aud": "oidc-playground",
  "sub": "67855660-fd6e-4416-96d1-72c99db5e525",
  "typ": "ID",
  "azp": "oidc-playground",
  "session_state": "d565bbda-a2ec-46c0-bde1-04308042c5f3",
  "at_hash": "1YAllhsd_LTejkEanCR9wQ",
  "acr": "0",
  "email_verified": false,
  "realm_access": {
    "roles": [
      "myrole"
    ]
  },
  "name": "Bob Foo",
  "preferred_username": "st",
  "myotherclaim": "myotherclaim",
  "given_name": "Bob",
  "family_name": "Foo",
  "email": "bob@bob"
}
```

시그니처

```
fcjhWbPfqiBz3iPXVt8NT7EwoDR248MKHqNV2Oo6B6VEmiNjREghBIU8S9Iaul9vIzHXHuSerZA0uXgrKuE
```

그림 4.8 디코딩된 ID 토큰

ID 토큰에 포함된 몇몇 클레임(claim)들을 살펴보자.

- exp: 토큰 만료 일시

- iat: 토큰 발행 일시

- auth_time: 사용자 최종 인증 일시

- jti: 토큰의 고유 ID

- aud: 사용자를 인증하는 신뢰자가 포함된 토큰 사용 주체

- azp: 토큰 발생 대상

- sub: 인증된 사용자의 고유 ID. 사용자를 참조하는 경우 사용자 이름 또는 이메일은 변경될 가능성이 있기 때문에 고유 ID를 사용하는 것이 권장된다.

> **NOTE**
>
> JWT 토큰의 모든 시간은 유닉스 에포크(Unix epoch) 시간(1970년 1월 1일 이후의 초)으로 표시된다. 사용자가 쉽게 읽을 수 없지만 컴퓨터에는 적절하며 다른 형식에 비해 용량을 거의 차지하지 않는다. 에포크 시간을 사람이 읽을 수 있는 날짜로 변환하는 편리한 도구를 다음 링크(https://www.epochconverter.com/)에서 제공한다.

위에서 열거된 클레임 외에도, 이름과 성given name, family name 그리고 선호하는 사용자 이름과 같은 사용자 정보도 있다.

다음 링크(https://www.epochconverter.com/)에서 ID 토큰의 exp 값을 확인하면 토큰이 몇 분 후에 만료됨을 알 수 있다.

일반적으로 ID 토큰은 노출 위험을 줄이기 위해 짧은 지속 시간을 가진다. 이것은 애플리케이션이 사용자를 재인증해야 한다는 의미가 아니라 업데이트된 ID 토큰을 획득하는 데 사용되는 별도의 리프레시 토큰이 있다는 의미다. 리프레시 토큰은 유효 기간이 훨씬 길며 Keycloak에서만 직접 사용할 수 있다. 즉, Keycloak은 토큰이 여전히 유효한지 확인할 수 있다.

이번에는 ID 토큰을 리프레시한다. **4-Refresh** 버튼을 클릭하고 리프레시 요청 전송Send Refresh Request 버튼을 클릭한다.

리프레시 전송 윈도우에서 플레이그라운드에서 Keycloak 토큰 엔드포인트로 요청이 전송되는 것을 확인할 수 있다. 해당 요청은 refresh_token 승인 유형을 사용하며 리프레시 토큰 및 클라이언트 ID가 포함된다.

다음 플레이그라운드 애플리케이션 스크린샷은 리프레시 요청 예시를 보여준다.

리프레시 요청

```
http://localhost:8080/auth/realms/myrealm/protocol/openid-connect/token

grant_type=refresh_token
refresh_token=eyJhbGciOiJIUzI1NiIsInR5cCIgOiAiSldUIiwia2lkIiA6ICI3ZThmNjM2My1lMmM0OL
client_id=oidc-playground
scope=openid
```

그림 4.9 리프레시 요청

리프레시 응답^{Refresh Response} 하단을 확인하면 Keycloak에서 플레이그라운드로 응답이 전송되는 것을 확인할 수 있다.

다음 플레이그라운드 애플리케이션 스크린샷은 리프레시 응답을 보여준다.

리프레시 응답

```
{
  "access_token": "eyJhbGciOiJSUzI1NiIsInR5cCIgOiAiSldUIiwia2lkIiA6ICJpU3BBbjVmand1
  "expires_in": 300,
  "refresh_expires_in": 1800,
  "refresh_token": "eyJhbGciOiJIUzI1NiIsInR5cCIgOiAiSldUIiwia2lkIiA6ICI3ZThmNjM2My1
  "token_type": "bearer",
  "id_token": "eyJhbGciOiJSUzI1NiIsInR5cCIgOiAiSldUIiwia2lkIiA6ICJpU3BBbjVmand1ZWtP
  "not-before-policy": 0,
  "session_state": "d565bbda-a2ec-46c0-bde1-04308042c5f3",
  "scope": "openid profile email"
}
```

그림 4.10 리프레시 응답

여기서 주목해야 할 한 가지는 리프레시 응답에 리프레시 토큰도 포함돼 있는 것이다.

애플리케이션이 추후 ID 토큰을 갱신할 때 업데이트된 리프레시 토큰을 사용하는 것이 중요하다. 이는 다음과 같은 몇 가지 이유로 중요하다.

- **키 순환**Key rotation: Keycloak은 서명 키signing keys를 순환시킬 수 있고 신규 키로 서명된 신규 리프레시 토큰을 수신하는 클라이언트에 의존한다.
- **유휴 세션**Session idle: 클라이언트는 유휴 세션 기능을 가지며, 따라서 리프레시 토큰은 관련 세션보다 더 빨리 만료될 수 있다.
- **리프레시 토큰 노출 탐지**Refresh token leak detection: 리프레시 토큰의 노출을 탐지하기 위해 Keycloak은 리프레시 토큰의 재사용을 허용하지 않는다. 해당 기능은 일반적으로 비활성화돼 있다.

마지막으로, ID 토큰 하단을 보면 토큰이 만료 시간(exp), 발행 시간(iat), 토큰 ID(jti)가 변경된 것을 제외하고 거의 동일한 값을 갖고 있음을 확인할 수 있다.

토큰 갱신의 또 다른 이점은 애플리케이션이 재인증을 수행하지 않고 사용자의 정보를 업데이트할 수 있다는 사실이다. 이제 이 부분을 살펴볼 것이다.

다음 몇 절에서는 플레이그라운드 애플리케이션을 열어둬야 한다. 새 브라우저 창에서 Keycloak 관리 콘솔을 열고 **Users**를 클릭한 다음 플레이그라운드 애플리케이션에 인증할 때 사용한 사용자를 찾는다.

먼저 사용자 프로파일을 업데이트한다.

사용자 프로파일 업데이트

사용자의 이메일, 성명을 변경한 다음 플레이그라운드 애플리케이션으로 돌아와 **리프레시 요청 전송**Send Refresh Request 버튼을 클릭한다. 사용자 프로파일이 변경된 것을 확인할 수 있다.

지금까지 사용자 프로파일을 변경했고, 이번에는 사용자 정의 속성property을 추가해보자.

사용자 정의 속성 추가

사용자 정의 속성을 추가하는 단계는 다음과 같다.

1. 사용자 프로파일 정보를 가진 Keycloak 관리 콘솔 윈도우로 이동한다.

2. 테이블이 표시되면 키를 myattribute로 설정하고 값을 myvalue로 설정하며 **Add**를 클릭한다.

3. **client scope**를 생성한다. 클라이언트 범위client scope를 사용하면 클라이언트에 발급된 토큰에 추가될 수 있는 재사용 가능한 클레임 그룹을 생성할 수 있다. 좌측 메뉴에서 **Client Scopes**를 클릭한 다음 **Create**를 클릭한다. 폼의 이름 필드에 myclaim을 입력한다. 나머지 부분은 그대로 두고 **Save**를 클릭한다.

4. 매퍼mapper를 생성해 클라이언트 범위에 사용자 정의 속성을 추가한다. **Mappers**를 클릭한 다음 **Create**를 클릭한다.

   다음 값을 폼에 입력한다.

   - **Name**: myattribute

   - **Mapper Type**: User Attribute

   - **User Attribute**: myattribute

   - **Token Claim Name**: myattribute

   - **Claim JSON Type**: String

   Add to ID Token이 활성화된 것을 확인한 다음, **Save**를 클릭한다. 신규 생성된 클라이언트 범위를 클라이언트에 추가한다.

5. 좌측 메뉴에서 **Clients**를 클릭하고 `oidc-playground` 애플리케이션을 확인한다. **Client Scopes**를 선택하고 **Optional Client Scopes** 윈도우에서 myclaim을 선택한 다음 **Add selected**를 클릭한다.

클라이언트의 선택적 클라이언트 범위^{optional client scopes}에 해당 클레임을 추가했기 때문에 클라이언트가 해당 범위를 명시적으로 요청해야 한다. 디폴트 클라이언트 범위에 추가하면 클라이언트에 기본적으로 포함돼 있다.

클라이언트가 범위 파라미터를 사용해 Keycloak에서 다른 정보를 요청하는 방법을 보여주기 위해 해당 작업을 수행한다. 클라이언트는 특정 시간에 필요한 정보만 요청할 수 있으며, 해당 작업은 사용자가 애플리케이션에 접근하기 위해 동의가 필요할 때 유용하다. 해당 부분은 5장에서 살펴볼 것이다.

6. 플레이그라운드 애플리케이션으로 돌아와서 **리프레시 요청 전송**^{Send Refresh Request} 버튼을 클릭한다. 사용자 정의 속성이 ID 토큰에 추가되지 않은 것을 알 수 있다.

TIP

> 토큰 리프레시를 수행할 때 에러가 발생하는 경우 Keycloak의 SSO(Single-Sign On) 세션이 만료됐을 가능성이 높다. 기본적으로 10분 동안 클라이언트의 동작이 없는 경우 SSO 세션이 만료된다. 추후 만료 시간 변경 방법을 알아볼 것이다.

이제 신규 인증 요청을 전송한다. 하지만 이번엔 myclaim 범위^{scope}를 포함한다. 플레이그라운드 애플리케이션에서 **2-Authentication**을 클릭한다. scope 필드에서 값을 openid myclaim으로 설정한다. openid를 변경하면 Keycloak이 클라이언트에게 ID 토큰을 전송하지 않기 때문에 현재 설정을 유지해야 한다. 이제 신규 토큰을 획득하기 위해 다음 단계들을 다시 수행한다.

1. **Generate Authentication Request** 클릭

2. **Send Authentication Request** 클릭

3. **3-Token** 클릭

4. **Send Token Request** 클릭

ID 토큰의 페이로드에서 클라이언트에 추가된 사용자 지정 클레임을 확인할 수 있다.

지금까지 사용자 정의 속성을 추가했기 때문에, ID 토큰에 역할을 추가한다.

ID 토큰에 역할 추가

기본적으로 ID 토큰은 역할을 갖고 있지 않다. **Client Scopes**로 이동한 다음 **roles** 클라이언트 범위를 선택해 관련 동작을 변경할 수 있다. **Mappers**를 클릭한 다음 **realm roles**를 선택한다. **Add to ID Token**을 설정하고 **Save**를 클릭한다.

현재 사용자가 1장, 'Keycloak 시작하기'에서 생성한 사용자라고 가정하면 해당 사용자는 이와 관련된 realm 역할을 가져야 한다. 만약 다른 사용자인 경우 realm 역할 설정이 돼 있는지 확인해야 한다.

플레이그라운드 애플리케이션으로 돌아와서 토큰을 다시 갱신한다. ID 토큰에 `realm_access`를 확인할 수 있다.

기본적으로 모든 역할은 전체 클라이언트에 추가되며 개별 클라이언트의 접근 권한을 제한해야 하는 경우에 적절하지 않다. ID 토큰은 특정 클라이언트에 대해 사용자를 인증하기 위해서만 사용되기 때문에 큰 영향이 없지만, 다른 서비스에 접근하기 위해 사용되는 접근 토큰의 경우에는 큰 문제가 될 수 있다.

이제 애플리케이션이 사용자를 인증하고 사용자에 대한 정보를 검색하기 위해 ID 토큰을 사용하는 방법에 대해 충분히 숙지했을 것이다. 클라이언트 범위를 좀 더 테스트하고자 하면 이제 플레이그라운드 애플리케이션에서 범위를 테스트할 수 있고 ID 토큰에서 결과를 확인해볼 수 있기 때문에 테스트하기에 적절한 시기다.

다음 절에서 애플리케이션이 인증된 사용자에 대한 정보를 검색할 수 있는 다른 방법을 살펴볼 것이다.

∷ UserInfo 엔드포인트 호출

ID 토큰을 통해 인증된 사용자에 대한 정보를 검색할 수 있을 뿐만 아니라 OIDC 흐름을 통해 획득한 접근 토큰으로 UserInfo 엔드포인트를 호출할 수도 있다.

플레이그라운드 애플리케이션을 사용해 확인해보자. 현재 SSO 세션이 만료됐을 수 있기 때문에 신규 인증 및 토큰 요청을 전송해야 한다.

만약 여러분이 실습을 잘 따라오고 있다면(또는 신규 토큰을 획득했으면), **5-UserInfo**를 클릭한다. **UserInfo Request** 하단을 보면, 플레이그라운드 애플리케이션이 인증 헤더에 접근 토큰을 포함해 Keycloak UserInfo 엔드포인트에 요청을 전송한다.

다음 플레이그라운드 애플리케이션 스크린샷은 **UserInfo Request** 예시를 보여준다.

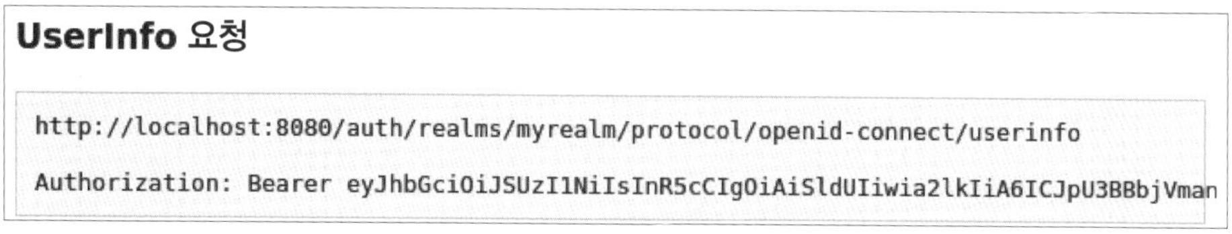

UserInfo 요청

```
http://localhost:8080/auth/realms/myrealm/protocol/openid-connect/userinfo

Authorization: Bearer eyJhbGciOiJSUzI1NiIsInR5cCIgOiAiSldUIiwia2lkIiA6ICJpU3BBbjVman
```

그림 4.11 UserInfo 요청

UserInfo Response 하단, Keycloak에서 전송한 응답을 확인할 수 있다.

해당 응답은 ID 토큰의 모든 추가 필드를 포함하는 것이 아니라 사용자 속성만 포함하는 단순한 JSON 응답을 확인할 수 있다.

다음 플레이그라운드 애플리케이션 스크린샷은 **UserInfo Response** 예시를 보여준다.

UserInfo 응답

```
{
  "sub": "67855660-fd6e-4416-96d1-72c99db5e525",
  "email_verified": false,
  "name": "Stian Thorgersen",
  "preferred_username": "st",
  "myotherclaim": "myotherclaim",
  "given_name": "Stian",
  "family_name": "Thorgersen",
  "email": "st@localhost"
}
```

그림 4.12 UserInfo 응답

클라이언트 범위 및 프로토콜 매퍼protocol mappers를 통해 Keycloak이 ID 토큰에서 반환하는 정보를 설정할 수 있는 것처럼 UserInfo 엔드포인트에서 반환되는 정보도 설정할 수 있다. 또한 접근 토큰이 없는 클라이언트를 제외하고 UserInfo 엔드포인트를 호출하는 클라이언트에 반환되는 정보를 제어할 수 있다. 단일 접근 토큰이 2개의 개별 리소스 서버로 전송되면, 동일한 접근 토큰에 대한 UserInfo 엔드포인트의 다른 정보를 확인할 수 있음을 의미한다.

사용자 지정 정보를 UserInfo 엔드포인트에 추가한다. 이번에는 클라이언트 범위를 사용하는 대신 프로토콜 매퍼를 클라이언트에 직접 추가한다. Keycloak 관리 콘솔로 이동한 다음, 클라이언트 하단에 OIDC 플레이그라운드 클라이언트를 확인한다. **Map pers**를 클릭하고, **Create**를 클릭한다. 그리고 아래 값들을 폼에 입력한다.

- **Name**: myotherclaim

- **Mapper Type**: Hardcoded claim

- **Token Claim Name**: myotherclaim

- **Claim value**: My Other Claim

- **Claim JSON Type**: String

Add to userinfo가 활성화된 것을 확인한 다음 **Save**를 클릭한다. 플레이그라운드 애플리케이션으로 돌아가 **Send UserInfo Request** 버튼을 클릭해 UserInfo 요청을 전송한다. 해당 요청에 대한 응답에 myotherclaim이 추가된 것을 확인할 수 있다.

UserInfo 엔드포인트에 대해 한 가지 기억해야 할 것은 OIDC 흐름을 통해 획득한 접근 토큰만 사용해 호출할 수 있다. 플레이그라운드 애플리케이션에서 **2-Authentication** 버튼을 클릭해 해당 작업을 수행할 수 있다.

scope 필드에서 openid를 삭제한 다음 **Generate Authentication Request**와 **Send Authentication Request**를 클릭한다.

3-Token을 클릭한 다음 **Send Token Request**를 클릭한다. **Token Response**의 ID_token 값이 없으므로 **ID Token** 섹션에 ID 토큰이 표시되지 않는다.

5-UserInfo로 이동해 **Send UserInfo Request** 버튼을 클릭하면 **UserInfo Request**가 실패하는 것을 알 수 있다.

⁖ 사용자 로그아웃 처리

SSO 환경에서 로그아웃을 처리하는 것은 특히 사용자가 사용하는 모든 애플리케이션에서 즉시 로그아웃하려는 경우 실제로 매우 어려운 작업이 될 수 있다.

로그아웃 시작

로그아웃은 일반적으로 사용자가 애플리케이션의 로그아웃 버튼을 클릭함으로써 수행된다. 로그아웃 버튼이 클릭되면 애플리케이션은 OpenID Connect RP-Initiated logout으로 요청을 전송한다.

애플리케이션은 사용자를 Keycloak End Session 엔드포인트로 리다이렉트한다. Keycloak End Session 엔드포인트는 OpenID 제공자 메타데이터에 end_session_endpoint로 등록돼 있다. 해당 엔드포인트는 다음과 같은 파라미터를 사용한다.

- id_token_hint: 이미 발급된 ID 토큰을 나타낸다. 해당 토큰은 Keycloak에서 로그아웃하고자 하는 클라이언트, 사용자 및 클라이언트가 로그아웃하고자 하는 세션을 식별하기 위해 사용된다.

- post_logout_redirect_uri: Keycloak이 클라이언트의 로그아웃을 수행한 후 사용자를 리다이렉트하고자 하는 경우 해당 URL을 Keycloak에게 전달할 수 있다. 클라이언트는 로그아웃 URL을 Keycloak에 미리 등록해야 한다.

- state: 해당 파라미터는 로그아웃 요청과 리다이렉트 과정에서 클라이언트의 상태[state]를 유지한다. Keycloak은 클라이언트로 리다이렉트될 때 단순히 해당 파라미터를 전달한다.

- ui_locales: 클라이언트는 해당 파라미터를 사용해 로그인 화면에 어떤 지역[locale]을 사용해야 하는지 Keycloak에게 힌트를 줄 수 있다.

Keycloak이 로그인 요청을 수신하면 동일 세션의 클라이언트들에게 로그아웃을 알린다. 그런 다음 세션을 만료시켜서 모든 토큰을 효과적으로 무효화한다.

ID 및 접근 토큰 만료 활용

애플리케이션에서 로그아웃이 발생했는지 확인하는 가장 간단하고도 효과적인 메커니즘은 ID와 접근 토큰이 일반적으로 짧은 만료 시간을 가진다는 사실을 활용하는 것일 것이다. 로그아웃을 수행하면 Keycloak이 세션을 만료시키기 때문에 더 이상 리프레시 토큰으로 신규 토큰을 획득할 수 없다.

해당 전략은 사용자가 로그아웃한 후 모든 애플리케이션이 효과적으로 로그아웃될 때까지 몇 분 정도 걸릴 수 있다는 단점이 있지만 대부분 해당 시간은 크게 문제가 되지 않는다.

또한 해당 전략은 공용 클라이언트에 적합하다.

일반적으로 공용 클라이언트는 직접 서비스를 제공하는 것이 아니라 접근 토큰을 활용해 다른 서비스를 호출하기 때문에 세션이 유효하지 않음을 신속하게 인지한다.

토큰의 유효 기간이 긴 경우에는 토큰 점검^{Token Introspection} 엔드포인트를 호출해 토큰의 유효성을 주기적으로 확인하는 것이 좋다. 이 부분은 5장에서 살펴본다.

OIDC 세션 관리 활용

OIDC 세션 관리^{OIDC Session Management}를 통해 애플리케이션은 Keycloak에 대한 요청 없이 세션 로그아웃 여부를 확인할 수 있으며, Keycloak이 애플리케이션에 요청을 전송할 수 있다.

OIDC 세션 관리는 Keycloak이 관리하는 특수 세션 쿠키의 상태를 모니터링한다.

애플리케이션은 일반적으로 Keycloak과 다른 도메인에서 호스팅되기 때문에 해당 쿠키에 직접 접근할 수 없다. 대신, HTML `iframe` 태그의 숨김^{hidden} 속성을 사용해 쿠키 값을 모니터링하는 Keycloak의 특수 페이지를 로드하고 세션 상태 변경이 탐지되면 애플리케이션에 이벤트를 전송한다.

해당 동작 방식은 특히 애플리케이션의 세션이 실시간으로 사용되고 있는 경우에 효과적인 전략이다. 애플리케이션 세션이 사용 중에 있지 않다는 것은 차후 세션이 생성될 때까지 애플리케이션이 로그아웃을 모니터링하지 않음을 의미한다.

예를 들어 시스템의 보안이 손상된 경우 악의적인 사용자가 iframe 세션이 정상적으로 동작하지 않도록 해서 애플리케이션 세션이 지속적으로 유지될 수도 있다. 하지만 해당 이슈는 상대적으로 손쉽게 대응할 수 있다. 한 가지 옵션은 애플리케이션이 사용 중인 동안에만 애플리케이션의 세션을 열어두는 것이다. Keycloak JavaScript 어댑터는 윈도우 상태window state에 토큰을 저장하는 방식으로 해당 작업을 정확히 수행한다. 또한 토큰의 만료 시간을 짧게 설정해 대응이 가능하다.

많은 브라우저들이 서드파티 콘텐츠에 대한 접근을 차단하기 시작하면서 OIDC 세션 관리 접근법은 최근 사용률이 떨어지고 있다. 즉 숨김 속성을 가진 iframe 세션이 일부 브라우저에서 더 이상 세션 쿠키에 접근할 수 없음을 의미한다. 따라서 신규 애플리케이션에서 해당 접근 방식을 활용하는 것은 좋은 생각이 아니며, 이미 해당 접근 방식을 사용하고 있는 애플리케이션 또한 다른 접근 방법을 알아봐야 할 것이다.

OIDC 백-채널 로그아웃 활용

OIDC 백-채널OIDC Back-Channel 로그아웃을 통해 애플리케이션은 로그아웃 이벤트를 수신하기 위해 엔드포인트를 등록할 수 있다.

Keycloak에서 로그아웃이 수행되면 백-채널 로그아웃 엔드포인트가 등록된 세션의 모든 애플리케이션에 로그아웃 토큰을 전송한다.

로그아웃 토큰은 ID 토큰과 유사한 서명된 JWT이다. 로그아웃 토큰을 수신하면, 애플리케이션은 서명을 검증하고 Keycloak 세션 ID와 연동된 애플리케이션 세션을 로그아웃한다.

서버 사이드 애플리케이션의 경우 백-채널 로그아웃을 사용하는 것이 효과적이다. 그러나 세션 유지 기능session stickiness이 있는 클러스터된 애플리케이션의 백-채널 로그아웃은 다소 복잡하다.

상태 유지 애플리케이션stateful application에 대한 일반적인 접근 방식은 여러 애플리케이션 인스턴스에 애플리케이션 세션을 분산하는 것이며 로그아웃 요청이 실제 애플리케이션 세션을 유지하고 있는 동일한 애플리케이션 인스턴스에 전송된다는 보장은 없다. 로그아웃 요청을 적절한 세션으로 라우팅하기 위해 로드 밸런서load balancer를 설정하는 것은 쉬운 일이 아니므로 일반적으로 애플리케이션 수준에서 처리해야 한다.

비상태 유지 애플리케이션stateless server-side applications의 경우 일반적으로 세션이 쿠키에 저장되기 때문에 로그아웃 요청을 처리하기 어렵다. 이럴 때 애플리케이션은 동일 세션에 대한 다음 요청이 전송될 때까지 로그아웃 요청을 저장하거나 해당 세션을 만료한다.

OIDC 프론트-채널 로그아웃 활용

OpenID Connect 프론트-채널Front-Channel 로그아웃은 OpenID 제공자의 로그아웃 페이지에 프론트-채널 로그아웃 엔드포인트를 등록한 각 애플리케이션에 숨김 속성을 가진 iframe을 렌더링한다. 이론적으로 프론트-채널 로그아웃은 비상태 유지 서버 사이드 애플리케이션 및 클라이언트 사이드 애플리케이션에서 로그아웃하기 위한 좋은 방법이 될 수 있다. 하지만 실제로는 신뢰성이 낮다. OpenID 제공자가 애플리케이션이 성공적으로 로그아웃됐는지 확인할 수 있는 효과적인 방법이 없기 때문에 해당 접근법은 결과를 예측하기 어렵다.

또한 OIDC 프론트-채널 로그아웃 접근법은 브라우저에서 서드파티 콘텐츠를 차단할수 있으며, OpenID 제공자가 iframe에서 로그아웃 엔드포인트를 수행하면 애플리케이션 수준 쿠키에 접근할 수 없기 때문에, 애플리케이션이 현재 인증 세션에 접근할 수 없다.

로그아웃은 어떻게 처리해야 하는가?

요약하면 가장 간단한 접근 방식은 비교적 짧은 애플리케이션 세션과 토큰 만료 시간을 활용하는 것이다. Keycloak은 사용자의 로그인 상태를 유지하므로 사용자의 불필요한 재인증 없이 짧은 애플리케이션 세션을 효과적으로 사용할 수 있다.

즉시 로그아웃해야 하는 경우 OIDC 백-채널 로그아웃을 활용해야 한다.

⫸ 요약

4장에서는 OIDC 인증 흐름의 직접적인 상호 작용을 활용했다. 애플리케이션이 인증 요청을 준비한 후 인증을 위해 사용자 에이전트를 Keycloak 인증 엔드포인트로 리다이렉트하는 방법을 배웠다. 그다음 애플리케이션이 ID 토큰과 교환하는 인증 코드를 획득하는 방법에 대해 알아봤다. ID 토큰을 검사한 다음, 어떻게 애플리케이션이 인증된 사용자에 대한 정보를 확인할 수 있는지 살펴봤다. 또한 사용자 정보를 추가하기 위해 Keycloak의 클라이언트 범위 및 프로토콜 매퍼 활용 방법을 배웠다. 마지막으로, 싱글 사인온 및 싱글 사인아웃을 처리하는 방법에 대해 학습했다.

이제 OpenID Connect에 대한 기본적인 지식과 경험을 갖췄고 애플리케이션 보안에 활용하는 방법을 알아봤다. OpenID Connect에 대한 지식을 활용해 Keycloak과 연동된 애플리케이션의 보안을 강화하는 방법에 대해 추후 살펴볼 것이다.

5장에서는 Keycloak을 사용해 애플리케이션에 OAuth 2.0을 사용하는 방법에 대한 실제적인 가이드를 포함해 OAuth 2.0에 대해 자세히 알아볼 것이다.

⫸ 질문

1. OpenID Connect Discovery 명세는 어떻게 서로 다른 OpenID 제공자들 간의 변경을 수행할 수 있습니까?

2. 애플리케이션은 인증된 사용자에 대한 정보를 어떻게 검색합니까?

3. 인증된 사용자에 대한 추가 정보를 어떻게 추가합니까?

⠿ 참고문헌

4장에서 다루는 주제에 대한 자세한 내용은 다음 링크를 참조하면 된다.

- OpenID Connect Core specification: https://openid.net/specs/openid connect-core-1_0.html

- OpenID Connect Discovery specification: https://openid.net/specs/openid-connect-discovery 1_0.html

- OpenID Connect Session Management specification: https://openid.net/specs/openid-connect session-1_0.html

- OpenID Connect Back-Channel Logout specification: https://openid.net/specs/openid-connect backchannel-1_0.html

05

OAuth 2.0을 활용한 접근 권한 인가

5장에서는 Keycloak이 어떻게 REST API와 OAuth 2.0 표준을 활용한 기타 서비스들에 대한 접근 권한을 인가할 수 있는지 자세히 알아볼 것이다. 테스트용으로 작성된 샘플 애플리케이션을 통해, 서비스를 안전하게 호출하기 위해 사용하는 접근 토큰을 검색하기 위해 애플리케이션과 Keycloak 간의 상호 작용을 직접 확인할 수 있다.

REST API를 안전하게 호출하기 위해 사용되는 Keycloak의 토큰을 획득하기 위해 플레이그라운드를 사용하기 전에 먼저 플레이그라운드 애플리케이션을 실행한다. 그다음, 해당 지식을 바탕으로 애플리케이션에 대한 접근 권한을 부여하기 전에 사용자의 동의를 얻는 방법과 애플리케이션에 제공되는 접근 권한을 제한하는 방법을 살펴볼 것이다. 마지막으로, REST API가 토큰의 유효성을 검증해 접근 허용 여부를 확인하는 방법을 알아본다.

5장을 통해 접근 토큰을 획득하는 방법, 접근 토큰을 이해하는 방법, 접근 토큰을 사용해 서비스를 안전하게 호출하는 방법을 포함해 OAuth 2.0에 대한 충분한 지식을 갖추게 될 것이다.

5장에서는 다음 주제들을 다룰 것이다.

- OAuth 2.0 플레이그라운드 실행

- 접근 토큰 획득

- 사용자 동의 요구

- 접근 토큰에 부여된 접근 제한

- 사용자 토큰 검증

기술 요구 사항

샘플 애플리케이션을 실행하려면 Node.js(https://nodejs.org/)가 시스템에 설치돼 있어야
한다.

또한 이 책의 GitHub 저장소(https://github.com/PacktPublishing/Keycloak-Identity-and-Access-Management-
for-Modern-Applications)를 로컬에 다운로드해야 한다.

다음 링크(https://bit.ly/3fcHEbV)에서 Code in Action 동영상을 확인해보라.

OAuth 2.0 플레이그라운드 실행

OAuth 2.0 플레이그라운드는 OAuth 2.0을 최대한 이해하기 쉽고 실용적인 방식으로
테스트하기 위해 특별히 개발됐다. OAuth 2.0 라이브러리를 사용하지 않고, 모든 OAuth
2.0 요청은 애플리케이션 자체에서 생성된다. 한 가지 명심해야 할 점은 해당 애플리케
이션이 OAuth 2.0을 안전한 방식으로 구현하지 않고 프로덕션 애플리케이션에서 중요
하게 사용되는 파라미터 옵션을 무시한다. 여기에는 두 가지 이유가 있다. 첫째, OAuth
2.0의 일반적인 개념을 이해하는 것에 집중하기 위해서다. 둘째, OAuth 2.0 라이브러
리를 구현하려면 라이브러리 사양을 잘 이해하고 있어야 하며 OAuth 2.0을 그 정도로

자세히 다루는 것은 이 책의 범위를 벗어난다.

5장을 진행하기에 앞서 OAuth 2.0 플레이그라운드 애플리케이션을 시작한다. OAuth 2.0은 5장의 나머지 부분에서 계속 사용할 것이다.

플레이그라운드 애플리케이션은 프론트엔드 애플리케이션과 백엔드 애플리케이션으로 구성된다.

플레이그라운드 애플리케이션을 실행하려면 터미널을 열고 프론트엔드를 실행하기 위해 다음 명령어를 입력한다.

```
$ cd Keycloak-Identity-and-Access-Management-for-ModernApplications/ch5/
frontend/
$ npm install
$ npm start
```

그다음, 다른 터미널 윈도우에서 백엔드를 실행하기 위해 다음 명령어를 입력한다.

```
$ cd Keycloak-Identity-and-Access-Management-for-ModernApplications/ch5/
backend/
$ npm install
$ npm start
```

애플리케이션이 실행됐는지 확인하기 위해 브라우저에서 http://localhost:8000/에 접속한다. 다음 스크린샷은 OpenID Connect 플레이그라운드 애플리케이션을 보여준다.

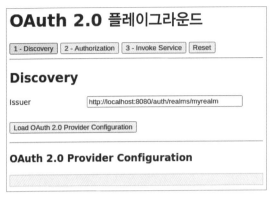

그림 5.1 OAuth 2.0 플레이그라운드 애플리케이션

플레이그라운드 애플리케이션을 사용하려면 Keycloak이 실행 중이고 myrole 글로벌 역할을 가진 사용자와 다음과 같은 설정을 가진 클라이언트가 있어야 한다.

- **Client ID**: oauth-playground

- **Access Type**: public

- **Valid Redirect URIs**: http://localhost:8000/

- **Web Origins**: http://localhost:8000

위의 설정을 수행하는 방법을 숙지하지 못한 경우, 1장, 'Keycloak 시작하기' 및 2장, '첫 번째 애플리케이션 보안 설정'을 참조한다.

다음 절에서 플레이그라운드 애플리케이션을 활용해 OAuth 2.0에 대해 자세히 알아볼 것이다.

☷ 접근 토큰 획득

보안 REST API를 호출하기 위해 사용할 수 있는 접근 토큰을 획득하는 가장 일반적인 방법은 OAuth 2.0 인증 코드 승인 유형을 사용하는 것이다.

간단히 설명하면, 접근 토큰을 획득하기 위해 애플리케이션은 Keycloak으로 리다이렉트한다. Keycloak은 사용자를 인증하고 필요한 경우 애플리케이션에 접근 토큰을 반환하기 전에 사용자에게 애플리케이션에 접근 권한 승인 여부를 확인하는 메시지를 표시한다. 그다음 애플리케이션은 REST API에 전송하는 요청에 접근 토큰을 포함하며, REST API는 접근 가능 여부를 검증한다.

다음 다이어그램은 인가 코드 승인 유형을 자세히 보여준다.

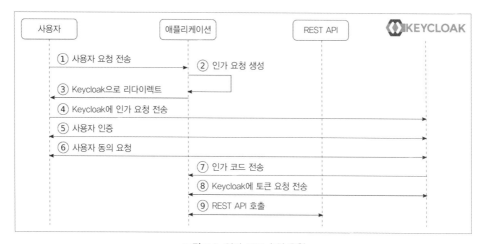

그림 5.2 인가 코드 승인 유형

다이어그램 단계의 상세한 설명은 다음과 같다.

1. 사용자는 외부 REST API로 요청을 전송한다.

2. 애플리케이션 인가 요청을 생성한다.

3. 사용자 에이전트에 302 리다이렉트 형태로 인가 요청이 전송되며, 사용자 에이전트를 Keycloak에서 제공하는 인가 엔드포인트로 리다이렉트한다.

4. 사용자 에이전트는 애플리케이션 인가 요청에 명시된 쿼리 파라미터를 포함해서 인가 엔드포인트에 요청을 전송한다.

5. 사용자가 Keycloak에 인증되지 않은 경우, 로그인 페이지가 사용자에게 표시된다.

6. 애플리케이션의 REST API에 접근하기 위해 동의^{consent}가 필요한 경우, 애플리케이션에게 접근 권한을 제공할 것인지에 확인하는 동의 페이지가 표시된다.

7. Keycloak은 인가 코드를 애플리케이션에 전송한다.

8. 애플리케이션은 인가 코드를 접근 토큰 및 리프레시 토큰으로 교환한다.

9. 이제 애플리케이션은 접근 토큰을 사용해 REST API를 호출할 수 있다.

이제 OAuth 2.0 Playground 애플리케이션을 사용해 해당 과정을 수행해보자. 플레이그라운드 애플리케이션 주소(http://localhost:8000)로 접속한다. 먼저 **Load OAuth 2.0 Provide Configuration** 버튼을 클릭해 OAuth 2.0 제공자 설정을 로드해야 한다. 해당 작업을 완료한 다음 **2-Authorization** 버튼을 클릭한다. **client_id** 및 **scope** 값은 변경하지 않고 **Send Authorization Request** 버튼을 클릭한다.

Keycloak 로그인 페이지로 이동하게 된다. 1장에서 생성했던 사용자로 로그인한다. 로그인을 하면 플레이 그라운드 애플리케이션으로 다시 리다이렉트된다. **Access Token** 섹션에 접근 토큰이 표시된다. Keycloak은 JWT^{JSON Web Token}를 디폴트 토큰 포맷으로 사용하기 때문에, 플레이그라운드 애플리케이션은 접근 토큰의 내용을 직접 파싱해서 확인할 수 있다.

4장에서 테스트했던 OpenID Connect 플레이그라운드 애플리케이션에서 인증 요청을 생성하고 인증 코드를 수신한 다음 인증 코드를 ID 토큰과 수동으로 교환했다.

우리는 이미 해당 과정을 수행했고, OAuth 2.0 인가 코드 승인 유형도 완전히 동일한 흐름을 갖는다. 해당 흐름은 OAuth 2.0 플레이그라운드 애플리케이션의 단일 단계로 단순화된다.

다음 스크린샷은 플레이그라운드 애플리케이션의 접근 토큰 예시를 보여준다.

접근 토큰

Header

```
{
  "alg": "RS256",
  "typ": "JWT",
  "kid": "iSpAn5fjwuekOb_ysSloqMxcFoOmp9Uza_7CdBYCFvI"
}
```

Payload

```
{
  "exp": 1602524985,
  "iat": 1602524685,
  "auth_time": 1602523924,
  "jti": "234ec6c0-6eed-4ed1-a11f-a1deb56f8da3",
  "iss": "http://localhost:8080/auth/realms/myrealm",
  "aud": "account",
  "sub": "67855660-fd6e-4416-96d1-72c99db5e525",
  "typ": "Bearer",
  "azp": "oauth-playground",
  "session_state": "b5563148-da83-4884-9b66-e5cf700e09fe",
  "acr": "0",
  "allowed-origins": [
    "http://localhost:8000"
  ],
  "realm_access": {
    "roles": [
      "offline_access",
      "uma_authorization",
      "myrole"
    ]
  },
  "resource_access": {
    "account": {
      "roles": [
        "manage-account",
        "manage-account-links",
        "view-profile"
      ]
    }
  },
  "scope": "profile email",
  "email_verified": false,
  "name": "Stian Thorgersen",
  "preferred_username": "st",
  "given_name": "Stian",
  "family_name": "Thorgersen",
  "email": "st@localhost"
}
```

그림 5.3 플레이그라운드의 접근 토큰 예시

접근 토큰에 포함된 몇 가지 값들을 살펴보자.

- aud: 접근 토큰을 사용할 수 있는 서비스 리스트다.

- realm_access: 토큰에서 접근할 수 있는 글로벌 역할 리스트다. 사용자에게 부여된 역할과 애플리케이션에서 접근할 수 있는 역할의 조합이다.

- resource_access: 토큰에서 접근할 수 있는 클라이언트 역할 리스트다.

- scope: 접근 토큰에 포함된 범위다.

플레이그라운드 애플리케이션에서 접근 토큰을 획득했으니 REST API를 호출해보자. **3-Invoke Service** 버튼을 클릭한 다음 **Invoke**를 클릭한다. 다음 스크린샷과 같이 Secret message! 응답 메시지를 확인할 수 있다.

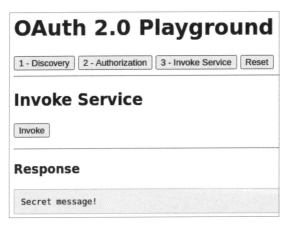

그림 5.4 플레이그라운드 애플리케이션 백엔드의 성공적인 응답

지금까지 OAuth 2.0을 활용해 애플리케이션이 사용자를 대신해 리소스에 접근할 수 있는 접근 토큰을 발행하는 방법을 배웠다.

다음 절에서 사용자가 애플리케이션에게 접근 권한을 허가하는 방법에 대해 알아볼 것이다.

⁝⁝ 사용자 동의 요청

애플리케이션이 사용자를 대신해 서드파티에 접근하려는 경우 일반적으로 사용자는 애플리케이션에게 접근 권한 부여 여부에 대한 요청을 받게 된다.

해당 단계를 수행하지 않으면 사용자는 애플리케이션이 어떤 종류의 접근 권한을 갖고 있는지 알 수 없으며, 사용자가 인가 서버에 대해 이미 인증된 경우 애플리케이션이 갖고 있는 접근 권한을 확인할 수 없게 된다.

Keycloak에서 애플리케이션은 사용자 동의 요청 여부를 설정할 수 있다.

외부 애플리케이션의 경우 항상 동의가 필요하지만 관리자가 알고 있고 신뢰하는 애플리케이션의 경우 동의가 필요하지 않도록 선택할 수 있다. 즉, 사용자 동의 요청을 설정하지 않으면 관리자가 해당 애플리케이션을 신뢰하고 사용자를 대신해 접근 권한을 부여한다는 의미가 된다.

이 부분을 직접 확인하기 위해 Keycloak 관리 콘솔을 열고 **oauth-playground** 클라이언트로 이동한다. 그다음, 다음 스크린샷과 같이 **Consent Required** 옵션을 활성화한다.

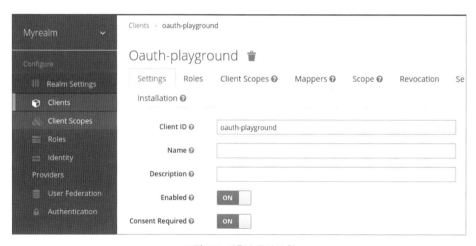

그림 5.5 사용자 동의 요청

해당 설정을 활성화한 다음 플레이그라운드 애플리케이션으로 돌아가 **2-Authorization** 버튼을 클릭한 뒤 **Send Authorization Request** 버튼을 클릭해 신규 토큰을 획득한다. 다음 스크린샷과 같은 화면이 표시돼야 한다.

그림 5.6 접근 권한 부여

애플리케이션이 요청하는 접근 권한 유형은 애플리케이션이 요청하는 범위에 따라 제어된다.

흥미로운 측면 중 하나는 애플리케이션이 처음에 제한된 접근 권한을 요청할 수 있다는 것이다. 사용자가 애플리케이션 내에서 더 많은 기능을 사용하기 시작하면, 애플리케이션은 필요한 경우 추가 접근 권한을 요청할 수 있다. 이렇게 하면 애플리케이션이 해당 접근 권한을 요청하는 이유가 사용자에게 더 명확해지기 때문에 사용자는 더 안전하게 접근 권한을 활용할 수 있다.

신규 클라이언트 범위를 생성하고 플레이그라운드 애플리케이션에서 해당 추가 범위를 요청해 이 부분을 확인해보자.

Keycloak 관리 콘솔로 이동해 좌측의 **Client Scopes**를 클릭한다. 그다음, **Create**를 클릭한다. 폼에 다음과 같이 값들을 입력한다.

- **Name**: albums

- **Display On Consent Screen**: ON

- **Consent Screen Text**: View your photo albums

다음 스크린샷은 생성해야 하는 클라이언트 범위를 보여준다.

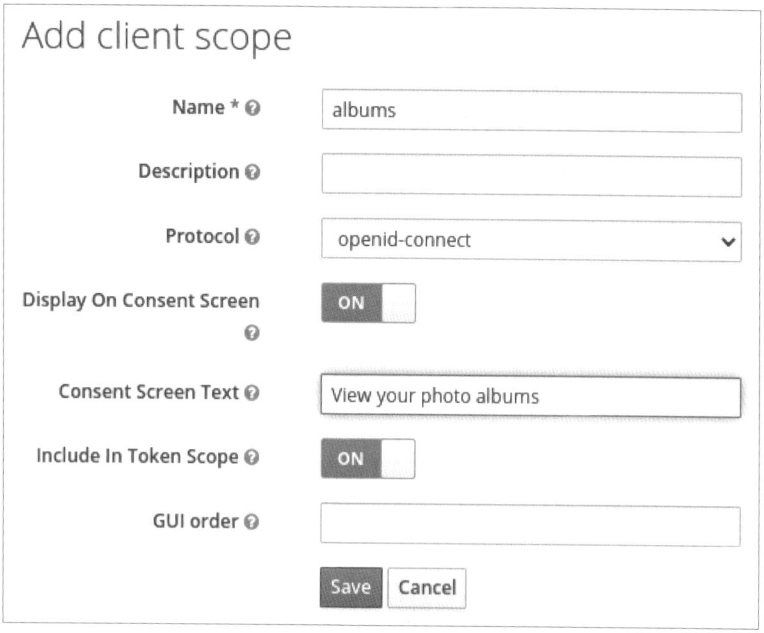

그림 5.7 클라이언트 범위 생성

다른 값들은 변경하지 않고 **Save**를 클릭한다. **oauth-playground** 클라이언트로 다시 이동한 다음, **Client Scopes**를 클릭한다. available client scopes의 Optional Client Scopes 섹션에서 **albums**를 선택하고 **Add selected**를 클릭한다.

이제 다시 플레이그라운드 애플리케이션으로 돌아가 **2-Authorization** 버튼을 클릭한다. 범위 필드에 albums를 입력하고, **Send Authorization Request**를 클릭한다. 이번에는 다음 스크린샷과 같이 사진 앨범^{photo albums}을 볼 수 있는 접근 권한 부여와 관련된 메시지가 표시된다.

그림 5.8 사진 앨범에 대한 접근 권한 부여

Keycloak은 사용자가 허용한 애플리케이션을 인식한다. 즉, 추후 애플리케이션이 동일한 범위를 요청하는 경우 사용자에게 동일한 인증을 요청하지 않는다.

> **TIP**
>
> 사용자가 원하는 경우 계정 콘솔(account console)을 통해 애플리케이션에 대한 접근 권한을 제거할 수 있다. 계정 콘솔로 이동하고 애플리케이션으로 이동한 다음 oauth-playground 애플리케이션에 대한 접근을 제거할 수 있다.
>
> 추후 플레이그라운드 애플리케이션을 통해 접근 토큰을 다시 획득하고자 하는 경우, Keycloak은 oauth-playground에 대한 접근 권한을 제공하도록 다시 요청한다.

관리자가 사용자를 대신해 신뢰할 수 있는 애플리케이션에 대한 접근 권한을 부여하는 방법과 접근 권한을 획득하기 전에 서드파티 애플리케이션이 사용자에게 권한을 요청하는 방법에 대해 알아봤다.

다음 절에서 접근 토큰에 대한 범위를 설정하는 방법에 대해 알아볼 것이다. 해당 작업은 본질적으로 토큰이 애플리케이션에 제공하는 접근 권한을 제어하는 것이다.

⁝⁝ 접근 토큰에 부여된 접근 권한 제한

접근 토큰이 애플리케이션에서 서비스로 전달되기 때문에 부여된 접근 권한을 제한하는 것이 중요하다. 그렇지 않으면 토큰을 사용해 사용자가 접근할 수 있는 모든 리소스에 접근할 수 있다.

특정 접근 토큰에 대한 접근 권한을 제한하는 데 사용할 수 있는 몇 가지 방법이 있다. 해당 방법은 다음과 같다.

- **Audience**: 접근 토큰을 허용하는 리소스 공급자 리스트
- **Role**: 클라이언트가 접근할 수 있는 역할을 제어함으로써 애플리케이션이 사용자를 대신해 접근할 수 있는 역할 제어
- **Scope**: Keycloak에서 범위는 클라이언트 범위를 통해 생성되며 애플리케이션은 특정 범위 리스트에만 접근할 수 있다. 또한 애플리케이션에 대한 인증이 필요한 경우, 사용자는 해당 범위에 대한 접근 권한도 부여해야 한다.

이제 오디언스^{audience}를 시작으로 각 방법에 대해 하나씩 Keycloak과 어떻게 연동되는지 알아보자.

토큰 접근을 제한하기 위한 오디언스 활용

현재 플레이그라운드 애플리케이션의 프론트엔드에서 발행된 접근 토큰의 오디언스에는 백엔드가 포함돼 있지 않다. 이렇게 하는 이유는 토큰의 오디언스를 확인하도록 백엔드가 설정돼 있지 않기 때문이다.

오디언스를 확인하기 위해 백엔드를 설정하는 것부터 시작해보자. 백엔드를 중지한 다음, 텍스트 편집기에서 Keycloak-Identity-and-Access-Management-for-Modern Applications/ch5/backend/keycloak.json 파일을 연다.

다음 스크린샷과 같이 verify-token-audience 필드의 값을 true로 변경한다.

```
1 {
2     "realm": "myrealm",
3     "bearer-only": true,
4     "auth-server-url": "${env.KC_URL:http://localhost:8080/auth}",
5     "resource": "oauth-backend",
6     "verify-token-audience": true
7 }
```

그림 5.9 백엔드의 토큰 오디언스 확인 설정 활성화

앞의 파일에서 주목해야 할 부분은 리소스resource 필드이며, 해당 필드는 백엔드에서 토큰의 허용 여부를 결정하기 위해 오디언스 필드에서 확인하는 값이다. 백엔드를 재시작한다. 그다음, 플레이그라운드 애플리케이션으로 돌아가서 신규 접근 토큰을 생성한다.

접근 토큰 값을 확인하면 aud 필드가 보이고, **oauth-backend**가 포함돼 있지 않다는 것을 확인할 수 있다.

지금 플레이그라운드 애플리케이션에서 서비스를 호출하면 접근 요청을 거부한다는 응답을 받게 된다. 백엔드는 현재 접근 토큰을 거부한다.

Keycloak에서 오디언스audience에 클라이언트를 포함시키는 방법은 두 가지가 있다.

프로토콜 매퍼를 통해 특정 클라이언트를 오디언스에 수동으로 포함시키거나 클라이언트가 다른 클라이언트 역할에 대한 범위를 가진 경우 자동으로 수행될 수 있다.

프로토콜 매퍼를 사용해 수동으로 대상을 추가해보겠다. Keycloak 관리 콘솔을 열고 클라이언트로 이동한다. `Client ID` 값을 **oauth-backend**로 설정한 새 클라이언트를 만든다. 그다음, **Save**를 클릭한다. 저장이 완료되면 **Access Type**을 **bearer-only**로 변경하고 다시 **Save**를 클릭한다.

클라이언트 목록으로 돌아와 **oauth-playground** 클라이언트를 실행한다. **Mappers**를 클릭하고 **Create**를 클릭한다. 폼 값을 다음과 같이 입력한다.

- **Name**: backend audience

- **Mapper Type**: Audience

- **Included Client Audience**: oauth-backend

- **Save** 클릭

- 플레이그라운드 애플리케이션으로 돌아가 신규 접근 토큰을 획득한다. 이제 **oauth-backend**가 aud 필드에 포함됐기 때문에, 플레이그라운드 애플리케이션에서 다시 서비스를 호출하면 정상적인 응답을 확인할 수 있다.

접근 토큰의 aud 필드를 살펴보면, account가 포함돼 있음을 알 수 있다. account가 포함된 이유는 기본적으로 클라이언트에는 모든 역할에 대한 범위가 있고 기본적으로 사용자는 Keycloak 계정 콘솔에 대한 사용자 접근을 제공하는 계정 클라이언트에 대한 몇 가지 클라이언트 역할이 있기 때문이다. 다음 절에서 역할의 동작 방식에 대해 자세히 살펴볼 것이다.

역할을 사용해 토큰 액세스 제한하기

Keycloak은 역할 기능을 자체적으로 내장하고 있으며, 해당 기능은 사용자에게 권한을 부여하기 위해 사용한다. 또한 역할은 특정 애플리케이션의 접근 토큰에 포함된 역할을 설정할 수 있기 때문에 애플리케이션의 권한을 제한하는 매우 유용한 도구다.

사용자는 역할이 제공하는 권한을 사용자에게 부여하는 여러 역할에 대한 역할 매핑을 갖고 있다.

반면 클라이언트에는 직접 할당된 역할은 없지만 대신 클라이언트에 전송되는 토큰에 포함될 수 있는 역할을 제어하는 역할 집합에 대한 범위가 있다. 즉, 토큰에 포함된 역할은 다음 다이어그램과 같이 사용자가 가진 역할과 클라이언트가 사용할 수 있는 역할의 교집합이다.

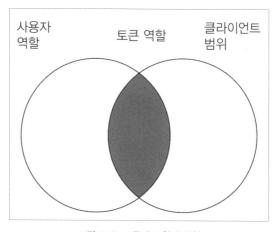

그림 5.10 토큰에 포함된 역할

플레이그라운드를 통해 확인해보자. 테스트를 진행하기 전에 신규 접근 토큰을 획득하고 aud, realm_access 그리고 resource_access 클레임을 확인한다. 다음 예시는 해당 클레임이 포함된 접근 토큰 예시다.

```
{
  "aud": [
    "oauth-backend",
    "account"
  ],
  "realm_access": {
    "roles": [
      "offline_access",
      "uma_authorization",
      "myrole"
    ]
  },
  "resource_access": {
    "account": {
    "roles": [
      "manage-account",
      "manage-account-links",
      "view-profile"
      ]
    }
  }
}
```

aud 클레임 내에서 2개의 클라이언트가 포함됐음을 확인할 수 있다. 이전 절에서 oauth-backend 클라이언트를 오디언스에 명시적으로 포함시켰기 때문에 oauth-backend가 포함된 것을 확인할 수 있다. 반면, 계정 클라이언트는 토큰이 계정 클라이언트에 대한 역할을 포함하기 때문에 aud에 포함된다. 이는 기본적으로 토큰에 클라이언트에 대한 역할이 포함된 경우 토큰은 해당 클라이언트에 접근하기 위해 사용되는 것으로 가정할 수 있으므로, 클라이언트는 토큰의 오디언스에 자동으로 추가된다. 또한 토큰에는 사용자에게 부여된 모든 역할이 포함돼 있음을 확인할 수 있다. 기본적으로 특정 사용자의 모든 역할은 토큰에 포함된다. 이러한 설정은 Keycloak의 초기 사용에 대한 편의를 제공하기 위한 것이며 프로덕션 시나리오에서는 모든 역할을 포함하면 안 된다.

이제 oauth-playground 클라이언트의 역할 범위를 제한해 토큰에 포함되는 내용을 제한할 것이다. Keycloak 관리 콘솔을 열고 oauth-playground 클라이언트로 이동한다. 그 다음, **Scope** 탭을 클릭한다. **Full Scope Allowed** 옵션이 활성화 된 것을 볼 수 있다. 해당 설정은 기본적으로 클라이언트로 전송된 토큰에 사용자의 모든 역할을 포함하는 기능이다. **Full Scope Allowed**를 비활성화 한 다음, 플레이그라운드 애플리케이션으로 돌아가서 신규 접근 토큰을 획득한다. 신규 접근 토큰은 더 이상 역할을 포함하지 않으며 aud 클레임은 이제 oauth-playground 클라이언트만 포함하고 있는 것을 확인할 수 있다. 이제 해당 토큰을 사용해 서비스를 호출하면 서비스가 myrole 역할을 포함하는 요청만 허용하기 때문에 접근 거부 메시지가 표시된다.

Keycloak 관리 콘솔로 돌아가서 oauth-playground 클라이언트의 범위 탭을 다시 연다. **Realm Roles**에서 **myrole**을 선택하고 **Add selected**를 클릭한다. 플레이그라운드 애플리케이션으로 돌아가서 신규 접근 토큰을 획득하면 아래 접근 토큰 스니펫에 나온 것처럼 myrole 역할이 realm_access 클레임에 포함돼 있는 것을 볼 수 있다.

```
{
  "aud": "oauth-backend",
  "realm_access": {
    "roles": [
      "myrole"
    ]
  }
}
```

클라이언트에 연결된 클라이언트 범위를 통해 범위를 추가할 수도 있다. Keycloak에서 범위라는 용어를 자주 사용하다 보니 다소 혼란스러울 수 있다. 다음 리스트는 이러한 잠재적 혼란을 명확하게 정리한다.

- **클라이언트의 역할 범위**: 역할 범위는 클라이언트의 범위^{Scope} 탭을 통해 설정한다.

- **클라이언트는 하나 이상의 클라이언트 범위에 접근할 수 있음**: 클라이언트의 클라이언트 범위^{Client Scopes} 탭을 통해 설정한다.

- **클라이언트 범위는 역할에 대한 범위가 포함됨**: 클라이언트가 역할에 대한 범위가 있는 클라이언트 범위에 접근할 수 있는 경우 클라이언트는 클라이언트 범위에 있는 역할에 대한 범위도 갖게 된다.

여전히 범위의 개념이 혼란스러울 수 있으므로 플레이그라운드 애플리케이션을 활용해 실습해보자.

실습하기 전에 oauth-playground 클라이언트 가진 myrole의 역할 범위를 제거해야 한다. 먼저 Keycloak 관리 콘솔로 돌아가 oauth-playground 클라이언트로 이동한 다음 **Scope** 탭을 클릭한다. 그다음, **Assigned Roles** 섹션에서 **myrole**을 선택하고 **Remove selected** 를 클릭한다.

이제 oauth-playground 클라이언트로 전송된 토큰에는 myrole이 더 이상 포함되지 않는다. 이번에는 해당 토큰을 직접 클라이언트에 추가하지 않고 클라이언트 범위를 통해 추가할 것이다.

Keycloak 관리 콘솔을 열고 **Client Scopes**로 이동한다. 신규 클라이언트 범위를 생성하기 위해 **Create**를 클릭한다. 이름은 myrole로 입력하고 나머지 부분은 그대로 두고 **Save**를 클릭한다. 이제 **Scope** 탭을 선택한다. 해당 탭에서 클라이언트 범위가 포함되는 경우 토큰에 포함되는 역할을 제어할 수 있다. **Available Roles**에서 **myrole**을 선택하고 **Add selected**를 클릭한다.

이제 myrole 범위를 가진 클라이언트 범위가 생성됐다. 해당 클라이언트 범위를 oauth-playground 클라이언트에 선택적 클라이언트 범위로 추가한다. oauth-playground 클라이언트로 이동하고 **Client Scopes**를 클릭한다. **Optional Client Scopes** 섹션에서 **myrole** 을 선택하고 **Add selected**를 클릭한다.

myrole 클라이언트 범위를 선택적 클라이언트 범위로 추가했기 때문에, oauth-playground 클라이언트가 myrole 범위를 명시적으로 요청하는 경우에만 myrole 이 토큰에 포함된다는 것을 의미한다.

플레이그라운드 애플리케이션으로 돌아와 신규 접근 토큰을 획득한다. myrole이 아직 realm_access 클레임에 포함돼 있지 않다는 것을 알 수 있다. 실제로 이 시점에서 클라이언트에는 글로벌 역할에 대한 범위가 없기 때문에 realm_access 클레임은 전혀 포함되지 않는다. **Scope** 필드에서, myrole 값을 설정하고 해당 범위에 포함된 신규 접근 토큰을 획득하기 위해 **Send Authorization Request**를 클릭한다. 플레이그라운드 애플리케이션이 myrole 범위를 요청하게 되고, 그 결과 myrole 이 토큰에 추가된다.

다음 절에서 자체 범위를 활용해 토큰에서 부여된 접근 권한을 제한하는 방법을 알아본다.

토큰 접근을 제한하기 위한 범위 활용

접근 토큰에 대한 권한을 제한하는 OAuth 2.0의 기본 메커니즘은 범위를 직접적으로 사용하는 것이다. 범위 사용은 애플리케이션에 리소스에 대한 접근 권한을 사용자를 대신해 제공하는 것을 동의해야 하는 서드파티 애플리케이션에서 특히 유용하다.

Keycloak에서 OAuth 2.0의 범위는 클라이언트 범위와 매핑된다.

리소스 제공자가 리소스에 대해 제한된 접근을 제공하기 위해 애플리케이션이 요청할 수 있는 범위가 필요한 경우, 프로토콜 매퍼와 역할에 대한 접근 권한이 없는 빈empty 클라이언트 범위를 정의하면 된다.

범위를 정의하는 동안, 과도한 범위를 정의하지 않고 적정한 개수의 범위를 정의하는 것이 중요하다. 그리고 해당 범위에 주어진 접근 권한의 의미를 이해해야 하는 최종 사용자에게 어떻게 보여지는지를 고려해 다양한 범위를 요청하는 애플리케이션으로 인해 혼란을 겪지 않아야 한다.

범위는 일반적으로 조직의 모든 애플리케이션 내에서 고유해야 하므로 범위 앞에 서비스 이름을 추가하거나 서비스의 URL을 접두사로 사용하는 것을 고려할 수도 있다.

몇 가지 범위 예시는 다음과 같다.

- albums: view

- albums: create

- albums: delete

- https://api.acme.org/bombs/bombs.purchase

- https://api.acme.org/bombs/bombs.detonate

범위를 정의하는 표준이 존재하지 않기 때문에 자신만의 표준을 통해 범위를 정의해야 한다. 구글, GitHub, 트위터 등에서 정의된 범위를 살펴봄으로써 범위를 정의하는 것에 대한 영감을 얻을 수 있다. GitHub와 트위터는 단일 서비스를 위한 전용 인증 서버를 갖고 있다는 점을 유의해야 한다. 따라서 해당 조직에서 서비스 범위를 접두사로 사용하는 것에 대해 걱정할 필요가 없다. 반면 구글은 여러 서비스에 대해 동일한 인증 서버를 사용한다.

다음 예시는 구글에서 정의된 범위다.

- https://www.googleapis.com/auth/gmail.compose

- https://www.googleapis.com/auth/photoslibrary.readonly

- https://www.googleapis.com/auth/calendar.events

다음 예시는 GitHub에서 정의된 범위다.

- repo

- write: org

- notifications

플레이그라운드 애플리케이션에 앨범 보기, 앨범 생성 및 앨범 삭제에 접근할 수 있는 사진 앨범 서비스가 있다고 가정하고 테스트를 진행한다. 또한 플레이그라운드 애플리케이션이 사진 앨범을 보여주고 관리하는 기능을 제공한다고 가정한다.

먼저 Keycloak 관리 콘솔을 통해 다음 세 가지 클라이언트 범위를 생성한다.

- albums: view

- albums: create

- albums: delete

앞서 이미 클라이언트 범위를 만드는 방법에 관해 설명했지만, 클라이언트 범위를 생성하기 위한 단계를 요약하면 다음과 같다.

1. Keycloak 관리 콘솔에서 **Client Scopes**를 연다.

2. **Create** 버튼을 클릭한다.

3. 이전 리스트에서 이름을 입력하고 사용자에게 부여된 권한(예: 사진 앨범 보기)을 설명하는 **Consent Screen Text** 필드에 값을 입력한다.

4. **Save** 버튼을 클릭한다.

3개의 클라이언트 범위를 생성한 후에 oauth-playground 클라이언트로 이동한 다음 **Client Scopes**를 클릭한다.

Default Client Scopes 섹션에서 **albums:view**를 선택하고 **Add selected**를 클릭한다. 그 다음, **Optional Client Scopes** 섹션에서 **albums:create** 및 **albums:delete**를 선택한 다음 **Add selected**를 클릭한다.

플레이그라운드 애플리케이션은 기본적으로 앨범 보기 권한이 필요한 것으로 가정해 보기 권한 범위를 기본 범위로 추가했다. 반면, 앨범 생성 및 삭제 범위는 옵션으로 지정했다.

해당 설정은 때때로 증분 인가$^{Incremental\ authorization}$라고도 하며, 애플리케이션은 사용자가 추가 권한이 필요한 애플리케이션의 범위를 사용하려고 할 때만 추가 권한을 요청한다. 해당 접근 방식을 사용하면 애플리케이션이 권한을 요청하는 이유를 더욱 쉽게 알 수 있다.

테스트를 진행하기 전에 oauth-playground 클라이언트의 **Settings** 탭을 선택한 다음 **Consent Required**가 활성화돼 있는지 확인한다.

플레이그라운드 애플리케이션으로 돌아와 **Send Authorization Request**를 클릭하기 전에 **Scope** 필드의 값을 제거한다. 이제 다음 스크린샷과 같이 Keycloak에서 사진 앨범을 볼 수 있도록 oauth-playground 애플리케이션에 접근 권한을 부여할지 묻는 메시지가 표시된다.

그림 5.11 사진 앨범에 대한 oauth-playground 접근 권한 승인

Yes를 클릭하면 플레이그라운드 애플리케이션에 표시되는 접근 토큰 범위 클레임에 albums:view를 포함한다. 사용자는 플레이그라운드 애플리케이션을 통해 신규 사진 앨범을 생성하고자 한다고 가정한다. 범위 필드의 값을 **albums:create**로 설정하고 **Send Authorization Request**를 다시 클릭한다. 이번에는 사진 앨범을 생성할 수 있는 접근 권한을 부여와 관련된 메시지가 표시된다. **Yes**를 클릭하면 이번에는 접근 토큰의 범위 클레임에 albums:view 및 albums:create가 모두 포함된 것을 볼 수 있다.

지금까지 주어진 접근 토큰을 통해 접근을 제한하는 다양한 방법에 대해 알아봤다. 다음 절에서 애플리케이션이 접근 토큰을 검증하는 방법에 대해 알아볼 것이다.

⠿ 접근 토큰 검증

Keycloak에서 제공하는 토큰 검사 엔드포인트를 호출하거나 토큰을 직접 확인하는 두 가지 방법으로 접근 토큰을 검증할 수 있다

토큰 검사 엔드포인트를 사용하는 것이 가장 간단한 방법이며, 또한 애플리케이션이 인증 서버인 Keycloak에 덜 의존한다. OAuth 2.0은 접근 토큰에 대한 표준 형식을 정의하지 않기 때문에 애플리케이션 입장에서 접근 토큰의 표준 형식에 대한 분명한 기준이 존재하지 않는다. 그 대신 토큰 또는 토큰과 연동된 클레임의 상태를 확인하기 위해 인가 서버에 쿼리를 전송하기 위해 사용되는 표준 토큰 검사 엔드포인트를 정의한다. 또한 토큰이 독립적으로 사용되지 않게 한다. 즉, 토큰에 대한 모든 관련 정보가 토큰에 인코딩되는 것이 아니라 토큰이 해당 정보에 대한 참조 역할만 한다는 의미다.

토큰 검사 엔드포인트를 사용할 때의 한 가지 단점은 요청 처리에 대한 지연 시간이 높아지고 인증 서버에 추가 로드가 발생한다는 것이다. 여기서 사용할 수 있는 한 가지 방법은 이미 검증된 토큰을 캐시하고 서비스에서 설정 가능한 시간 동안에는 이미 검증된 토큰을 재검증하지 않도록 하는 것이다. 토큰 재검증 시간은 일반적으로 몇 분 정도로 상당히 짧아야 한다.

curl을 하거나 HTTP 요청을 전송할 수 있는 다른 툴을 사용해 토큰 검사 엔드포인트를 호출할 수 있다.

먼저 oauth-backend 클라이언트 자격증명 및 인코딩된 접근 토큰이 필요하다.

oauth-backend 클라이언트 자격증명을 획득하기 위해 Keycloak 관리 콘솔로 가서 oauth-backend 클라이언트로 이동한다. 그런 다음, **Credentials**를 클릭하고 Secret 필드의 값을 복사한다.

터미널을 열고 SECRET을 다음 예시와 같이 환경변숫값으로 설정한다.

```
$ export SECRET=b1e0073d-3f2b-4ea4-bec0-a35d1983d5b6
```

해당 터미널을 유지한 채로 플레이그라운드 애플리케이션을 열고 신규 접근 토큰을 획득한다.

필드 하단의 Encoded 섹션에서 인코딩된 접근 토큰을 확인할 수 있다. 해당 값을 복사한 다음 예시와 같이 위에서 열어둔 터미널에서 환경변수를 설정한다.

```
$ export TOKEN=eyJhbGciOiJSUzI1NiIsInR5c...
```

터미널에서 다음 명령어를 실행해 토큰 검사 엔드포인트를 호출할 수 있다.

```
$ curl --data "client_id=oauth-backend&client_secret=$SECRET&token=$TOKEN"
http://localhost:8080/auth/realms/myrealm/protocol/openid-connect/token/
introspect
```

엔드포인트는 다음 스크린샷과 같이 토큰 상태 및 토큰과 관련된 정보를 포함하는 JSON 문서를 반환한다.

```
{
  "exp": 1603305588,
  "iat": 1603305288,
  "auth_time": 1603304410,
  "jti": "64cbe41d-d1ca-4f1b-ac64-4b0b78ad5206",
  "iss": "http://localhost:8080/auth/realms/myrealm",
  "aud": "oauth-backend",
  "sub": "67855660-fd6e-4416-96d1-72c99db5e525",
  "typ": "Bearer",
  "azp": "oauth-playground",
  "session_state": "2fd7d100-0525-4f92-a844-17a89e4f08b3",
  "name": "Stian Thorgersen",
  "given_name": "Stian",
  "family_name": "Thorgersen",
  "preferred_username": "st",
  "locale": "en",
  "acr": "0",
  "scope": "profile albums:view",
  "client_id": "oauth-playground",
  "username": "st",
  "active": true
}
```

그림 5.12 토큰 검사 엔드포인트 응답

Keycloak에서 발급된 접근 토큰을 검증하는 다른 방법은 애플리케이션에서 직접 해당 토큰을 검증하는 것이다. Keycloak은 JWT를 접근 토큰 포맷으로 사용하기 때문에, 애플리케이션에서 직접 내용을 파싱하고 읽을 수 있을 뿐만 아니라, Keycloak에서 서명된 토큰이 Keycloak에 의해 발급됐는지 확인할 수 있다. 해당 방식을 스스로 수행하려면 JWT에 대한 충분한 경험이 있어야 하고 토큰을 검증할 때 실수할 확률이 높기 때문에 해당 접근 방식에 대해서는 자세히 알아보지 않을 것이다.

Keycloak에서 애플리케이션 어댑터^{application adapters}라고 하는 모든 Keycloak 클라이언트 라이브러리는 토큰 검사 엔드포인트를 사용하지 않고도 토큰을 직접 검증할 수 있다. 또한 다양한 프로그래밍 언어에 사용할 수 있는 여러 가지 좋은 라이브러리도 있다. 접근 토큰 검증과 관련된 아이디어는 다음 내용을 참조하면 된다.

- Keycloak에서 제공하는 JWKS 엔드포인트에서 공개 서명 키를 검색한다.

- 접근 토큰 서명을 검증한다.

- 접근 토큰이 만료됐는지 검증한다.

- 발급자, 오디언스 그리고 토큰 유형을 검증한다.

- 애플리케이션이 관심을 갖고 있는 다른 모든 클레임을 검증한다.

지금까지 서비스가 토큰 검사 엔드포인트 또는 직접 검증^(토큰이 JWT인 경우)을 통해 토큰을 검증하는 방법에 대해 알아봤다.

⫶⫶ 요약

5장에서는 OAuth 2.0 인증 코드 승인 유형^{Authorization Code grant type}을 사용해 접근 토큰을 획득하는 방법을 직접 테스트했다. 관리자가 사용자를 대신해 내부 애플리케이션에 대한 접근 권한을 부여하는 방법과 사용자가 서드파티 애플리케이션에 대한 접근 권한을 부여하는 방법을 익혔다. 또 특정 접근 토큰이 제공하는 접근 권한을 제한하는 여러 가지 기술들에 대해 알아봤다. Keycloak에서 발급한 접근 토큰의 내용을 JWT 기반 토큰을 사용해 직접 읽고 이해할 수 있는 방법을 살펴봤다. 마지막으로, 토큰 검사 엔드포인트를 활용해 더욱 표준적이고 범용적인 방식으로 접근 토큰에 대한 정보를 확인하고 검색하는 방법을 배웠다.

이제 OAuth 2.0에 대한 기본적인 이해와 OAuth 2.0을 사용해 애플리케이션을 보호하는 방법을 이해해야 한다. 해당 지식을 통해 전체 Keycloak 애플리케이션의 보안을 수립해 나갈 것이다.

6장에서는 다양한 애플리케이션 유형을 보호하기 위해 Keycloak 사용 방법을 알아볼 것이다.

⠿ 질문

1. 애플리케이션은 OAuth 2.0을 활용해 보호된 REST API를 어떻게 호출합니까?

2. 접근 토큰에서 제공하는 접근 권한을 제한하기 위해 사용할 수 있는 세 가지 방법은 무엇입니까?

3. 서비스에서 권한 부여 여부를 결정하기 위한 접근 토큰 검증 방법은 무엇입니까?

⠿ 참고문헌

5장에서 다루는 주제에 대한 추가 정보는 다음 링크를 참조하면 된다.

- OAuth 2.0 Authorization Code grant specification: https://oauth.net/2/grant-types/authorization-code/

- OAuth 2.0 token introspection specification: https://oauth.net/2/tokenintrospection/

- OAuth scopes: https://oauth.net/2/scope/

06

다양한 애플리케이션 유형 보안

6장에서는 먼저 애플리케이션 보안을 수행하는 애플리케이션이 내부 애플리케이션인지 혹은 외부 애플리케이션인지 구분하는 것부터 시작한다. 그다음 웹, 네이티브 및 모바일 애플리케이션을 포함하는 다양한 애플리케이션 유형의 보호 방법에 대해 알아볼 것이다. 또한 bearer 토큰을 사용해 REST API 및 기타 유형의 서비스를 보호하는 방법에 대해서도 살펴볼 것이다.

6장을 통해 다양한 유형의 애플리케이션을 보호하기 위한 보안 원리와 베스트 프랙티스에 대해 배우게 될 것이다. 웹, 모바일 및 네이티브 애플리케이션을 보호하는 방법과 REST API, gRPC, WebSocket 및 기타 유형의 서비스를 포함한 다양한 유형의 서비스를 보호하기 위해 bearer 토큰을 사용하는 방법을 학습할 것이다.

6장에서는 다음과 같은 주요 내용을 다룬다.

- 내부 및 외부 애플리케이션 이해

- 웹 애플리케이션 보안

- 네이티브 및 모바일 애플리케이션 보안

- REST API 및 서비스 보안

기술 요구 사항

6장에 포함된 샘플 애플리케이션을 실행하려면 Node.js(https://nodejs.org/)를 설치해야 한다.

또한 이 책의 GitHub 저장소를 로컬에 다운로드해야 한다. Git을 이미 설치한 경우, 다음 명령어를 터미널에서 실행해 해당 저장소를 복제할 수 있다.

```
$ git clone https://github.com/PacktPublishing/KeycloakIdentity-and-Access-
Management-for-Modern-Applications.git
```

또는 해당 파일을 ZIP으로 다운로드받을 수 있다(https://github.com/PacktPublishing/Keycloak-Identity-andAccess-Management-for-Modern-Applications/archive/master.zip).

다음 링크(https://bit.ly/3b5R0F2)에서 Code in Action 동영상을 확인해보라.

내부 및 외부 애플리케이션 이해

애플리케이션을 보호할 때 가장 먼저 고려해야 할 사항은 애플리케이션이 내부 애플리케이션인지 혹은 외부 애플리케이션인지 확인하는 것이다.

내부 애플리케이션(또는 자체 애플리케이션)은 기업이 보유한 애플리케이션이다. 애플리케이션을 누가 개발했는지 또는 호스팅 방법은 중요하지 않다. 애플리케이션은 상용off-the-shelf 애플리케이션, SaaS Software as a Service에서 호스팅되는 애플리케이션이 될 수도 있지만 해당 애플리케이션도 내부 애플리케이션으로 고려된다.

내부 애플리케이션의 경우 해당 애플리케이션은 신뢰할 수 있고 Keycloak에 애플리케이션을 등록한 관리자가 사용자를 대신해 접근 권한을 사전 승인할 수 있으므로 사용자를 인증할 때 사용자에게 애플리케이션에 대한 접근 권한을 부여하도록 요청할 필요가 없다. Keycloak에서 다음 스크린샷과 같이 클라이언트의 **Consent Required** 옵션을 비활성화한다.

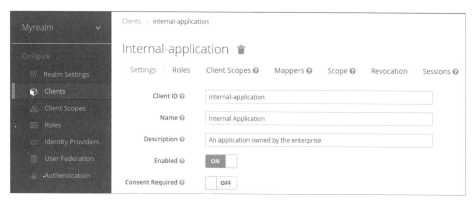

그림 6.1 consent가 비활성화된 내부 애플리케이션

사용자가 내부 애플리케이션을 인증하거나 접근 권한을 부여하면 사용자는 사용자 이름과 패스워드만 입력하면 된다. 반면 외부 애플리케이션의 경우, 사용자는 반드시 애플리케이션에 접근 권한을 부여해야 한다.

외부 애플리케이션(서드파티 애플리케이션)은 기업이 보유하거나 관리하지 않고 서드파티에서 관리되는 애플리케이션이다. 모든 외부 애플리케이션은 다음 스크린샷과 같이 **Consent Required** 옵션을 활성화해야 한다.

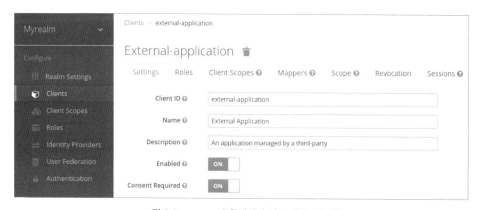

그림 6.2 consent가 활성화된 외부 애플리케이션

사용자가 외부 애플리케이션을 인증하거나 접근 권한을 부여하는 경우 사용자는 사용
자 이름과 패스워드 외에 다음 스크린샷과 같이 애플리케이션에 대한 접근 권한도 부여
해야 한다.

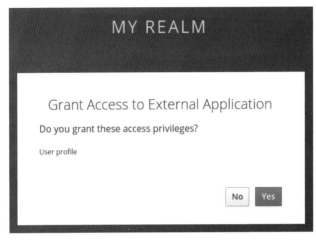

그림 6.3 외부 애플리케이션에 접근 권한을 부여하는 사용자

사용자가 외부 애플리케이션에 접근 권한을 부여하는 방법을 포함해 내부 및 외부 애플
리케이션에 대한 차이점을 알아봤다. 다음 절에서 Keycloak을 통해 웹 애플리케이션을
보호하는 방법을 알아볼 것이다.

웹 애플리케이션 보호

Keycloak으로 웹 애플리케이션을 보호할 때 가장 먼저 고려해야 할 것은 애플리케이션
의 다음과 같은 아키텍처다.

- 가장 중요한 것은 웹 애플리케이션이 서버 사이드에서 실행되는 전통적인 웹 애플
리케이션인지 또는 브라우저에서 실행되는 최신 SPA^{Single-Page Application}인지 확인하
는 것이다.

- 두 번째로 고려해야 할 사항은 애플리케이션이 REST API를 사용하는지 여부다. 만약 사용하는 경우 해당 REST API가 내부 애플리케이션인지 혹은 외부 애플리케이션인지 확인하는 것이다.

외부 API를 호출하는 SPA 유형 애플리케이션인 경우 고려해야 할 두 가지 추가 옵션이 존재한다. 애플리케이션이 외부 REST API를 직접 호출하는지, 아니면 애플리케이션과 함께 호스팅되는 전용 REST API를 통해 호출하는지 여부다.

위의 내용을 기반으로 다음 내용 중에서 보호하려는 애플리케이션의 아키텍처에 해당되는 내용을 결정해야 한다.

- **Server side**: 웹 애플리케이션이 웹 서버 내부 또는 애플리케이션 서버 내에서 실행 중인 경우

- **SPA with dedicated REST API**: 애플리케이션이 브라우저에서 실행되거나 동일 도메인에서 전용 REST API만 호출하는 경우

- **SPA with intermediary API**: 애플리케이션이 브라우저에서 실행되거나 애플리케이션과 동일한 도메인에서 호스팅되는 중개 API를 통해 외부 REST API를 호출하는 경우

- **SPA with external API**: 애플리케이션이 브라우저에서 실행되거나 다른 도메인에서 호스팅되는 API만 호출하는 경우

위와 같이 다양한 웹 애플리케이션 아키텍처에 대한 세부 사항을 살펴보기 전에 모든 아키텍처에서 공통되는 부분을 살펴보자.

첫째, 가장 중요한 것은 PKCE^{Proof Key for Code Exchange} 확장과 함께 인가 코드 흐름^{Authorization Code flow}을 사용해 웹 애플리케이션을 보호해야 한다는 것이다. 인가 코드 흐름에 익숙하지 않은 경우, 계속 진행하기 전에 4장, 'OpenID Connect를 통한 사용자 인증'을 확인하길 바란다. PKCE 확장 기능은 인가 요청을 전송한 애플리케이션에 인가 코드를 바인딩하는 OAuth 2.0 확장 기능이다. 해당 확장 기능은 유출될 경우 인가 코드가 남용되는 것을 방지한다. 여기에서는 라이브러리 사용을 권장하기 때문에 PKCE에 대해 자세히

다루진 않을 것이다. 라이브러리를 사용하지 않는 경우, OAuth 2.0 및 OpenID Connect를 활용하기 위한 관련 사양을 직접 참조해야 한다.

Keycloak을 사용하기 위해 기존 애플리케이션을 포팅하는 경우, 기존 애플리케이션의 로그인 페이지를 유지한 다음 리소스 소유자 암호 자격증명^{Resource Owner Password Credential} 부여를 사용해 토큰의 사용자 이름과 패스워드를 교환하는 게 효율적으로 보일 수 있다. 해당 방법은 애플리케이션을 LDAP 서버와 통합하는 것과 유사하다.

하지만 해당 방법은 사용하면 안 된다. 애플리케이션에서 사용자 자격증명을 수집하는 것은 단일 애플리케이션의 보안이 손상된 경우 공격자는 사용자가 접근할 수 있는 모든 애플리케이션에 접근할 수 있음을 의미한다. 사용자들은 보통 패스워드를 재사용하기 때문에 Keycloak으로 보호되지 않는 애플리케이션이 포함된다. 또한 이중 인증^{two-factor authentication}과 같은 강력한 인증을 적용할 수 있는 기능도 없다. 결과적으로 해당 방법을 사용하면 SSO 및 소셜 로그인과 같은 Keycloak의 장점을 활용할 수 없게 된다.

로그인 페이지를 기존 프로그램 내에 유지하는 대신 Keycloak 로그인 페이지를 iframe 방식으로 애플리케이션에 포함시키고 싶을 수 있다. 이 또한 반드시 피해야 하는 설정이다.

애플리케이션에 포함된 로그인 페이지를 사용하면 애플리케이션 취약점의 영향을 받을 수 있고, 잠재적으로 공격자가 사용자 이름과 패스워드에 대한 접근 권한을 획득할 수 있다. 로그인 페이지가 iframe 내에서 렌더링되기 때문에 사용자는 로그인 페이지의 출처를 확인하기 어려우며 사용자는 애플리케이션에 패스워드를 직접 입력하는 것을 신뢰하지 않을 수 있다. 마지막으로, 여러 사이트에서 서드파티 쿠키를 사용자 추적에 활용하면서 브라우저는 점점 더 서드파티 쿠키를 차단하는 상황이며, 이로 인해 Keycloak 로그인 페이지가 작동하는 데 필요한 쿠키에 접근하지 못할 수도 있다.

요약하면 애플리케이션이 인증을 위해 (특히 SSO 환경에서) 사용자를 신뢰할 수 있는 ID 제공자로 리다이렉트해야 한다는 사실을 숙지해야 한다. 또한 해당 환경은 최근 폭넓게 사용되는 패턴이기 때문에 대부분의 사용자가 이미 익숙할 것이다. 다음 스크린샷은 애플리케이션 자체에 내장돼 있지 않은 구글 및 아마존 로그인 페이지 예시를 보여준다.

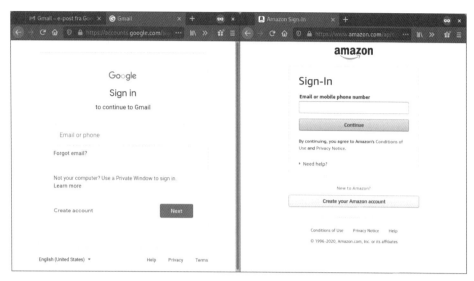

그림 6.4 구글 및 아마존의 외부 로그인 페이지 예시

지금까지 Keycloak을 사용해 웹 애플리케이션을 보호하는 방법을 알아봤다. 다음 절에서 서버 사이드 웹 애플리케이션을 시작으로 다양한 유형의 웹 애플리케이션을 보호하는 방법을 살펴볼 것이다.

서버 사이드 웹 애플리케이션 보호

Keycloak을 사용해 서버 사이드 웹 애플리케이션을 보호하는 경우 Keycloak에 보안 클라이언트^{confidential client}를 등록해야 한다. 보안 클라이언트를 사용하면 공격자가 유출된 인가 코드를 악용할 수 없다. PKCE 확장은 여러 가지 유형의 공격에 대한 보호를 제공하기 때문에 해당 확장을 활용하는 것이 좋다.

또한 클라이언트에 적절한 redirect URIs를 설정해야 한다. 그렇지 않은 경우 오픈 리다이렉트^{open redirect} 취약점이 생성된다. 예를 들어 스팸 공격의 경우 오픈 리다이렉트를 사용해 사용자가 신뢰하는 사이트를 클릭하고 있는 것으로 속일 수 있다. 예를 들어 스패머는 이메일에 다음 링크(https://trusted-site.com/...?redirect_uri=https://attacker.com)를 포함해 사용자에게 전송하고, 사용자는 신뢰할 수 있는 도메인 이름만 확인한 다음 링크를 클릭할 수도 있다. 클라이언트에 대한 적절한 redirect URI를 설정하지 않으면 Keycloak은 사용자를 공격자가 제공한 사이트로 리다이렉트하게 될 수 있다.

서버 사이드 웹 애플리케이션의 HTTP 세션 수립에는 일반적으로 ID 토큰만 사용된다. 서버 사이드 웹 애플리케이션은 또한 사용자 컨텍스트 환경에서 외부 REST API를 호출하는 경우 접근 토큰을 활용한다.

다음 다이어그램은 서버 사이드 웹 애플리케이션의 흐름을 보여준다.

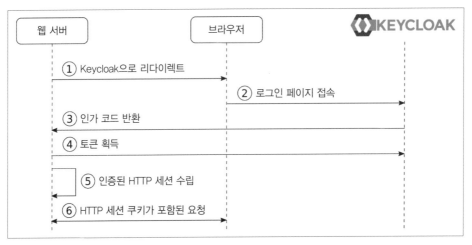

그림 6.5 서버 사이드 웹 애플리케이션

위 다이어그램 단계의 자세한 내용은 다음과 같다.

1. 웹 서버는 인가 코드 흐름을 통해 브라우저를 Keycloak 로그인 페이지로 리다이렉트한다.

2. Keycloak은 사용자를 인증한다.

3. 인가 코드가 서버 사이드 웹 애플리케이션에 응답된다.

4. 애플리케이션은 Keycloak에 등록된 클라이언트 자격증명을 사용해 인가 코드를 토큰과 교환한다.

5. 애플리케이션은 ID 토큰을 검증할 필요가 없기 때문에, Keycloak에서 ID 토큰을 직접 검색하고 인증된 사용자의 정보를 찾기 위해 ID 토큰을 직접 파싱한 다음 인증된 HTTP 세션을 수립한다.

6. 이제 브라우저의 요청은 HTTP 세션 쿠키를 포함한다.

요약하면, 애플리케이션은 Keycloak의 ID 토큰을 획득하기 위해 인가 코드 흐름을 활용한다. 해당 ID 토큰은 인증된 HTTP 세션을 수립하기 위해 사용된다.

서버 사이드 애플리케이션의 경우, OpenID Connect를 사용하는 대신 SAML 2.0을 사용할 수도 있다. 일반적으로 OpenID Connect를 사용하는 것이 편하기 때문에 사용 중인 애플리케이션이 이미 SAML 2.0을 지원하는 것이 아니라면 SAML 2.0 대신 OpenID Connect를 사용하는 것이 권장된다.

지금까지 Keycloak을 활용한 서버 사이드 웹 애플리케이션을 보호하는 방법을 살펴봤다. 다음 절에서 전용 REST API 백엔드가 포함된 SPA를 시작으로 클라이언트 사이드에서 실행되는 웹 애플리케이션에 대해 알아볼 것이다.

전용 REST API가 포함된 SPA 보호

동일한 도메인에 전용 REST API가 포함된 SPA는 서버 사이드 웹 애플리케이션과 동일한 방식으로 Keycloak을 사용해 보호돼야 한다. 애플리케이션은 전용 REST API를 포함하기 때문에 최고 수준의 보안을 위해 보안 클라이언트의 인가 코드 흐름을 활용해야 하며, 클라이언트 사이드에서 전용 REST API로 전송되는 API 요청을 보호하기 위해 HTTP 세션을 사용해야 한다.

다음 다이어그램은 전용 REST API를 포함하는 SPA 흐름을 보여준다.

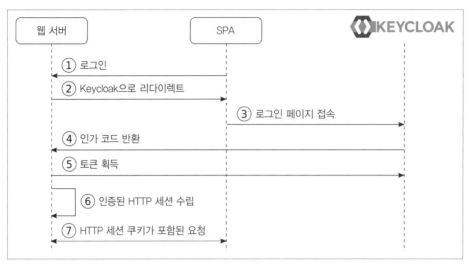

그림 6.6 전용 REST API가 포함된 SPA

위 다이어그램 단계의 자세한 내용은 다음과 같다.

1. 사용자가 애플리케이션의 로그인 링크를 클릭하면 웹 서버에 요청을 전송한다.

2. 웹 서버는 해당 요청을 Keycloak 로그인 페이지로 리다이렉트한다.

3. Keycloak은 사용자를 인증한다.

4. 인가 코드가 웹 서버에 반환된다.

5. 웹 서버는 인가 코드를 토큰으로 교환한다.

6. 애플리케이션은 ID 토큰을 검증할 필요가 없기 때문에 Keycloak에서 ID 토큰을 직접 검색하고 인증된 사용자의 정보를 찾기 위해 ID 토큰을 직접 파싱한 다음 인증된 HTTP 세션을 수립한다.

SPA에서 전용 REST API로 전송되는 요청은 HTTP 세션 쿠키를 포함한다. 요약하면 애플리케이션은 권한 부여 코드 흐름^{Authorization Code Flow}을 활용해 Keycloak에서 ID 토큰을 획득한다. 해당 토큰은 인증된 HTTP 세션을 수립하기 위해 사용되며, 이를 통해 SPA는 웹 서버에서 제공하는 REST API를 안전하게 호출할 수 있다.

지금까지 동일한 도메인에서 호스팅되는 전용 REST API를 포함하는 SPA의 보호 방법에 대해 알아봤다. 다음 절에서 외부 REST API를 호출하지만 SPA와 동일한 도메인에서 호스팅되는 백엔드 REST API를 사용하는 SPA에 대해 배울 것이다.

중개 REST API를 사용하는 SPA 보호

SPA에서 외부 REST API를 호출하는 가장 안전한 방법은 SPA와 동일한 도메인에서 호스팅되는 중개intermediary API를 사용하는 것이다. 중개 API를 사용하면 보안 클라이언트를 활용할 수 있고 브라우저에서 직접 토큰에 접근할 수 없기 때문에 토큰(특히 리프레시 토큰)이 유출될 위험이 줄어든다.

이러한 유형의 SPA를 보통 프론트엔드 패턴용 백엔드라고 한다. 해당 SPA는 높은 보안 수준을 가졌으며, SPA의 호환성을 높이고 쉽게 개발할 수 있다. 애플리케이션이 외부 API를 직접 처리할 필요가 없고 프론트엔드 SPA 서비스를 제공하기 위한 목적으로 구축한 전용 REST API가 있기 때문이다.

또한 기본적으로 브라우저의 CORSCross-Origin Resource Sharing가 활성화돼 있기 때문에 SPA가 다른 도메인에서 제공하는 REST API를 호출하는 것을 브라우저에서 허용되지 않는다. CORS를 사용하면 REST API가 브라우저에게 다른 오리진의 요청을 허용하는 특정 HTTP 헤더를 응답할 수 있다. 해당 SPA는 동일한 도메인의 중개 REST API를 통해 요청을 생성하기 때문에, CORS를 처리할 필요가 없다.

다음 다이어그램은 중개 REST API가 포함된 SPA 흐름을 보여준다.

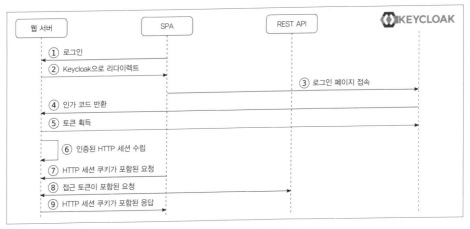

그림 6.7 중개 REST API가 포함된 SPA

위 다이어그램 단계의 자세한 내용은 다음과 같다.

1. 사용자가 애플리케이션의 로그인 링크를 클릭하면 웹 서버에 요청을 전송한다.

2. 웹 서버는 해당 요청을 Keycloak 로그인 페이지로 리다이렉트한다.

3. Keycloak은 사용자를 인증한다.

4. 인가 코드가 웹 서버에 반환된다.

5. 웹 서버는 인가 코드를 토큰으로 교환한다.

6. 애플리케이션은 ID 토큰을 검증할 필요가 없기 때문에, Keycloak에서 ID 토큰을 직접 검색하고 인증된 사용자의 정보를 찾기 위해 ID 토큰을 직접 파싱한 다음 인증된 HTTP 세션을 수립한다. 리프레시 토큰 및 접근 토큰이 HTTP 세션에 저장된다.

7. 전용 REST API에 대한 SPA 요청에 HTTP 세션 쿠키가 포함된다.

8. 웹 서버는 SPA가 요청한 HTTP 세션에서 접근 토큰을 검색한 후 해당 토큰을 외부 REST API 요청에 포함한다.

9. 웹 서버는 HTTP 세션 쿠키를 포함해 SPA에 응답을 반환한다.

요약하면 애플리케이션은 인증 코드 흐름을 활용해 Keycloak에서 ID 토큰을 획득하며, 해당 ID 토큰은 인증된 HTTP 세션을 수립하기 위해 사용된다. 해당 HTTP 세션을 통해 SPA는 안전하게 웹 서버를 호출하고, 웹 서버는 해당 요청을 외부 REST API로 프록시 한다.

지금까지 동일한 도메인에서 호스팅되고 외부 REST API를 호출하는 중개 API가 포함된 SPA를 보호하는 방법을 알아봤다. 다음 절에서 외부 REST API가 포함된 SPA에 대해 설명할 것이다.

외부 REST API가 포함된 SPA 보호

Keycloak을 통해 SPA를 보호하는 가장 간단한 방법은 Keycloak에 등록된 공용 클라이언트를 사용해 SPA 자체에서 직접 인가 코드 흐름을 수행하는 것이다. 해당 접근 방법은 토큰(리프레시 토큰 포함)이 브라우저에 직접 노출되기 때문에 약간 보안 수준이 낮은 방법이다. 금융 애플리케이션과 같이 민감한 애플리케이션의 경우, 해당 접근 방식을 사용하는 것을 권장하지 않는다. 하지만 다음과 같이 해당 접근 방법에 적절한 수준의 보안을 제공하기 위해 활용할 수 있는 여러 가지 기법이 있다.

- 리프레시 토큰의 만료 시간을 짧게 설정한다. 해당 설정은 Keycloak의 클라이언트 세션 타임아웃client session timeouts에서 설정할 수 있다. 설정을 수행하면 클라이언트에게 30분 동안 유효한 리프레시 토큰을 제공하고, 반면 SSO 세션은 며칠 동안 유효하다.

- 리프레시 토큰을 갱신한다. Keycloak에서 realm의 Revoke Refresh Token을 활성화해 이전에 사용한 리프레시 토큰을 폐기한다. 폐기한 리프레시 토큰을 사용하는 경우, 세션은 무효화된다. 따라서 SPA와 공격자가 리프레시 토큰을 사용하려고 하면 유출된 리프레시 토큰이 즉시 폐기된다.

- PKCE 확장을 사용한다. 공용 클라이언트의 경우 PKCE 확장을 사용해야 한다. 그렇지 않으면 공격자는 유출된 인가 코드를 통해 토큰을 획득할 수 있다.

- 토큰을 윈도우 상태[windows state] 또는 HTML5 스토리지 세션에 저장하고 window. sessionStorage.accessToken과 같이 쉽게 유추할 수 있는 키를 사용하지 않아야 한다.

- OWASP[Open Web Application Security Project]의 베스트 프랙티스를 활용해 XSS[Cross-Site Scripting] 및 여러 가지 공격으로부터 SPA를 보호한다.

- 애플리케이션에서 서드파티 스크립트를 사용하는 경우 주의를 기울여야 한다.

결국 적절한 수준의 보안을 설정하는 것은 사용자가 스스로 결정해야 하는 사안이다. 토큰이 유출될 위험이 없고 SPA의 보안이 적절하다고 생각된다면 위 접근 방식을 사용해 더욱 효율적이고 애플리케이션 유지보수 비용도 절감할 수 있다.

다음 다이어그램은 외부 REST API가 포함된 SPA 흐름을 보여준다.

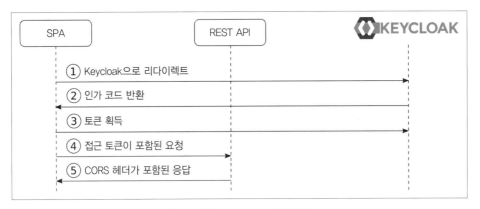

그림 6.8 외부 REST API가 포함된 SPA

위 다이어그램 단계의 자세한 내용은 다음과 같다.

1. SPA는 Keycloak 로그인 페이지로 리다이렉트한다.

2. 사용자가 인증을 완료하면 인가 코드가 SPA로 반환된다.

3. SPA는 인가 코드를 토큰으로 교환한다. SPA는 브라우저에서 실행되기 때문에 클라이언트의 자격증명을 보호할 수 없다. 따라서 Keycloak에 등록된 공용 클라이언트를 사용해야 한다.

4. SPA는 접근 토큰에 직접 접근할 수 있으며 해당 토큰은 REST API 요청에 포함된다.

5. REST API는 CORS 헤더를 응답에 포함해야 한다. 그렇지 않으면 브라우저가 SPA의 응답을 차단한다.

요약하면 SPA는 인가 코드 흐름을 사용해 Keycloak으로부터 토큰을 획득하며, 그 결과 브라우저에서 토큰을 바로 접근할 수 있게 되며, 토큰 노출 위험이 높아진다.

지금까지 전통적인 서버 사이드 애플리케이션 및 좀 더 현대적인 클라이언트 사이드 애플리케이션과 같은 다양한 웹 애플리케이션을 보호하는 방법에 대해 알아봤다.

웹 애플리케이션을 보호하는 베스트 프랙티스는 PKCE 확장을 포함하는 인가 코드 흐름을 통해 Keycloak 로그인 페이지로 리다이렉트하는 것임을 학습했다. 마지막으로, SPA가 Keycloak에서 직접 토큰을 획득할 수 있지만 매우 민감한 애플리케이션의 경우 해당 접근 방법은 충분한 보호를 제공하지 않음을 확인했다.

다음 절에서 Keycloak을 활용한 모바일 애플리케이션 보호 방법을 관찰할 것이다.

⠿ 네이티브 및 모바일 애플리케이션 보호

Keycloak을 통해 웹 애플리케이션을 보호하는 것이 네이티브 또는 모바일 애플리케이션을 보호하는 것보다 더 간단하다. Keycloak 로그인 페이지는 기본적으로 웹 애플리케이션이며 사용자가 이미 브라우저를 사용하는 경우 다른 웹 애플리케이션으로 리다이렉트하는 것이 더 적절하다.

애플리케이션 자체에서 로그인 페이지를 구현해 사용자 이름과 패스워드를 수집한 다음 OAuth 2.0 리소스 소유자 패스워드 자격증명 부여^{Resource Owner Password Credential grant}를 활용해 토큰을 획득하고자 할 수도 있다. 하지만 이 방법은 권장하지 않는다. 이전 절에서 언급했듯이 애플리케이션은 사용자 자격증명에 직접 접근해서는 안 되며 해당 접근 방법은 또한 Keycloak에서 제공하는 다양한 기능을 활용하지 않음을 의미한다.

네이티브 및 모바일 애플리케이션을 보호하려면 PKCE 확장이 포함된 인가 코드 흐름을 사용해야 한다. 해당 접근 방법은 좀 더 높은 보안을 제공함과 동시에 Keycloak이 가진 장점을 최대한 활용할 수 있게 해준다.

사실상 네이티브 또는 모바일 프로그램이 Keycloak 인증을 위해 브라우저를 사용해야 함을 의미한다. 이와 관련해 애플리케이션 유형에 따라 다음 세 가지 옵션을 사용할 수 있다.

- 임베디드 웹 뷰 사용

- 외부 사용자 에이전트 사용_(사용자의 기본 브라우저)

- 안드로이드 및 iOS와 같은 일부 플랫폼에서 지원하는 애플리케이션이 필요 없는 인앱 브라우저 탭 사용

임베디드 웹 뷰를 사용하게 되면 애플리케이션 내에 로그인 페이지를 배치할 수 있기 때문에 편리해 보일 수 있다. 하지만 해당 옵션은 자격증명 탈취와 관련된 취약점이 있기 때문에 권장하지 않는다. 또한 여러 애플리케이션 간의 공유 쿠키^{shared cookies}가 없기 때문에 SSO를 사용하지 않는다.

애플리케이션의 로그인 페이지를 표시하면서 시스템 브라우저를 활성화하기 때문에 인앱 브라우저 탭을 사용하는 것은 적절한 방법이다. 하지만 악의적인 애플리케이션이 인앱 브라우저 탭과 유사한 애플리케이션 로그인 페이지를 렌더링해 자격증명을 탈취하는 게 가능하다. 해당 취약점을 피하고 싶은 사용자는 외부 브라우저에서 로그인 페이지를 접속하면 된다.

다음 스크린샷은 안드로이드 인앱 브라우저 탭의 Keycloak 로그인 페이지를 보여준다.

그림 6.9 안드로이드 인앱 브라우저 탭의 Keycloak 로그인 페이지

모든 옵션은 사용자를 인증하기 위해 Keycloak 로그인 페이지에 접속한다. 사용자를
인증하면 Keycloak의 토큰에 접근할 수 있는 인가 코드가 애플리케이션에 반환된다.
다음 다이어그램은 관련된 단계를 보여준다.

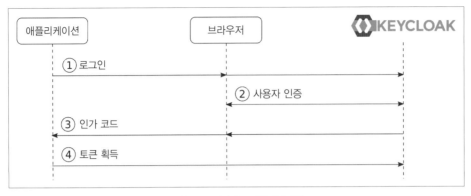

그림 6.10 네이티브 애플리케이션

위 다이어그램 단계의 자세한 내용은 다음과 같다.

1. 애플리케이션이 외부 브라우저 또는 인앱 브라우저 탭에서 로그인 페이지에 접속한다.

2. 외부 브라우저를 통해 Keycloak이 사용자를 인증한다.

3. 인가 코드가 애플리케이션에 반환된다.

4. 애플리케이션은 인가 코드를 토큰으로 교환한다.

인가 코드를 애플리케이션에 반환하는 경우, OAuth 2.0에서 정의한 특수 리다이렉트 URI를 사용하는 4개의 서로 다른 접근 방법이 존재한다.

- **Claimed HTTPS scheme**: 일부 플랫폼에서는 애플리케이션이 HTTPS 구조^(https://)를 요청할 수 있으며, 시스템 브라우저를 사용하는 대신 애플리케이션에서 URI에 접속할 수 있다. 예를 들어 https://app.acme.org/oauth2callback/provider-name 리다이렉트 URI를 Acme App 애플리케이션이 요청할 수 있으며, 브라우저가 아닌 Acme App에서 콜백^{callback}이 실행된다.

- **Custom URI scheme**: 사용자 지정 URI 구조^{custom URI scheme}를 애플리케이션에 등록한다. Keycloak이 해당 사용자 지정 URI 구조로 리다이렉트하면 애플리케이션에 요청이 전송된다.

사용자 지정 URI 구조는 애플리케이션 개발자가 소유한 도메인의 역순과 일치해야 한다. 예를 들어 org.acme.app://oauth2/providername 리다이렉트 URI는 app.acme.org 도메인 네임과 일치해야 한다.

- **Loopback interface**: 애플리케이션은 루프백loopback 인터페이스에서 임시 웹 서버의 임의의 포트를 오픈한 다음, http://127.0.0.1/oauth2/provider-name 리다이렉트 URI를 등록해 애플리케이션 웹 서버에 요청을 보낼 수 있다.

- **A special redirect URI**: 특수한 urn:ietf:wg:oauth:2.0:oob 리다이렉트 URI를 사용하면 인가 코드가 Keycloak에서 표시되기 때문에 사용자는 수동으로 인가 코드를 복사해 애플리케이션에 붙여넣기할 수 있다.

HTTPS 구조를 사용할 수 있는 경우 HTTPS가 더 안전하기 때문에 해당 접근 방식 사용이 권장된다. CLI 환경과 같이 HTTPS 구조와 사용자 지정 구조를 사용할 수 없는 경우, 루프백 인터페이스 활용이 권장된다.

Keycloak으로 네이티브 애플리케이션을 보호하는 방법을 더 자세히 알아보기 위해 6장에 포함된 예시 애플리케이션을 활용할 수 있다. 해당 애플리케이션은 시스템 브라우저를 사용해 인가 코드를 가져오는 CLI를 보여준다. 해당 예시 애플리케이션을 실행하기 전에 다음 설정과 같이 Keycloak에 신규 클라이언트를 등록해야 한다.

- **Client ID**: cli

- **Access Type**: public

- **Standard Flow Enabled**: ON

- **Valid Redirect URIs**: http://localhost/callback

클라이언트를 등록한 다음 명령어를 실행해 터미널에서 샘플을 실행할 수 있다.

```
$ cd Keycloak-Identity-and-Access-Management-for-ModernApplications/ch6/
$ npm install
$ node app.js
```

예시 CLI를 실행하면 임의의 포트를 가진 임시 웹 서버가 실행되며 시스템 브라우저에서 인가 요청을 전송한다. 사용자가 Keycloak에 로그인하면 제공된 인가 코드와 함께 애플리케이션의 웹 서버로 리다이렉트된다. 애플리케이션은 이제 인가 코드에 대한 접근 권한을 가지며 접근 토큰과 교환할 수 있다.

예시 CLI를 실행하면 다음과 같은 결과를 확인할 수 있다.

```
Listening on port: 40437
Authorization Code: 32ab30d2…
Access Token: eyJhbGciOiJSUzI1NiIsInR3GOMibcto…
```

물론 그래픽 인터페이스 환경을 제공하지 않는 서버에서 터미널을 실행하는 경우와 같이 브라우저를 사용할 수 없는 상황도 존재한다. 이런 경우 디바이스 코드^{Device Code} 승인 유형을 활용하는 것이 권장된다.

요약하면, 디바이스 코드 승인 유형은 서로 다른 디바이스 브라우저에서 사용자가 인증 서버의 특정 엔드포인트에 제공하는 짧은 코드를 표시하는 애플리케이션 기반에서 동작한다.

코드를 입력하면 사용자가 로그인돼 있지 않은 경우 로그인을 해야 한다. 로그인을 하게 되면 애플리케이션은 인가 서버에서 인가 코드를 확인할 수 있다.

지금까지 외부 브라우저의 인가 코드 흐름을 활용한 Keycloak의 네이티브 및 모바일 애플리케이션 보호 방법에 대해 알아봤다. 다음 절에서 Keycloak의 REST API 보호 방법에 대해 살펴볼 것이다.

⁞⁞ REST API 및 서비스 보호

애플리케이션이 Keycloak으로 보호되는 REST API를 호출하려는 경우, 먼저 Keycloak에서 접근 토큰을 얻은 다음 REST API로 보내는 요청에 권한 부여 헤더에 접근 토큰을 포함한다.

```
Authorization: bearer eyJhbGciOiJSUzI1NiIsInR5c…
```

그러면 REST API는 접근 토큰을 확인해 접근 권한 승인 여부를 결정할 수 있다.

해당 접근 방식을 사용하면 많은 애플리케이션에서 활용할 수 있는 REST API를 쉽게 제공할 수 있으며, 또한 REST API를 서드파티 애플리케이션이 사용할 수 있도록 인터넷에서 공용 API로 사용할 수 있다.

5장, 'OAuth 2.0을 통한 접근 권한 인가'에서 애플리케이션이 Keycloak으로부터 접근 토큰을 획득한 다음 REST API 요청에 접근 토큰을 포함시켜서 REST API가 접근 권한 허용 여부를 검증하는 방법을 다뤘다. 또한 특정 접근 토큰이 제공하는 접근 권한을 제한하는 다양한 전략과 REST API에서 접근 토큰을 검증하는 방법에 대해서도 다뤘다.

마이크로서비스에서 토큰을 사용해 서비스를 보호하는 것은 서비스가 다른 서비스를 호출할 때 인증 컨텍스트를 전파할 수 있기 때문에 다음 다이어그램과 같이 전체적인 사용자 종단end-to-end 간 인증을 쉽게 제공할 수 있으므로 특히 유용하다.

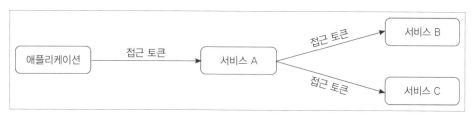

그림 6.11 마이크로서비스의 종단 간 사용자 인증

위 예시에서 애플리케이션은 서비스 A를 호출할 때 접근 토큰을 포함한다. 그다음 서비스 A는 동일한 접근 토큰을 사용해 서비스 B와 서비스 C를 호출하며, 모든 서비스가 동일한 인증 컨텍스트를 사용하게 된다.

Keycloak은 또한 서비스 계정을 지원하므로 서비스가 클라이언트 자격증명 승인 유형을 사용해 자체적으로 접근 토큰을 획득할 수 있다.

Keycloak 관리 콘솔에 접속하고 신규 클라이언트를 생성해 해당 작업을 수행해보자. 클라이언트를 생성할 때 다음 값들을 사용한다.

- **Client ID**: service

- **Client Protocol**: openid-connect

- **Access Type**: confidential

- **Standard Flow Enabled**: OFF

- **Implicit Flow Enabled**: OFF

- **Direct Access Grants Enabled**: OFF

- **Service Accounts Enabled**: ON

다음 스크린샷은 클라이언트 생성 화면을 보여준다.

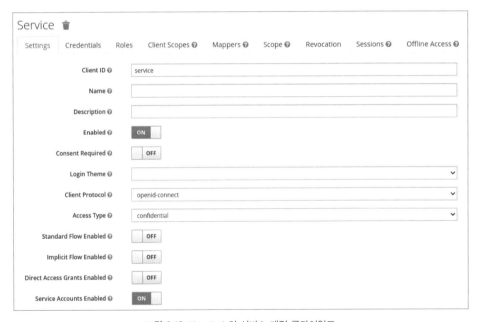

그림 6.12 Keycloak의 서비스 계정 클라이언트

클라이언트의 **Standard Flow Enabled** 옵션을 비활성화했기 때문에 인가 코드 흐름을 사용해 토큰을 획득할 수 없다. 하지만 **Service Accounts Enabled** 옵션을 활성화했기 때문에 클라이언트 자격증명 흐름^{Client Credential flow}을 사용할 수 있다. 클라이언트 자격증명

흐름은 클라이언트의 자격증명을 사용해 클라이언트를 대신해 토큰을 획득할 수 있다.

접근 토큰을 획득하려면, 클라이언트는 아래 파라미터가 포함된 POST 요청을 Key cloak 토큰 엔드포인트에 전송한다.

- client_id

- client_secrent

- grant_type=client_credentials

curl을 사용해 접근 토큰을 획득한다. 먼저 생성한 클라이언트의 **Credentials** 탭으로 이동한 다음 secret 값을 복사한다. 그리고 터미널을 열고 다음 명령어를 실행한다.

```
$ export SECRET=<insert secret from Keycloak Admin Console>
$ curl --data "client_id=service&client_secret=$SECRET&grant_ type=client_
credentials" http://localhost:8080/auth/realms/myrealm/protocol/openid-
connect/token
```

Keycloak은 JSON 포맷을 가진 접근 토큰을 반환하며 다음과 같은 정보를 포함한다.

```
{
  "access_token": "eyJhbGciOiJSUzI1NiIsI…",
  "expires_in": 299,
  "token_type": "bearer",
  "scope": "profile email",
  …
}
```

REST API만 토큰을 활용하는 것은 아니다. 다양한 프로토콜 인증에 자주 사용되는 SASL^Simple Authentication and Security Layer은 bearer 토큰 또한 지원한다. gRPC 및 WebSockets은 안전한 호출을 위해 bearer 토큰을 활용할 수도 있다.

이번 절에서는 요청에 Bearer 토큰을 포함해 서비스에 전송하면, 해당 서비스는 토큰을 직접 검증하거나 토큰 점검 엔드포인트를 사용해 해당 요청의 수락 여부를 결정한다는 것에 대해 알아봤다.

⁑ 요약

6장에서는 외부 애플리케이션은 접근 권한을 부여하기 위해 사용자의 동의를 요구하지만 내부 애플리케이션은 사용자의 동의가 필요 없는 것과 같은 외부 애플리케이션과 내부 애플리케이션 간의 차이점에 대해 알아봤다. 또한 Keycloak으로 다양한 웹 애플리케이션 아키텍처를 보호하는 방법과 SPA 자체에서 토큰을 직접 가져오는 대신 Keycloak에서 토큰을 가져오는 SPA용 백엔드를 사용하는 것이 더 안전한 이유에 대해서도 살펴봤다. 그리고 네이티브 및 모바일 애플리케이션과 같은 다른 유형의 애플리케이션을 Keycloak을 통해 보호하는 방법도 배웠다. 마지막으로, bearer 토큰을 사용해 REST API, 마이크로서비스, gRPC, WebSockets 및 기타 다양한 서비스들을 보호할 수 있다는 것을 배웠다.

지금까지 Keycloak을 활용해서 애플리케이션을 보호하는 원리와 베스트 프랙티스에 대해 알아봤다. 7장에서는 전체 애플리케이션을 Keycloak과 통합하기 위해 사용할 수 있는 옵션에 대해 배울 것이다.

⁑ 질문

1. SPA에서 REST API 호출을 보호하는 가장 좋은 방법은 무엇입니까?

2. OAuth 2.0 및 bearer 토큰은 웹 애플리케이션 및 REST API를 보호하는 데만 사용됩니까?

3. Keycloak에서 네이티브 또는 모바일 애플리케이션을 보호하는 방법은 무엇입니까?

⠿ 참고문헌

6장에서 다루는 주제에 대한 자세한 내용은 다음 링크를 참조하면 된다.

- OAuth 2.0 for browser-based apps: https://oauth.net/2/browser-basedapps/

- OAuth 2.0 for mobile and native apps: https://oauth.net/2/nativeapps/

- AppAuth: https://appauth.io/

07

Keycloak과 애플리케이션 통합

지금까지 Keycloak의 주요 개념과 설정 옵션을 살펴봤다. 7장에서는 Keycloak 설정을 애플리케이션에 적용하고 통합하는 방법을 알아볼 것이다.

선택된 몇몇 통합 시나리오와 코딩 예시를 통해 애플리케이션이 사용 중인 기술 스택과 애플리케이션이 실행되는 플랫폼에 따라 사용자에게 가장 적합한 통합 접근법을 파악할 수 있다. GoLang, 자바^{Java}, 자바스크립트^{JavaScript}, Node.js 및 파이썬^{Python} 기반 애플리케이션에 대한 여러 가지 통합 옵션을 제공한다. 해당 옵션을 활용할 수 없다고 해서 크게 걱정할 필요는 없다. 애플리케이션 앞단에 위치하는 리버스 프록시^{reverse proxy}를 사용해 Keycloak과 통합하는 방법에 대해서도 알아볼 것이다.

7장에서 사용되는 애플리케이션 및 런타임에 따라 활용 가능한 옵션에 대해 살펴볼 것이며, 해당 옵션 중 활용 가능한 옵션이 없는 경우 대안을 찾을 수 있을 것이다.

7장에서는 다음 주제 및 통합 방법을 다룰 것이다.

- 통합 아키텍처 선택

- 통합 옵션 선택

- Golang 애플리케이션 통합

- Java 애플리케이션 통합

- JavaScript 애플리케이션 통합

- Node.js 애플리케이션 통합

- Python 애플리케이션 통합

- 리버스 프록시 활용

- 자체 통합 코드 구현을 권장하지 않음

NOTE

지은이는 통합에 대한 의견을 제시하지 않으며, Keycloak을 실제 모든 유형의 애플리케이션과 통합하는 방법을 학습하는 것에 중점을 둔다.

기술 요구 사항

7장에 포함된 샘플 코드는 GitHub 저장소에서 확인할 수 있다. Git을 이미 설치한 경우, 다음 명령어를 터미널에서 실행해 해당 저장소를 복제할 수 있다.

```
$ git clone https://github.com/PacktPublishing/KeycloakIdentity-and-Access-
Management-for-Modern-Applications.git
```

또는 해당 파일을 ZIP으로 다운로드받을 수 있다(https://github.com/PacktPublishing/Keycloak-Identity-andAccess-Management-for-Modern-Applications/archive/master.zip).

저장소를 복제 또는 다운로드하면 ch7 디렉터리에 7장의 모든 예시 코드가 있다.

계속 진행하기 전에, Keycloak을 다른 포트에서 실행해야 하며 명령어는 다음과 같다.

```
$ cd $KC_HOME
$ bin/standalone.sh -Djboss.socket.binding.port-offset=100
```

도커를 사용하는 경우 서버를 실행하려면 다음 명령어를 수행해야 한다.

```
$ docker run -e KEYCLOAK_USER=admin \
             -e KEYCLOAK_PASSWORD=admin \
             -p 8180:8080 \
             quay.io/keycloak/keycloak
```

예시 애플리케이션이 Keycloak 디폴트 포트인 8080포트를 사용 중이기 때문에, Keycloak은 8080포트가 아닌 다른 포트에서 실행해야 한다. Keycloak 서버의 주소는 http://localhost:8180/auth이다.

이제 서버가 실행됐고, 신규 realm(myrealm)을 생성한다.

먼저 브라우저 기반 앱을 보호하기 위해 사용되는 mybrowserapp 클라이언트를 생성한다.

- **Client ID**: mybrowserapp
- **Root URL**: http://localhost:8080

서버 사이드 웹 애플리케이션을 보호하기 위해 mywebapp 클라이언트를 사용한다.

- **Client ID**: mywebapp
- **Root URL**: http://localhost:8080

mywebapp 클라이언트를 Keycloak에 생성한 다음, 클라이언트 상세 페이지에서 다음 설정을 변경한다.

- **Access Type**: Confidential

백엔드 애플리케이션을 보호하기 위해 사용할 클라이언트를 생성한다.

- **Client ID**: mybackend

- **Root URL**: http://localhost:8080

Mybackend 클라이언트를 Keycloak에서 생성한 다음, 클라이언트 상세 페이지에서 다음 설정을 변경한다.

- **Access Type**: Confidential

- **Direct Access Grants Enabled**: ON

NOTE

> 나중에 클라이언트의 Direct Access Grants Enabled 옵션은 비활성화해야 한다. 이번 예시에서 해당 설정을 활성화하는 유일한 이유는 브라우저를 사용하지 않고 접근 토큰을 획득하는 예시를 보여주기 위해서다.

마지막으로 생성할 클라이언트는 애플리케이션 앞단에서 실행되는 리버스 프록시에서 사용된다. 클라이언트를 다음과 같이 설정한다.

- **Client ID**: proxy-client

- **Root URL**: http://localhost

Keycloak에서 `proxy-client` 클라이언트를 생성한 다음, 클라이언트 상세 페이지에서 다음 설정을 변경한다.

- **Access Type**: Confidential

마지막으로, Keycloak에서 사용자를 생성한다.

- **Username**: alice

- **Password**: alice

애플리케이션 유형에 관계없이 Keycloak 자체 호환성 덕분에 위에서 생성한 설정들은 변경되지 않는다.

통합 방법에 대해 자세히 알아보기 전에, 애플리케이션 통합 방법이 어떻게 2개의 주요 아키텍처 스타일이 그룹화돼 있으며 이러한 아키텍처가 어떻게 영향을 미치고 애플리케이션이 Keycloak과 어떻게 통합되는지 알아보자.

다음 링크(https://bit.ly/2PRiqSM)에서 Code in Action 동영상을 확인해보라.

통합 아키텍처 선택

통합 코드 및 설정의 위치에 따라 두 가지 주요 통합 스타일이 존재한다.

- Embedded
- Proxied

기술 스택에 임베디드된 통합은 일반적으로 서드파티 라이브러리, 프레임워크, 웹 컨테이너 또는 애플리케이션 서버에서 제공한다. 임베디드 스타일에서 애플리케이션은 Keycloak과 직접 통신하고 요청을 생성하고 OAuth2 및 OpenID Connect 응답을 처리한다. 임베디드 방식을 사용하는 애플리케이션은 일반적으로 해당 프로토콜들을 지원하기 위해 특정 코드를 구현하거나 특정 형태의 설정을 제공해야 한다. 설정을 변경한 경우에는 애플리케이션을 재배포(redeploy)해야 한다.

그림 7.1 임베디드 통합 스타일

프록시proxed 스타일은 애플리케이션 앞단에서 실행되는 서비스를 통해 통합을 수행하는 프록시layer of indirection가 존재한다. 토큰을 획득하거나 요청과 관련된 보안 관련 데이터를 가져오기 위해 HTTP 헤더에 의존한다. 통합 코드 및 설정은 애플리케이션 외부에 있으며 외부 서비스를 통해 관리된다.

그림 7.2 프록시 통합 스타일

경험에 근거해 가장 적절한 통합 스타일을 선택하는 것은 무의미하다. 그리고 때때로 특정 스타일을 반드시 사용해야 하는 환경이 있을 수도 있다. 그러나 두 가지의 통합 스타일은 상호 배타적이지 않으며, 애플리케이션 생태계 내에서 두 가지 모두를 사용해도 전혀 문제가 없다.

프록시 스타일은 애플리케이션 코드(예: 레거시 코드)를 제어할 수 없거나 리버스 프록시 또는 API 게이트웨이가 애플리케이션 앞단에 있는 환경에서 통합을 수행하는 하는 경우에 적합하다. 또한 Keycloak과의 통합을 단일 플랫폼에서 제어하고 관리할 수 있다.

하지만 코드에 통합을 포함하는 것은 외부 서비스를 관리할 필요가 없기 때문에 더 간단하고 통합을 좀 더 효과적으로 제어할 수 있다. 애플리케이션이 독립적self-contained이며 사용 중인 프레임워크 또는 라이브러리가 OpenID Connect 및 OAuth2에 대한 적절한 지원을 제공하는 경우, 통합은 일반적으로 간단한 코드 작성 또는 특정 설정 파일만으로도 수행 가능하다.

이번 절에서는 Keycloak과 통합하기 위해 사용할 수 있는 두 가지 주요 아키텍처 스타일을 배웠다.

다음 절에서 지금까지 제시된 스타일을 기반으로 다양한 통합 옵션에 대해 알아볼 것이다.

통합 옵션 선택

위에서 언급한 두 가지 아키텍처 스타일 중 하나를 선택하는 것 외에도, 통합을 선택할 때 몇 가지 핵심 사항을 이해해야 한다.

OpenID Connect용 클라이언트 사이드 도구는 상당히 많으며, 아마도 어느 것이 더 나은지 선택하기 어려울 수 있다. 여기에 제안된 옵션 중 적절한 옵션이 없는 경우 대안을 선택하는 방법을 알고 있는 것이 중요하다.

일반적으로 적절한 통합을 위해 다음과 같은 내용을 포함하는 구현을 사용해야 한다.

- 폭넓게 사용되고, 활발한 유지보수 그리고 강력한 개발자 커뮤니티가 존재한다.

- 최신 OAuth2 및 OpenID Connect 명세를 사용한다.

- OAuth2 및 OpenID Connect 베스트 프랙티스를 준수한다.

- 우수한 사용자 경험, 간단한 구성 및 배포 모델을 제공한다.

- 개발자에게 가능한 한 세부적인 내용을 표시하지 않고 애플리케이션이 보안 베스트 프랙티스를 준수하는 적절한 기본값을 제공한다.

- 벤더 종속^{vendor lock-in}을 피하고 애플리케이션이 최대한 OAuth2 및 OpenID를 준수하도록 한다. Keycloak은 해당 명세를 준수하는 모든 클라이언트와 통합될 수 있다.

가능하면 애플리케이션이 배포된 기술 스택 및 플랫폼에서 무료로 제공되는 모든 것을 사용해야 한다.

또한 OpenID Connect 웹사이트에서 인증된 구현 자료들의 리스트를 확인할 수 있다. 해당 리스트는 다음 링크(https://openid.net/developers/certified/)에서 확인 가능하다.

다음 절에서 서로 다른 기술 스택을 사용한 Keycloak 통합 방법에 대해 알아볼 것이다.

NOTE

> 7장에서 제공된 코드 예시는 프로덕션 환경에서 실행하는 것을 목표로 하지 않는다. 대신 Keycloak을 다양한 유형의 애플리케이션과 통합하는 방법을 보여준다.

⁝⁝ Golang 애플리케이션 통합

Go 애플리케이션은 OpenID Connect 또는 OAuth2 명세를 준수하면 원하는 라이브러리를 사용해 Keycloak과 통합할 수 있다.

통합의 간편성과 Keycloak 통합 방법에 대한 일반적인 예시를 제공하기 위해 https://github.com/coreos/go-oidc 패키지를 사용할 것이다. 이번 절의 코드 예시는 다음 디렉터리에서 확인 가능하다.

```
$ cd Keycloak-Identity-and-Access-Management-for-ModernApplications/ch7/
golang
```

해당 디렉터리에는 예시를 확인하고 실행하기 위해 필요한 모든 코드가 포함된 main.go 파일이 존재한다.

다음 절에서 Keycloak을 사용해 사용자를 인증할 수 있는 웹 애플리케이션을 활성화하는 방법을 알아본다.

Golang 클라이언트 설정

먼저 OpenID Connect Discovery Document를 가져올 base URL을 사용해 제공자를 생성한다.

해당 설정을 통해 사용자를 인증하고 Keycloak으로부터 토큰을 획득할 때 애플리케이션이 통신해야 하는 필수적인 엔드포인트를 셋업할 수 있다. 다음의 코드는 Discovery Document(http://localhost:8180/realms/myrealm/.well-known/openid-configuration)를 사용해 신규 제공자를 생성한다.

```go
func createOidcProvider(ctx context.Context) *oidc.Provider {
    provider, err := oidc.NewProvider(ctx, "http://
localhost:8180/realms/myrealm")

    if err != nil {
        log.Fatal("Failed to fetch discovery document: ", err)
    }

    return provider
}
```

또한 애플리케이션이 Keycloak에 접근하기 위해 사용할 클라이언트에 대한 정보를 Keycloak에 제공해야 한다. 해당 작업을 수행하기 위해 다음과 같이 클라이언트 ID와 시크릿secret을 설정한다.

```go
func createConfig(provider oidc.Provider) (oidc.Config, oauth2.Config) {
    oidcConfig := &oidc.Config{
        ClientID: "mywebapp",
    }

    config := oauth2.Config{
        ClientID: oidcConfig.ClientID,
        ClientSecret: CLIENT_SECRET,
        Endpoint: provider.Endpoint(),
        RedirectURL: "http://localhost:8080/auth/callback",
        Scopes: []string{oidc.ScopeOpenID, "profile","email"},
    }

    return *oidcConfig, config
}
```

다음 단계는 사용자가 애플리케이션에 접근하는 경우 Keycloak으로 리다이렉트되도록 애플리케이션을 변경하는 것이다. 다음 코드는 상태 파라미터 값을 추적하고 사용자를 Keycloak으로 리다이렉트하는 쿠키를 설정한다.

```
func redirectHandler(w http.ResponseWriter, r *http.Request) {
state := addStateCookie(w)
    http.Redirect(w, r, oauth2Config.AuthCodeURL(state), http.StatusFound)
}
```

하지만 개발자는 oauth2Config.AuthCodeuRL 함수를 사용해 사용자가 Keycloak으로 리다이렉트되는 방식을 구현해야 한다. 또한 state 파라미터 생성 및 해당 파라미터를 HTTP 쿠키에 저장하는 핵심 로직을 구현해, 사용자가 인증되면 기존 인가 요청을 Keycloak 응답과 연동시킬 수 있다. 사용하는 라이브러리에 따라 라이브러리가 자체적으로 처리할 수 있는 부분이 있기 때문에 코드에서 몇몇 단계를 수행할 필요가 없을 수도 있다.

마지막으로, 인증 시도가 성공한 다음 Keycloak이 사용자를 리다이렉트하는 콜백[callback] URL을 구현한다.

```
func callbackHandler(resp http.ResponseWriter, req *http.Request) {
    err := checkStateAndExpireCookie(req, resp)

    if err != nil {
        http.Error(resp, err.Error(), http.StatusBadRequest)
        return
    }
    tokenResponse, err := exchangeCode(req)
    if err != nil {
```

```
            http.Error(resp, "Failed to exchange code", http.
StatusBadRequest)
        return
    }
    idToken, err := validateIDToken(tokenResponse, req)
    if err != nil {
        http.Error(resp, "Failed to validate id_token", http.
StatusUnauthorized)
        return
    }
    handleSuccessfulAuthentication(tokenResponse, *idToken, resp)
}
```

콜백 핸들러[handler]는 다음과 같은 역할을 한다

- Keycloak에 인가 요청을 수행할 때 상태[state]가 기존 전송된 값과 동일한 값인지 확인

- Keycloak에서 반환된 코드를 교환해 ID 토큰, 접근 토큰 그리고 리프레시 토큰 획득

- 시그니처, 오디언스 및 만료 날짜와 관련된 ID 토큰의 유효성 확인

NOTE

> 적절한 통합은 사용자가 최초 인증되면 로컬 세션을 관리할 뿐만 아니라 동일한 상태 값을 재사용하는 것을 방지할 수 있다. 실제로 클라이언트는 CSRF(Cross-Site Request Forgery) 및 코드 리플레이 (code replay) 공격을 방지하기 위해 PKCE(Proof Key for Code Exchange)를 사용하는 것을 선호한 다. go-oidc 패키지의 PKCE 지원이 미흡하기 때문에 상태 값을 사용한다. PKCE를 사용하려면 직접 구현하거나 서드파티 패키지를 사용해야 한다.

프로젝트의 루트 디렉터리에서 다음 명령어를 실행해 애플리케이션을 시작한다.

```
$ cd Keycloak-Identity-and-Access-Management-for-ModernApplications/ch7/
golang
$ go run main.go
```

애플리케이션이 실행되고 http://localhost:8080에 접속할 수 있다. 이제 해당 URL에 접근하고 7장의 시작 부분에서 생성한 사용자 자격증명을 사용해 Keycloak에 로그인하면 된다.

통합이 적절하게 동작하면 인증을 수행하기 위해 Keycloak으로 리다이렉트된다. 사용자 자격증명을 통해 인증을 수행하면 애플리케이션으로 다시 리다이렉트된다. 인증된 사용자가 되면 로그인하고 서버에서 발급한 토큰이 포함된 페이지가 표시된다.

이번 절에서 GoLang 애플리케이션을 Keycloak과 통합하는 방법에 대해 알아봤다. go-oidc 패키지는 클라이언트 애플리케이션에 OpenID Connect 기능을 제공하는 잘 알려진 패키지다. 해당 패키지는 Keycloak 통합에 대한 적절한 기준선을 제공하며 애플리케이션에 대한 인증을 활성화한다. 하지만 통합 작업을 적절하게 수행하고 코드를 유지보수하기 위해서는 개발자의 추가적인 작업이 필요하다.

Gin과 같은 프레임워크를 사용 중이거나 다양한 기능 및 설정 집합을 제공하고 통합 내부를 이해할 필요가 없는 다른 패키지가 있으면 해당 패키지를 사용하면 된다.

또한 Keycloak 통합에 활용할 수 있는 다양한 서드파티 라이브러리가 있다.

하지만 7장의 시작 부분에서 언급한 일부 권장 사항과 부합하지 않기 때문에(주로 강력한 커뮤니티가 아니라 개인이 관리하는 라이브러리) 특정 라이브러리를 권장할 수 없다.

다음 절에서 다른 프로그래밍 언어를 사용하는 더 많은 통합 옵션에 대해 알아본다.

⁝⁝⁝ 자바 애플리케이션 통합

OpenID Connect 및 OAuth2에 대한 지원을 제공하는 프레임워크, 웹 컨테이너 및 애플리케이션 서버는 애플리케이션에서 이미 통합을 사용할 수 있고 다른 의존성을 추가할 필요가 없기 때문에 사용자에게 상당한 편의성을 제공한다.

기존 기술 스택에 포함된 도구를 활용하는 것이 보통 최선의 선택이다. 하지만 항상 그렇지는 않다.

또한 Keycloak은 가장 일반적인 프레임워크, 웹 컨테이너 및 애플리케이션 서버를 지원하는 클라이언트 사이드 구현을 제공한다. Keycloak 어댑터[adapters]라고도 하는 해당 구현은 Keycloak과 보다 긴밀한 통합을 원하는 사용자를 대상으로 한다.

다음 절에서 선택 가능한 다양한 옵션을 확인하고 애플리케이션에 가장 적합한 옵션을 선택하도록 한다.

Quarkus 사용

Quarkus는 quarkus-oidc라는 OpenID Connect 호환 확장을 제공한다. 해당 확장은 프론트엔드 및 백엔드 애플리케이션을 모두 보호할 수 있는 단순하고 다양한 설정 모델을 제공한다. Quarkus는 IntelliJ 및 Eclipse와 같은 가장 범용적인 IDE[Integrated Development Environment]에 대한 기본적인 지원을 제공하기 때문에 기존 프로젝트를 Keycloak에 통합하기 위해 신속하게 생성하거나 설정할 수 있다.

TIP

Quarkus를 처음 사용하거나 OpenID Connect 및 Keycloak을 사용해 애플리케이션을 보호하려면 다음 온라인 가이드(https://quarkus.io/guides)를 참고한다. 대부분의 가이드 및 코드 예시는 Keycloak을 OpenID 제공자로 사용해 Quarkus를 신속하게 적용할 수 있게 해준다. 사용 가능한 가이드 중에서 Keycloak 통합과 관련된 내용을 필터링하려면 OpenID Connect를 키워드로 사용해 가이드를 검색한다.

요약하면 quarkus-oidc 확장은 web-app 및 service와 같은 두 가지 주요 유형의 애플리케이션을 보호한다.

web-app 유형은 브라우저에서 Keycloak을 사용해 인증을 수행하는 애플리케이션이다. 해당 유형은 프론트엔드 애플리케이션이다.

반면 service 유형은 보호된 리소스에 대한 접근을 인증하기 위해 Keycloak 서버에서 발급한 bearer 토큰을 사용한다. 해당 유형은 백엔드 애플리케이션이다.

quarkus-oidc 확장을 프로젝트에 사용하려면 다음 의존성[dependency]을 애플리케이션 pom.xml 파일에 추가한다.

```
<dependency>
    <groupId>io.quarkus</groupId>
    <artifactId>quarkus-oidc</artifactId>
</dependency>
```

이제 quarkus-oidc 의존성을 추가했기 때문에 애플리케이션 유형을 결정할 차례다.

이번 절에 포함된 코드 예시는 다음 링크의 GitHub 저장소에서 확인할 수 있다.

```
$ cd Keycloak-Identity-and-Access-Management-for-Modern-
Applications/ch7/quarkus
```

이전 디렉터리에는 frontend 디렉터리 및 backend 디렉터리가 포함돼 있으며, 해당 디렉터리에는 사후속 예시를 수행하는 데 필요한 모든 코드를 포함하고 있다.

다음 절에서 Keycloak을 통해 사용자를 인증할 수 있도록 웹 애플리케이션을 활성화하는 방법을 살펴볼 것이다.

Quarkus 클라이언트 생성

이번 절에서는 다음 디렉터리에 있는 코드 예시를 살펴볼 것이다.

```
$ cd Keycloak-Identity-and-Access-Management-for-ModernApplications/ch7/
quarkus/frontend
```

먼저 src/main/resources/application.properties 파일에 다음 속성을 추가해 web-app 애플리케이션을 설정한다.

```
quarkus.oidc.auth-server-url=http://localhost:8180/auth/realms/
myrealm
quarkus.oidc.client-id=mywebapp
quarkus.oidc.client-secret=CLIENT_SECRET
quarkus.oidc.application-type=web-app
quarkus.http.auth.permission.authenticated.paths=/*
quarkus.http.auth.permission.authenticated.policy=authenticated
```

설정과 관련된 기본 설정 옵션은 다음과 같다.

- `quarkus.oidc.auth-server-url` 속성은 애플리케이션이 OpenID Connect Discovery 문서를 가져오는 URL을 정의한다.

- `quarkus.oidc.client-id` 속성은 Keycloak의 클라이언트를 애플리케이션과 매핑한다. 애플리케이션의 경우, 7장에서 생성한 `mywebapp` 클라이언트를 사용한다.

- `quarkus.oidc.client-secret` 속성은 클라이언트가 생성될 때 Keycloak에서 제공하는 시크릿 값이다.

- `quarkus.oidc.application-type` 속성은 애플리케이션이 웹 애플리케이션임을 정의한다.

- `quarkus.http.auth.permission.authenticated.paths` 및 `quarkus.http.auth.permission.authenticated.policy` 속성은 인증된 사용자가 접근할 수 있는 애플리케이션의 모든 경로들을 정의한다.

> **NOTE**
>
> src/main/resources/application.properties 파일의 CLIENT_SECRET에 대한 참조를 Keycloak에서 mywebapp 클라이언트용으로 생성한 시크릿으로 변경해야 한다. 해당 변경을 수행하기 위해서 Keycloak의 mywebapp 클라이언트 상세 페이지로 이동해 Credentials를 클릭한다. 클라이언트 시크릿은 해당 탭의 Secret에서 확인할 수 있다.

프로젝트의 루트 디렉터리에서 다음 명령어를 실행해 애플리케이션을 실행한다.

```
$ cd Keycloak-Identity-and-Access-Management-for-ModernApplications/ch7/
quarkus/frontend
$ ./mvnw quarkus:dev
```

애플리케이션이 실행되면 다음 호스트(http://localhost:8080)에 접속할 수 있다. 해당 URL에 접속하고 7장 시작 부분에서 생성한 사용자의 자격증명을 사용해 Keycloak에 로그인한다. 정상적으로 로그인한 경우, 인증을 수행하기 위해 Keycloak으로 리다이렉트된다.

요구되는 사용자 자격증명을 제공하면 인증된 사용자로서 애플리케이션으로 다시 리다이렉트된다.

> **NOTE**
>
> 기본적으로 Quarkus는 Keycloak에서 발급한 토큰의 만료 시간을 기준으로 쿠키의 만료 시간을 설정한다. 사용자가 인증을 위해 Keycloak으로 리다이렉트되지 않는 경우 브라우저 쿠키를 삭제하는 것이 좋다. 해당 작업은 사용자가 설정할 수 있다. 자세한 내용은 quarkus-oidc 확장 문서를 참조하면 된다.

이번 절에서 Keycloak을 통해 사용자를 인증하기 위해 웹 애플리케이션을 설정하는 방법에 대해 알아봤다. 이제 Keycloak을 통해 사용자 인증을 수행하는 자신만의 애플리케이션을 만들거나 기존 애플리케이션을 설정할 수 있다.

다음 절에서 Keycloak이 발행한 토큰을 기반으로 리소스에 접근 권한을 부여하기 위해 백엔드 애플리케이션을 설정하는 방법을 알아볼 것이다.

Quarkus 리소스 서버 생성

이번 절에서 사용할 코드 예시는 다음 GitHub 저장소에서 확인할 수 있다.

```
$ cd Keycloak-Identity-and-Access-Management-for-ModernApplications/ch7/
quarkus/backend
```

OAuth2 베어러 토큰을 사용하는 백엔드 애플리케이션의 경우, quarkus.oidc.application-type을 service로 변경하는 것과 quarkus.oidc.client-id를 Keycloak의 다른 클라이언트에 매핑한다는 것을 제외하면 프론트엔드 애플리케이션을 설정하는 것과 유사하다.

```
quarkus.oidc.auth-server-url=http://localhost:8180/auth/realms/
myrealm
quarkus.oidc.client-id=mybackend
quarkus.oidc.credentials.secret=CLIENT_SECRET
quarkus.oidc.application-type=service
quarkus.http.auth.permission.authenticated.paths=/*
quarkus.http.auth.permission.authenticated.policy=authenticated
```

이제 service로 설정된 quarkus.oidc.application-type 속성은 해당 애플리케이션이 베어러 토큰을 기반으로 접근 권한을 부여한다는 것을 의미한다.

프로젝트의 루트 디렉터리에서 다음 명령어를 실행해 애플리케이션을 시작한다.

```
$ cd Keycloak-Identity-and-Access-Management-for-Modern-
Applications/ch7/quarkus/backend
$ ./mvnw quarkus:dev
```

애플리케이션이 실행되면 http://localhost:8080에 접속할 수 있다. 사용 중인 애플리케이션 리소스에 접근하려면 접근 토큰이 필요하다. 다음 명령어를 사용해 해당 토큰을 획득할 수 있다.

```
$ export access_token=$(\
    curl -X POST http://localhost:8180/auth/realms/myrealm/
protocol/openid-connect/token \
    --user mybackend:CLIENT_SECRET\
    -H 'content-type: application/x-www-form-urlencoded' \
    -d 'username=alice&password=alice&grant_type=password' | jq
--raw-output '.access_token' \
)
```

해당 명령어를 실행하면 접근 토큰이 access_token 환경변수에 저장된다. 이제 애플리케이션에 접근할 수 있다.

```
$ curl -X GET \
  http://localhost:8080/hello \
  -H "Authorization: Bearer "$access_token
```

해당 명령어를 실행하면 다음과 같은 결과가 표시된다.

```
$ Hello RESTEasy
```

이제 Bearer 토큰을 사용하지 않거나 부적절한 토큰을 사용해 애플리케이션에 접근하는 경우, 금지된[^forbidden] 요청을 의미하는 401 상태 코드가 표시된다.

```
$ curl -v -X GET \
  http://localhost:8080/hello
```

quarkus-oidc 확장은 토큰의 JWT 여부를 검증한다. 토큰이 JWT인 경우, 확장은 시그니처, 오디언스 그리고 만료 날짜를 확인함으로써 토큰을 내부적으로 검증한다. 그 밖의 토큰이 JWT가 아니고 포맷을 알 수 없는 경우 Keycloak에서 토큰 점검 엔드포인트를 호출해 유효성을 검사한다. Quarkus 애플리케이션의 경우, quarkus-oidc 확장이 선택할 수 있는 가장 좋은 옵션이다. quarkus-oidc 확장은 아주 간단한 설정을 제공하는 동시에 해당 확장의 동작을 사용자 정의하는 데 사용할 수 있는 다양한 옵션을 제공한다.

이번 절에서는 Keycloak을 통해 사용자를 인증하기 위해 quarkus-oidc 확장을 설정하는 주요 단계만 다뤘다. 로그아웃 기능, 주제에 대한 정보 획득, 멀티 테넌시 등과 같이 해당 확장에서 사용할 수 있는 다양한 기능들이 존재한다. 해당 확장과 관련된 자세한 내용은 다음 링크(https://quarkus.io/guides/security#openidconnect)에서 확인할 수 있다.

다음 절에서 Spring Boot 애플리케이션의 통합 방법에 대해 알아본다.

SpringBoot 사용

Spring Boot 애플리케이션은 Spring Security의 OAuth2/OpenID 라이브러리를 활용해 Keycloak과 통합할 수 있다. Spring Boot는 또한 IntelliJ와 Eclipse와 같은 가장 일반적인 IDE를 기본적으로 지원하기 때문에 신규 또는 기존 프로젝트의 간단한 설정을 통해 Keycloak과 통합할 수 있다.

SpringBoot에는 2개의 기본 라이브러리가 있으며, 각 라이브러리는 클라이언트 및 리소스 서버와 같은 특정 유형의 애플리케이션을 대상으로 한다.

이번 절에서 사용된 코드 예시는 다음 GitHub 저장소에서 확인할 수 있다.

```
$ cd Keycloak-Identity-and-Access-Management-for-Modern-
Applications/ch7/springboot
```

위의 디렉터리에서 예제를 실행하는 데 필요한 모든 코드가 포함된 프론트엔드 디렉터리와 백엔드 디렉터리를 찾을 수 있다.

다음 절에서 Keycloak을 사용해 사용자를 인증할 수 있도록 웹 애플리케이션을 활성화하는 방법을 알아본다.

Spring Boot 클라이언트 생성

이번 절에 사용되는 코드 예시는 다음 GitHub 저장소에서 확인할 수 있다.

```
$ cd Keycloak-Identity-and-Access-Management-for-Modern-
Applications/ch7/springboot/frontend
```

먼저 OAuth2/Open ID Connect를 지원 기능을 활성화하기 위해 다음의 의존성을 추가한다.

```
<dependency>
    <groupId>org.springframework.boot</groupId>
    <artifactId>spring-boot-starter-oauth2-client</artifactId>
</dependency>
<dependency>
    <groupId>org.springframework.boot</groupId>
    <artifactId>spring-boot-starter-security</artifactId>
</dependency>
```

이제 다음과 같이 애플리케이션을 설정하기 위해 src/main/resources/application.yaml 파일을 변경한다.

```
spring:
  security:
    oauth2:
      client:
        registration:
          myfrontend:
            provider: keycloak
            client-id: mywebapp
            client-secret: CLIENT_SECRET
            authorization-grant-type: authorization_code
            redirect-uri: "{baseUrl}/login/oauth2/code/"
            scope: openid
        provider:
          keycloak:
            authorization-uri: http://localhost:8180/auth/
realms/myrealm/protocol/openid-connect/auth
            token-uri: http://localhost:8180/auth/realms/
myrealm/protocol/openid-connect/token
            jwk-set-uri: http://localhost:8180/auth/realms/
myrealm/protocol/openid-connect/certs
```

NOTE

> 위 설정의 CLIENT_SECRET 값은 Keycoak에서 mywebapp용으로 생성한 시크릿 값으로 변경해야 한다. 해당 작업을 수행하려면 mywebapp 클라이언트 상세 페이지로 이동한 다음 Credentials 탭을 클릭한다. 클라이언트 시크릿은 해당 탭의 Secret 필드에서 확인할 수 있다.

프로젝트의 루트 디렉터리에서 다음 명령어를 실행해 애플리케이션을 시작한다.

```
$ cd Keycloak-Identity-and-Access-Management-for-Modern-
Applications/ch7/springboot/frontend
$ ./mvnw spring-boot:run
```

애플리케이션을 시작하면 http://localhost:8080에 접속할 수 있다. 사전에 생성한 사용자 자격증명을 이용해 해당 URL에 접근해 Keycloak에 로그인한다.

통합이 적절히 수행된 경우 인증을 수행하기 위해 Keycloak으로 리다이렉트된다. 사용자 자격증명을 제공하면 애플리케이션으로 다시 리다이렉트되며 이제 인증된 사용자가 된다.

이번 절에서는 Keycloak을 사용해 사용자를 인증하기 위한 웹 애플리케이션 설정 방법에 대해 알아봤다. 해당 설정을 통해 직접 애플리케이션을 생성하거나 Keycloak을 사용해 사용자를 인증하도록 기존 애플리케이션을 설정할 수 있다.

다음 절에서 Keycloak에서 발행한 토큰을 기반으로 리소스에 대한 접근 권한을 부여하도록 백엔드 애플리케이션을 설정하는 방법을 알아볼 것이다.

Spring Boot 리소스 서버 생성

이번 절에서 사용된 코드 예시는 다음 GitHub 저장소에서 확인할 수 있다.

```
$ cd Keycloak-Identity-and-Access-Management-for-Modern-
Applications/ch7/springboot/backend
```

먼저 프로젝트에 다음 의존성을 추가해 OAuth2/Open ID Connect 지원을 활성화한다.

```
<dependency>
    <groupId>org.springframework.boot</groupId>
    <artifactId> spring-boot-starter-oauth2-resource-server</artifactId>
</dependency>
<dependency>
    <groupId>org.springframework.boot</groupId>
    <artifactId>spring-boot-starter-security</artifactId>
</dependency>
```

OAuth2 Bearer Token을 통해 보호되는 백엔드 애플리케이션의 경우, 설정은 프론트엔드 애플리케이션 설정과 유사하다. 하지만 해당 애플리케이션은 JWT 토큰의 유효성을 검사하는 리소스 서버 역할을 한다.

```
spring:
  security:
    oauth2:
```

```
        resourceserver:
          jwt:
            issuer-uri: http://localhost:8180/auth/realms/myrealm
```

프로젝트의 루트 디렉터리에서 다음 명령어를 사용해 애플리케이션을 실행한다.

```
$ cd Keycloak-Identity-and-Access-Management-for-Modern-
Applications/ch7/springboot/backend
$ ./mvnw spring-boot:run
```

애플리케이션이 실행되면 http://localhost:8080에 접속할 수 있다. 실행 중인 애플리
케이션 리소스에 접근하려면 이제 접근 토큰이 필요하다. 해당 토큰을 획득하기 위해
다음 명령어를 실행한다.

```
$ export access_token=$(\
    curl -X POST http://localhost:8180/auth/realms/myrealm/
protocol/openid-connect/token \
    --user mybackend:CLIENT_SECRET\
    -H 'content-type: application/x-www-form-urlencoded' \
    -d 'username=alice&password=alice&grant_type=password' | jq
--raw-output '.access_token' \
    )
```

NOTE

> 위 설정의 CLIENT_SECRET 값은 Keycoak에서 mybackend용으로 생성한 시크릿 값으로 변경해야
> 한다. 해당 작업을 수행하려면 mybackend 클라이언트 상세 페이지로 이동한 다음 Credentials 탭을
> 클릭한다. 클라이언트 시크릿은 해당 탭의 Secret 필드에서 확인할 수 있다.

해당 명령어를 실행하면 접근 토큰이 access_token 환경에 저장되며 애플리케이션에 접
근할 수 있다.

```
$ curl -X GET \
  http://localhost:8080 \
  -H "Authorization: Bearer "$access_token
```

해당 명령어의 출력은 다음과 같다.

```
$ Greetings from Spring Boot!
```

Bearer 토큰을 사용하지 않거나 유효하지 않은 토큰을 사용하는 경우, 금지된 요청을 나타내는 401 상태 코드를 반환한다.

```
$ curl -v -X GET \
  http://localhost:8080
```

이번 절에서 Spring Security의 OAuth2/OpenID 라이브러리를 사용해 Keycloak과 통합하는 방법을 알아봤다. 여기서는 Keycloak을 통해 사용자를 인증할 수 있도록 Spring Security를 설정하는 주요 단계만 다뤘다. 자세한 내용은 https://docs.spring. io/spring-security-oauth2-boot/docs/current/reference/html5/에서 Spring Security 문서를 참조하면 된다.

다음 절에서 지금까지 제시한 통합 옵션을 사용할 수 없는 경우 대안으로 사용할 수 있는 Keycloak 어댑터에 대해 알아볼 것이다.

Keycloak 어댑터 활용

자체 Keycloak 서버 외에도 Keycloak 생태계umbrella에는 다른 언어, 프레임워크, 웹 컨테이너 및 애플리케이션 서버와의 통합을 제공하는 여러 클라이언트 라이브러리가 있다.

Keycloak 어댑터라고도 하는 이러한 클라이언트 구현은 Keycloak과 통합하기 위한 것이므로 다른 OAuth2 및 OpenID Connect 서버와 함께 작동할 것으로 기대해서는 안 된다.

Keycloak에 특화돼 있기 때문에 다른 표준을 준수하는 클라이언트 구현에서는 찾을 수 없는 특정 기능이나 기능을 키클라우드 어댑터에서 Keycloak과 심층적으로 통합할 수 있다.

이 어댑터가 Keycloak과 통합하기 위해 얻을 수 있는 최선인 것처럼 들릴 수 있다. 하지만 '통합 옵션 선택' 절에서 언급한 것과 같이, 일반적으로 범용 OpenID Connect 라이브러리와 사용 중인 스택에서 무료로 제공되는 라이브러리를 사용할 것을 권장한다.

Keycloak 어댑터에 관해서는 더 이상 자세히 다루지 않을 것이다. 대신 각각의 어댑터를 간단히 살펴보고 관련 문서와 예시를 보여줄 것이다.

이러한 어댑터들은 보통 관련된 기본 프로그래밍 언어, 프레임워크, 웹 컨테이너 및 애플리케이션 서버에서 제공하는 훅hooks에 의존하므로 각 어댑터를 사용할 때 이 부분을 염두에 둬야 한다. 하지만 선택한 어댑터에 관계없이 keycloak.json 파일을 사용해 어댑터를 설정하고 애플리케이션이 Keycloak과 상호 작용해 사용자 인증, 인가 및 로그아웃하는 방법을 사용한다.

설정 관점에서 서로 다른 어댑터 간에 동일한 설정 경험을 기대할 수 있다. 하지만 기본 런타임의 제한 및 제약으로 인해 일부 어댑터는 추가 설정이 필요할 수도 있다.

다음 절에서 다양한 유형의 어댑터와 해당 애플리케이션 유형에 대해 알아볼 것이다.

Keycloak Securing Applications 문서(https://www.keyclaok.org/docs/latest/securing_apps/) 및 Keycloak Quickstarts 저장소(https://github.com/keycloak/keycloak-quickstarts)에서 전체적인 사용법과 예시를 확인할 수 있기 때문에 여기서 자세한 내용을 다루진 않는다.

WildFly 및 레드햇 EAP 활용

Keycloak WildFly 및 EAP 어댑터는 WildFly JEE 애플리케이션 서버 또는 레드햇Red Hat EAP에 배포된 애플리케이션에서 사용된다.

해당 어댑터에는 2개의 주요 패턴이 존재한다.

- 임베디드 설정

- 관리 설정

임베디드 설정은 어댑터의 설정이 애플리케이션의 keycloak.json 파일에 정의돼 있다.

관리 설정에서 어댑터 설정은 애플리케이션 외부에 있으며 Keycloak 어댑터 서브시스템을 통해 관리된다.

위 접근 방식들의 주요 차이점은 설정 변경으로 인한 애플리케이션 재배포 여부다. 관리 설정에서 설정 변경은 애플리케이션 서버 관리 인터페이스를 통해 수행된다.

하지만 관리 설정은 일반적으로 사용자가 설정할 수 있는 최신 설정 옵션과 동기화되지 않으므로 임베디드 설정이 더 좋은 옵션으로 보인다.

해당 어댑터에 관한 자세한 내용은 Keycloak WildFly 및 EAP 어댑터 문서(https://www.keycloak.org/docs/latest/securing_apps/#jboss-eapwildfly-adapter)를 참조하면 된다.

JBoss Fuse 활용

Keycloak Fuse 어댑터에 관한 자세한 내용은 다음 문서(https://www.keycloak.org/docs/latest/securing_apps/#_fuse7_adapter)를 참조하면 된다.

웹 컨테이너 활용

웹 컨테이너 어댑터에 관한 자세한 내용은 다음 문서를 참조하면 된다.

- Keycloak Tomcat adapter documentation: https://www.keycloak.org/docs/latest/securing_apps/#_tomcat_adapter

- Keycloak Jetty adapter documentation: https://www.keycloak.org/docs/latest/securing_apps/#_jetty9_adapter

데스크톱 애플리케이션

Keycloak 데스크톱 어댑터는 Keycloak의 기능을 활용해 Java 데스크톱 애플리케이션을 통해 사용자를 인증하는 유용한 라이브러리다.

해당 라이브러리는 인증을 위해 시스템의 디폴트 브라우저를 사용해 사용자를 Key cloak으로 리다이렉트하며, 또한 사용자가 성공적으로 인증되면 Keycloak에서 발급한 토큰에 접근할 수 있게 해준다.

해당 어댑터를 사용하면 Keycloak이 기존 커버로스^{Kerberos} 인프라에 대한 브로커 역할을 하는 Kerberos 티켓을 사용해 사용자를 인증할 수 있다.

해당 어댑터에 관한 자세한 내용은 Keycloak 데스크톱 어댑터 문서(https://www.keycloak.org/docs/latest/securing_apps/#_installed_adapter)를 참조하면 된다.

이번 절에서는 Keycloak을 통한 Java 애플리케이션 통합 및 보호를 위한 다양한 옵션에 대해 알아봤다. 2개의 범용 프레임워크인 Quarkus 및 Spring Boot에서 제공하는 몇 가지 기능을 활용하는 방법, Keycloak에서 지원하는 웹 컨테이너 및 애플리케이션 서버에서 실행되는 애플리케이션에 대한 클라이언트 구현을 제공하는 것과 Keycloak 을 데스크톱 애플리케이션에 통합하는 방법에 대해서도 알아봤다.

다음 절에서 다양한 프로그래밍 언어를 사용한 통합 옵션에 대해 배워볼 것이다.

자바스크립트 애플리케이션 통합

Keycloak을 SPA^{Single-Page Applications}와 통합하기 위해 사용할 수 있는 다양한 자바스크립트용 OpenID Connect 클라이언트 구현을 확인할 수 있다.

이번 절에서 Keycloak 자바스크립트 어댑터 활용 방법에 대해 알아본다.

브라우저에서 실행되는 자바스크립트 기반 애플리케이션과 React.JS 또는 React Native를 사용하는 애플리케이션에서 실행되는 Keycloak의 클라이언트 구현인 Keycloak 자바스크립트 어댑터를 사용하는 방법을 살펴볼 것이다.

이번 절의 코드 예시는 다음 GitHub 저장소에서 확인할 수 있다.

```
$ cd Keycloak-Identity-and-Access-Management-for-Modern-
Applications/ch7/keycloak-js-adapter
```

앞서 소개한 디렉터리에 추후 사용할 예시와 실행할 모든 코드가 포함돼 있다.

Keycloak JS 어댑터를 사용해 애플리케이션을 설정하는 첫 번째 단계는 Keycloak.js 라이브러리를 페이지에 추가하는 것이다.

```
<script type="text/javascript" src="KC_URL/js/keycloak.js"></script>
```

KC_URL은 로컬에서 애플리케이션을 실행 중인 경우 http://localhost:8180/auth와 같이 Keycloak 서버를 사용할 수 있는 URL이다.

TIP

> 라이브러리를 애플리케이션에 포함시키는 대신 서버에서 가져오면 애플리케이션과 통신하는 Keycloak 서버와 호환되는 라이브러리 버전을 항상 사용할 수 있다.

이제 라이브러리가 페이지에 포함됐기 때문에 클라이언트 정보를 통해 Keycloak 객체 object를 생성하고 브라우저 윈도우가 실행될 때 초기화한다.

```
Keycloak = new Keycloak({ realm: 'myrealm', clientId: 'mybrowserapp' });
keycloak.init({onLoad: 'login-required'}).success(function () {
    console.log('User is now authenticated.');
    profile();
}).error(function () {
    window.location.reload();
});
```

또한 Keycloak에서 제공하는 다른 유형의 어댑터와 같이 클라이언트 정보는 애플리케이션의 루트 경로에 있는 keycloak.json 파일에서 가져올 수도 있다.

init 메서드method는 어댑터를 부트스트랩하고 사용자의 인증 여부 및 해당 프로세스 수행 중 오류 발생 여부에 따라 작업을 수행하는 데 사용할 수 있는 프로미스promise 객체를 반환하는 역할을 담당한다.

페이지가 처음 로드될 때 어댑터는 사용자가 이미 인증됐는지 여부를 확인한다. 아직 인증되지 않은 경우 어댑터는 사용자를 Keycloak으로 리다이렉트한다. 사용자가 성공적으로 인증을 수행하고 애플리케이션으로 돌아오면 어댑터는 success 콜백에 정의된 기능을 실행하고 사용자에 대한 정보가 포함된 페이지를 표시한다.

다음 코드를 실행해 애플리케이션을 실행한다.

```
$ cd Keycloak-Identity-and-Access-Management-for-Modern-
Applications/ch7/keycloak-js-adapter
$ npm install
$ npm start
```

애플리케이션이 실행되면 http://localhost:8080에 접속할 수 있다. 해당 URL에 접근한 다음, 사전에 생성한 사용자의 자격증명을 사용해 Keycloak에 로그인한다.

정상적으로 통합이 수행된 경우, 사용자를 인증하기 위해 Keycloak으로 리다이렉트된다. 사용자 자격증명을 제공해 인증된 경우, 애플리케이션으로 다시 리다이렉트된다.

애플리케이션이 bearer 토큰을 사용해 일부 백엔드 서버의 보호된 리소스에 접근해야 하는 경우, Keycloak 객체에서 접근 토큰을 손쉽게 획득하고 해당 토큰을 HTTP 요청에 포함시킬 수 있다.

```
function sendRequest() {
    var req = new XMLHttpRequest();
    req.onreadystatechange = function() {
        if (req.readyState === 4) {
            output(req.status + '\n\n' + req.responseText);
        }
    }
    req.open('GET', 'https://myservice.url', true);
    req.setRequestHeader('Authorization', 'Bearer ' + keycloak.token);
    req.send();
}
```

Keycloak 자바스크립트 어댑터를 사용하면 신속하게 Keycloak과 통합할 수 있다. 해당 라이브러리가 개발될 당시에는 쓸 만한 OpenID Connect용 자바스크립트 라이브러리가 부족했지만, 현재는 사용할 수 있는 다양한 라이브러리가 많다. 해당 어댑터는

Keycloak 생태계하에서 적극적으로 유지보수되며 문서화도 잘 돼 있지만, OpenID Connect 라이브러리와 완벽하게 호환되거나 범용적으로 사용되지 않고 여전히 Keycloak 통합에 특화돼 있다.

NOTE

> 브라우저 기반 애플리케이션에서 OpenID Connect 및 OAuth2를 사용하는 경우 해당 프로그램의 고유한 특성으로 인한 보안 문제가 존재한다. 적절한 라이브러리를 선택해야 하는 경우, 브라우저 기반 앱에 대한 OAuth2 보안 베스트 프랙티스(https://tools.ietf.org/html/draft-ietf-oauth-browserbased-apps)를 준수해야 한다.

이번 절에서 다룬 내용은 수박 겉핥기에 불과하기 때문에 서버에서 토큰 발급 받기, 토큰 갱신 또는 특정 기간에 따라 자동으로 해당 작업을 수행하고 로그아웃되는 것과 같은 작업을 수행할 수 있다.

Keycloak 자바스크립트 어댑터에 대한 자세한 내용은 관련 문서(https://www.keycloak.org/docs/latest/securing_apps/#_javascript_adapter)를 참조하면 된다.

다음 절에서는 Node.js 애플리케이션 통합에 대해 알아본다.

⠿ Node.js 애플리케이션 통합

Node.js 애플리케이션의 경우 Keycloak은 Keycloak Node.js 어댑터라는 특정 어댑터를 제공한다. 다른 어댑터와 마찬가지로 Node.js 어댑터 또한 범용 OpenID Connect 클라이언트 구현이 아닌 Keycloak과의 통합에 특화됐다.

Keycloak Node.js 어댑터는 애플리케이션의 리소스를 보호하기 위해 사용할 수 있는 간단한 API를 통해 대부분의 내부 데이터를 외부에 노출하지 않는다. 어댑터는 npm 패키지로 제공되며 다음과 같이 프로젝트에 설치할 수 있다.

```
$ npm install keycloak-connect
```

이번 절의 코드 예시는 다음 GitHub 저장소에서 확인할 수 있다.

```
$ cd Keycloak-Identity-and-Access-Management-for-Modern-
Applications/ch7/nodejs
```

위의 디렉터리에는 프론트엔드 디렉터리와 백엔드 디렉터리가 있으며, 여기에는 다음 예제를 따라 실행하는 데 필요한 모든 코드가 포함돼 있다.

이제 Keycloak-connect 의존성을 애플리케이션에 설치했기 때문에 애플리케이션을 클라이언트 및 리소스 서버로 설정하는 방법을 알아볼 것이다.

Node.js 클라이언트 생성

keycloak-connect 패키지를 설치한 다음 keycloak 객체를 생성하기 위해 애플리케이션을 수정해야 한다.

```
var keycloak = new Keycloak({ store: memoryStore });
```

프론트엔드 애플리케이션에 대한 보호가 수행되고 있기 때문에 사용자가 인증되면 Keycloak으로 리다이렉트되지 않도록 사용자를 위한 로컬 세션을 생성할 것이다. 따라서 memoryStore를 통해 Keycloak 객체를 생성한다.

```
var memoryStore = new session.MemoryStore();
```

다른 Keycloak 어댑터와 마찬가지로 설정은 클라이언트 설정이 포함된 keycloak.json 파일을 참조한다.

```
{
  "realm": "myrealm",
  "auth-server-url": "${env.KC_URL:http://localhost:8180}",
  "resource": "mywebapp",
  "credentials" : {
      "secret" : CLIENT_SECRET
```

```
    }
  }
```

다음 단계에서는 어댑터를 미들웨어로 설치해 애플리케이션의 리소스를 보호하는 데
사용할 수 있다.

```
app.use(keycloak.middleware());
```

이제 미들웨어가 설치됐기 때문에 애플리케이션의 리소스를 보호하는 방법은 다음과
같이 간단해진다.

```
app.get('/', keycloak.protect(), function (req, res) {
    res.setHeader('content-type', 'text/plain');
    res.send('Welcome!');
});
```

keycloak.protect 메서드는 사용자가 인증 여부를 확인해 인증되지 않은 경우 Key
cloak으로 리다이렉트하기 위해 필요한 기능을 엔드포인트에 자동으로 추가해준다. 인
증이 성공적으로 수행되면 미들웨어는 자동으로 Keycloak의 응답을 처리하고 서버에
서 발급한 토큰을 기반으로 사용자의 로컬 세션을 수립한다.

이제 애플리케이션을 실행한다.

```
$ cd Keycloak-Identity-and-Access-Management-for-Modern-
Applications/ch7/nodejs/frontend
$ npm install
$ npm start
```

애플리케이션이 실행되면 http://localhost:8080에 접속할 수 있다. 해당 URL에 접근한 다음 사전에 생성한 사용자의 자격증명을 사용해 Keycloak에 로그인한다.

정상적으로 통합이 수행된 경우 사용자를 인증하기 위해 Keycloak으로 리다이렉트된다. 사용자 자격증명을 제공해 인증된 경우 애플리케이션으로 다시 리다이렉트된다.

Node.js 리소스 서버 생성

해당 서버에서 사용된 코드 예시는 다음 GitHub 저장소에서 확인할 수 있다.

```
$ cd Keycloak-Identity-and-Access-Management-for-Modern-
Applications/ch7/nodejs/backend
```

백엔드 애플리케이션의 경우 다음과 같이 keycloak 객체를 생성할 수 있다.

```
var keycloak = new Keycloak({});
```

프론트엔드 애플리케이션과 달리 사용자 세션을 추적할 필요가 없다. 대신 요청을 인증하기 위해 bearer 토큰을 활용한다.

이전 예시와 마찬가지로, keycloak.json 파일을 클라이언트 설정을 업데이트해야 한다.

```
{
  "realm": "myrealm",
  "bearer-only": true,
  "auth-server-url": "${env.KC_URL:http://localhost:8180/auth}",
  "resource": "mybackend"
}
```

해당 설정에서 명시적으로 bearer 토큰만 허용하도록 애플리케이션을 설정했기 때문에 어댑터는 토큰의 내부 유효성 검사 및 점검을 수행해 요청이 애플리케이션 리소스에 접근할 수 있는지를 확인한다.

다음 단계에서는 어댑터를 미들웨어로 설치해 애플리케이션의 리소스를 보호하는 데
사용할 수 있다.

```
app.use(keycloak.middleware());
```

이제 미들웨어가 설치됐기 때문에 애플리케이션의 리소스를 보호하는 방법은 다음과
같이 간단해진다.

```
app.get('/protected', keycloak.protect(), function (req, res) {
    res.setHeader('content-type', 'text/plain');
    res.send('Access granted to protected resource');
});
```

keycloak.protect 메서드는 bearer 토큰 인증을 자동으로 엔드포인트에 추가해 유효한
토큰을 가진 인증 헤더가 포함된 요청이 애플리케이션의 보호된 리소스에 접근할 수 있
도록 해준다.

이제 애플리케이션을 실행한다.

```
$ cd Keycloak-Identity-and-Access-Management-for-Modern-
Applications/ch7/nodejs/backend
$ npm install
$ npm start
```

애플리케이션이 실행되면 http://localhost:8080에 접속할 수 있다. 해당 애플리케이션
의 리소스에 접근하려면, 접근 토큰이 필요하다. 다음 명령어를 사용해 접근 토큰을 획
득할 수 있다.

```
$ export access_token=$(\
    curl -X POST http://localhost:8180/auth/realms/myrealm/protocol/
openid-connect/token \
    -user mybackend:CLIENT_SECRET\
    -H 'content-type: application/x-www-form-urlencoded' \
    -d 'username=alice&password=alice&grant_type=password' | jq
```

```
  --raw-output '.access_token' \
  )
```

해당 명령어를 실행하면 접근 토큰이 access_token 환경변수에 저장된다. 이제 애플리
케이션에 접근할 수 있다.

```
$ curl -v -X GET \
  http://localhost:8080/protected \
  -H "Authorization: Bearer "$access_token
```

응답은 다음과 같다.

```
$ Access granted to protected resource
```

이제 Bearer 토큰을 사용하지 않거나 부적절한 토큰을 사용해 애플리케이션에 접근하
는 경우, 금지된forbidden 요청을 의미하는 403 상태 코드가 표시된다.

```
$ curl -v -X GET \
  http://localhost:8080/protected
```

설정 및 활용과 관련해 Keycloak Node.js 어댑터를 활용해 할 수 있는 것들이 많다.

keycloak.protect를 사용해 역할 기반 접근 제어를 수행하고 인증된 개체를 나타내는
토큰을 획득할 수 있다.

Keycloak Node.js 어댑터는 Keycloak 생태계에서 활발하게 유지보수되고 있지만,
OpenID Connect 라이브러리와 완벽하게 호환되거나 범용적으로 사용되지 않고 여전
히 Keycloak 통합에 특화돼 있다.

Keycloak Node.js 어댑터에 관한 자세한 내용은 관련 문서(https://www.keycloak.org/docs/latest/securing_apps/#_nodejs_adapter)를 참조하면 된다.

이번 절에서 `Keycloak-connect` 라이브러리를 사용해 Keycloak과 통합하기 위해 Node.js 애플리케이션을 설정하는 방법을 알아봤다. 다음 절에서 파이썬 애플리케이션을 Keycloak과 통합하는 방법을 확인할 것이다.

⁙ 파이썬 애플리케이션 통합

Flask 기반의 파이썬 애플리케이션은 Flask-OIDC 라이브러리를 사용해 OpenID Connect 및 OAuth2를 손쉽게 활성화할 수 있으며 클라이언트 및 리소스 서버 애플리케이션을 보호할 수 있다.

> **TIP**
>
> 커맨드 라인 인터페이스를 지원하는 OpenID Connect를 사용하고자 하는 경우, 다음 링크(https://openid.net/developers/certified/)에서 다양한 OpenID Connect 클라이언트 구현을 활용할 수 있다.

Flask-OIDC를 설치하려면 다음 명령어를 실행한다.

```
$ pip install Flask-OIDC
```

이번 절의 코드 예시는 다음 GitHub 저장소에서 확인할 수 있다.

```
$ cd Keycloak-Identity-and-Access-Management-for-Modern-
Applications/ch7/python
```

위 디렉터리에서 나중에 사용할 예시와 실행할 모든 코드가 포함돼 있는 프론트엔드 디렉터리 및 백엔드 디렉터리를 확인할 수 있다.

다음 절에서 Keycloak을 활용한 사용자 인증 방법을 애플리케이션에서 활성화하는 방법을 알아볼 것이다.

파이썬 클라이언트 생성

이번 절의 코드 예시는 다음 GitHub 저장소에서 확인할 수 있다.

```
$ cd Keycloak-Identity-and-Access-Management-for-Modern-
Applications/ch7/python/frontend
```

웹 애플리케이션의 인증을 활성화하려면 애플리케이션 루트 디렉터리의 oidc-config.
json 설정 파일을 사용해야 하며 해당 파일은 엔드포인트에 대한 메타데이터 및 Key
cloak 정보를 포함하고 있다.

```
{
  "web": {
    "client_id": "mywebapp",
    "client_secret":CLIENT_SECRET,
    "auth_uri": "http://localhost:8180/auth/realms/myrealm/
protocol/openid-connect/auth",
    "token_uri": "http://localhost:8180/auth/realms/myrealm/
protocol/openid-connect/token",
    "issuer": "http://localhost:8180/auth/realms/myrealm",
    "userinfo_uri": "http://localhost:8180/auth/realms/myrealm/
protocol/openid-connect/userinfo",
    "redirect_uris": [
      "http://localhost:8080/oidc/callback"
    ]
  }
}
```

NOTE

> 위 설정의 CLIENT_SECRET 값은 Keycoak에서 mywebapp용으로 생성한 시크릿 값으로 변경해야 한
> 다. 해당 작업을 수행하려면 mywebapp 클라이언트 상세 페이지로 이동한 다음 Credentials 탭을 클릭
> 한다. 클라이언트 시크릿은 해당 탭의 Secret 필드에서 확인할 수 있다.

마지막으로 다음 내용을 포함하는 app.py 파일을 생성해 애플리케이션을 구성한다.

```
from flask import Flask
app = Flask(__name__)
app.secret_key = 'change_me'
app.config['OIDC_CLIENT_SECRETS'] = 'oidc-config.json'
app.config['OIDC_COOKIE_SECURE'] = False
from flask_oidc import OpenIDConnect
oidc = OpenIDConnect(app)

@app.route('/')
@oidc.require_login
def index():
    if oidc.user_loggedin:
        return 'Welcome %s' % oidc.user_getfield('preferred_
username')
    else:
        return 'Not logged in'
```

Flask 애플리케이션이 8080포트에서 실행되도록 다음과 같이 설정한다.

```
$ cd Keycloak-Identity-and-Access-Management-for-Modern-
Applications/ch7/python/frontend
$ flask run -p 8080
```

애플리케이션이 실행되면 다음 링크(http://localhost:8080)에 접속할 수 있다. 그런 다음 사전에 생성한 사용자의 자격증명을 사용해 Keycloak에 로그인한다.

정상적으로 통합이 수행된 경우, 사용자를 인증하기 위해 Keycloak으로 리다이렉트된다. 사용자 자격증명을 제공해 인증된 경우 애플리케이션으로 다시 리다이렉트된다.

파이썬 리소스 서버 생성

이번 절의 코드 예시는 다음 GitHub 저장소에서 확인할 수 있다.

```
$ cd Keycloak-Identity-and-Access-Management-for-Modern-
Applications/ch7/nodejs/backend
```

애플리케이션의 리소스를 보호하려면 엔드포인트에 `@oidc.accept_token()` 주석을 사용해야 한다.

```python
import json
from flask import Flask, g
app = Flask(__name__)
app.secret_key = 'change_me'
app.config['OIDC_CLIENT_SECRETS'] = 'oidc-config.json'
app.config['OIDC_RESOURCE_SERVER_ONLY'] = 'true'
from flask_oidc import OpenIDConnect
oidc = OpenIDConnect(app)

@app.route('/', methods=['POST'])
@oidc.accept_token(True)
def api():
    return json.dumps({'hello': 'Welcome %s' % g.oidc_token_
info['preferred_username']})
```

애플리케이션의 루트 디렉터리에 oidc-config.json 파일을 생성한다. 해당 파일은 엔드포인트에 대한 메타데이터 및 Keycloak의 클라이언트 정보를 포함한다.

```json
{
  "web": {
    "client_id": "mybackend",
    "client_secret": CLIENT_SECRET,
    "auth_uri": "http://localhost:8180/auth/realms/myrealm/
protocol/openid-connect/auth",
    "token_uri": "http://localhost:8180/auth/realms/myrealm/
protocol/openid-connect/token",
    "issuer": "http://localhost:8180/auth/realms/myrealm",
    "token_introspection_uri": "http://localhost:8180/auth/
realms/myrealm/protocol/openid-connect/token/introspect",
    "redirect_uris": [
      "http://localhost:8080/oidc/callback"
    ]
  }
}
```

위 설정의 CLIENT_SECRET 값은 Keycoak에서 mybackend용으로 생성한 시크릿 값으로 변경해야
한다. 해당 작업을 수행하려면 mybackend 클라이언트 상세 페이지로 이동한 다음 Credentials 탭을
클릭한다. 클라이언트 시크릿은 해당 탭의 Secret 필드에서 확인할 수 있다.

Flask 애플리케이션이 8080포트에서 실행되도록 다음과 같이 설정한다.

```
$ cd Keycloak-Identity-and-Access-Management-for-Modern-
Applications/ch7/python/backend
$ flask run -p 8080
```

애플리케이션이 실행되면 다음 링크(http://localhost:8080)에 접속할 수 있다. 현재 실행 중인
애플리케이션의 리소스에 접근하려면 접근 토큰이 필요하다. 해당 토큰을 획득하려면
다음 명령어를 실행한다.

```
$ export access_token=$(\
    curl -X POST http://localhost:8180/auth/realms/myrealm/
protocol/openid-connect/token \
    --user mybackend:CLIENT_SECRET\
    -H 'content-type: application/x-www-form-urlencoded' \
    -d 'username=alice&password=alice&grant_type=password' | jq
--raw-output '.access_token' \
)
```

위 설정의 CLIENT_SECRET 값은 Keycoak에서 mybackend용으로 생성한 시크릿 값으로 변경해야
한다. 해당 작업을 수행하려면 mybackend 클라이언트 상세 페이지로 이동한 다음 Credentials 탭을
클릭한다. 클라이언트 시크릿은 해당 탭의 Secret 필드에서 확인할 수 있다.

위의 명령어를 실행하면 access_token 환경변수에 접근 토큰이 저장된다. 이제 애플리
케이션에 접근할 수 있다.

```
$ curl -v -X POST -d 'access_token='$access_token \
    -H "Content-Type: application/x-www-form-urlencoded" \
```

```
http://localhost:8080
```

이제 Bearer 토큰을 사용하지 않거나 부적절한 토큰을 사용해 애플리케이션에 접근하는 경우 금지된[^forbidden] 요청을 의미하는 401 상태 코드가 표시된다.

```
$ curl -v -X POST \
  http://localhost:8080
```

@oidc.accept_token()은 RFC 6750 – Bearer Token Usage에 따라 인증 HTTP 헤더를 통해 전송되는 bearer 토큰을 지원하지 않지만 Bearer 토큰은 GET 및 POST 요청의 파라미터로 전송될 수 있다.

@oidc.accept_token()은 표준에 부합하지 않으며 GET HTTP 메서드를 사용하는 경우 토큰을 애플리케이션에 전송하는 최적의 방법도 아니다.

Flask-OIDC는 파이썬 애플리케이션을 Keycloak과 통합하는 데 사용할 수 있는 옵션 중 하나다. 클라이언트와 리소스 서버 역할을 하는 애플리케이션을 보호하기 위한 기능을 제공한다.

Bearer 토큰을 HTTP 요청의 파라미터로 전달해야 하는 것을 아마 변경하고 싶을 것이다. 해당 변경을 통해 Bearer 토큰 인증과 관련된 베스트 프랙티스를 준수할 수 있다.

Flask-OIDC는 또한 토큰이 특정 클라이언트 역할의 수행 여부를 확인하는 것과 같이 Keycloak과의 통합에 특화된 메서드도 지원한다.

이번 절에서 Flaks-OIDC 라이브러리를 통해 파이썬 애플리케이션을 Keycloak과 통합하는 방법을 알아봤다. 해당 라이브러리가 기술 스택의 일부가 아닌 경우, OpenID Connect 명세를 준수하는 다른 라이브러리 또는 프레임워크를 활용할 수 있다.

다음 절에서 프록시 아키텍처 스타일[^proxied architectural style]과 관련된 통합 옵션에 대해 알아볼 것이다. 해당 옵션은 지금까지 제시된 옵션 중 어느 것도 요구 사항을 만족하기에 충분하지 않은 경우 유용하다.

⠿ 리버스 프록시 활용

리버스 프록시를 애플리케이션 앞단에 실행함으로 애플리케이션에 추가 기능을 적용할 수 있다. 대부분의 프록시는 OpenID Connect를 지원하며 프록시 설정에서 인증을 활성화할 수 있다.

프록시를 사용하는 것이 애플리케이션 내에 통합 코드와 설정이 있는 것보다 더 적절한지 여부는 실제 사용 사례에 따라 달라진다. 또한 상황에 따라 프록시를 사용하는 것이 유일한 옵션이 될 수도 있고, 애플리케이션에서 활용 가능한 라이브러리가 있어도 자체 통합 코드를 사용하는 것보다 더 좋은 옵션이 될 수도 있다.

최근에는 OpenID Connect 및 OAuth2를 지원하는 것이 프록시의 필수적인 기능이다. 그리고 오픈 소스 여부와 관계없이 대부분의 프록시에서 해당 프로토콜들을 지원한다는 것을 알 수 있다. 예를 들어 가장 많이 사용되는 프록시인 아파치^{Apache} HTTP 서버 및 Nginx는 해당 프로토콜에 대한 확장을 제공한다.

이번 절에서 애플리케이션 앞단에 아파치 HTTP 서버를 설정하는 방법을 알아볼 것이다. 또한 해당 프록시를 Keycloak과 통합하고 `mod_auth_oidc`를 사용해 사용자를 인증한다. 설치 방법에 대해서는 다음 온라인 문서(https://github.com/zmartzone/mod_auth_openidc)에서 확인할 수 있다.

해당 모듈이 설치되면 애플리케이션을 프록시할 수 있도록 서버를 설정하고 `mod_auth_oidc` 모듈을 사용해 Keycloak을 통해 사용자를 인증한다.

```
LoadModule auth_openidc_module modules/mod_auth_openidc.so
ServerName localhost

<VirtualHost *:80>
    ProxyPass / http://localhost:8000/
    ProxyPassReverse / http://localhost:8000/

    OIDCCryptoPassphrase CHANGE_ME
```

```
    OIDCProviderMetadataURL http://localhost:8180/auth/realms/
myrealm/.well-known/openid-configuration

    OIDCClientID mywebapp
    OIDCClientSecret CLIENT_SECRET
    OIDCRedirectURI http://localhost/callback
    OIDCCookieDomain localhost
    OIDCCookiePath /
    OIDCCookieSameSite On

    <Location />
        AuthType openid-connect
        Require valid-user
    </Location>
</VirtualHost>
```

이제 애플리케이션을 실행한다.

```
$ cd Keycloak-Identity-and-Access-Management-for-Modern-
Applications/ch7/reverse-proxy/app/
$ npm install
$ npm start
```

애플리케이션이 실행되면 http://localhost:8080에 접속할 수 있다. 해당 URL에 접근한 다음 사전에 생성한 사용자의 자격증명을 사용해 Keycloak에 로그인한다.

정상적으로 통합이 수행된 경우 사용자를 인증하기 위해 Keycloak으로 리다이렉트된다. 사용자 자격증명을 제공해 인증된 경우 애플리케이션으로 다시 리다이렉트된다.

자체 통합 코드 구현을 권장하지 않음

OAuth2 및 OpenID Connect는 단순한 프로토콜이며, 이러한 단순함은 클라이언트 애플리케이션에서 해당 프로토콜을 더욱 쉽게 구현할 수 있도록 하기 위한 노력으로 이뤄졌다. Keycloak과 통합하기 위해 자체 코드를 작성할 수 있지만 이는 일반적으로 잘못된 선택이다.

폭넓게 사용되는 라이브러리, 프레임워크, 또는 애플리케이션이 배포된 플랫폼에서 제공되는 기능들을 사용해야 한다. 따라서 본연의 비즈니스에 집중할 수 있으며 가장 중요한 것은 해당 표준에 전문화된 인력에게 해당 작업을 위임해 보안 취약점에 대한 수정 사항뿐만 아니라 최신 버전의 사양을 항상 구현할 수 있다.

또한 해당 구현을 사용하는 사람들이 많을수록 애플리케이션 및 조직에 영향을 줄 수 있는 버그와 보안 취약점이 발생할 가능성이 낮아진다.

요약

7장에서는 사용 중인 기술 스택과 실행 중인 플랫폼에 따라 다양한 유형의 애플리케이션과 Keycloak을 통합하는 방법을 배웠다. 또한 널리 사용되고 확립된 개방형 표준을 사용하는 것의 중요성과 상호 운용성 측면에서 의미하는 바에 대해서도 살펴봤다.

즉, 요구 사항에 좀 더 부합하는 OpenID Connect 클라이언트 구현을 자유롭게 선택할 수 있으며 규정을 준수하고 OAuth2 및 OpenID Connect 베스트 프랙티스 및 보안 수정 사항을 통해 애플리케이션을 최신 상태로 유지할 수 있다.

마지막으로 자체 통합 구현을 권장하지 않는 이유와 선택할 다른 옵션이 없는 경우 대안을 찾을 때 고려해야 할 사항에 대해 관찰했다.

8장에서는 애플리케이션 리소스를 보호하기 위한 다양한 인가 전략에 대해 살펴볼 것이다.

⫸ 질문

1. Keycloak과 통합하는 가장 좋은 방법은 무엇입니까?

2. Keycloak 어댑터가 기술 스택에 부합하는 경우 항상 해당 어댑터를 사용해야 합니까?

3. Keycloak을 통해 어떻게 네이티브 및 모바일 애플리케이션을 보호할 수 있습니까?

4. 클라우드 네이티브 애플리케이션의 경우 가장 좋은 옵션은 무엇입니까?

⫸ 참고문헌

7장에서 다룬 주제에 대한 자세한 내용은 다음 링크를 참조하면 된다.

- Certified OpenID Connect Implementations: https://openid.net/developers/certified

- OAuth 2.0 for Browser-Based Apps: https://tools.ietf.org/html/draft-ietf-oauth-browser-based-apps-07

- OAuth 2.0 Security Best Current Practice: https://tools.ietf.org/html/draft-ietf-oauth-security-topics-16

- Keycloak Quickstarts: https://github.com/keycloak/keycloakquickstarts

- Securing Applications and Services Guide: https://www.keycloak.org/docs/latest/securing_apps

08

인가 전략

7장에서는 다양한 프로그래밍 언어, 프레임워크 그리고 라이브러리를 사용해 Keycloak과 통합하는 방법을 살펴봤다. 아울러 Keycloak에서 발행된 토큰을 획득하고 해당 토큰을 통해 사용자를 인증하는 방법을 배웠다.

8장에서는 다양한 인가 전략authorization strategies 옵션과 RBAC Role-Based Access Control, GBAC Group-Based Access Control, OAuth2 scopes 그리고 ABAC Attribute-Based Access Control과 같은 접근 제어 메커니즘을 사용해 애플리케이션 인가를 활성화하고 사용하는 방법을 자세히 알아볼 것이다. 또한 Keycloak을 통합 인가 서버로 활용해 애플리케이션의 인증을 외부 위임externalize하는 방법을 알아볼 것이다. 또한 해당 옵션의 차이점과 가장 적합한 전략을 선택하는 방법에 대해서도 관찰할 예정이다.

이제 Keycloak 인가 기능을 활용하는 방법과 애플리케이션에 적절한 인가 전략을 선택하는 방법을 알아볼 것이다.

8장에서는 다음과 같은 주제를 다룬다.

- 인가 이해하기

- RBAC 활용

- GBAC 활용

- OAuth2 범위

- ABAC 활용

- Keycloak을 통합 인가 서버로 활용

⁙ 인가 이해하기

모든 인가 시스템은 사용자가 리소스에 접근하고 해당 리소스에 대한 작업 가능 여부를 판단한다.

일반적으로 인가 시스템의 승인 여부는 다음과 같은 질문을 고려해야 한다.

- 사용자는 누구인가?

- 사용자와 관련된 데이터는 무엇인가?

- 리소스에 접근하기 위한 조건은 무엇인가?

위 질문들에 대한 답변을 확인한 다음, 접근 권한은 사용자와 관련된 데이터와 리소스에 대한 접근 권한을 통제하는 조건을 기반으로 부여해야 한다.

ID 공급자로서 Keycloak은 애플리케이션에게 토큰을 발행한다. 따라서 애플리케이션은 해당 토큰이 인가 데이터를 포함하고 있다고 예상할 수 있다. Keycloak에서 발행한 토큰은 사용자에 대한 정보와 사용자가 인증된 컨텍스트를 전송한다. 컨텍스트는 사용중인 클라이언트에 대한 정보 또는 인증 프로세스 과정에서 수집된 기타 정보를 포함할 수 있다. 하지만 제약 사항^{constraints}에는 사용자가 갖고 있는 단일 속성, 하나 이상의 역할 집합 또는 현재 트랜잭션과 관련된 데이터에 이르기까지 다양한 유형의 데이터가 포함될 수 있다. 토큰에 포함된 정보에 따라, 애플리케이션은 보호된 리소스에 대한 접근을 수행할 때 토큰에 포함된 클레임을 해석하는 방법에 따라 다양한 접근 제어 메커니즘을 선택할 수 있다. 보호된 리소스에 적용되는 접근 제한을 구현하고 적용하기 위한 두 가지 주요 인가 패턴이 존재한다. 첫 번째이자 아마도 가장 일반적인 패턴은 일부 메타데이터 및 설정을 사용해 선언적, 또는 프로그래밍적인 방식으로 애플리케이션 수준에서 접근 제어를 수행하는 것이다.

다른 하나는 애플리케이션이 접근 허가 여부를 외부 서비스에 위임하고 해당 서비스에서 수행된 결정을 기반으로 접근 제어를 수행할 수도 있다. 그 해당 패턴은 통합 인가라고 한다. 2개의 패턴은 상호 배타적이지 않으며, 애플리케이션에 2개의 패턴을 사용할 수 있다. Keycloak을 통합 인증 서버로 활용하는 방법에 대해서는 나중에 자세히 설명한다.

다음 절에서 볼 수 있듯이 Keycloak은 매우 유연하며 다양한 접근 제어 메커니즘을 사용해 애플리케이션 수준에서 리소스를 보호하기 위해 필요한 모든 정보를 교환할 수 있다. 또한 접근 제어를 관리하고 수행하기 위해 다양한 인가 패턴 중에서 해당 접근 제어 메커니즘을 선택할 수 있다.

이제 Keycloak을 사용해 애플리케이션에서 다양한 인증 전략을 활성화하는 방법을 살펴본다.

⠿ RBAC 활용

가장 많이 사용되는 접근 제어 메커니즘 중 하나인 RBAC를 통해 사용자에게 부여된 역할에 따라 리소스를 보호할 수 있다. 7장에서 학습한 바와 같이 Keycloak에는 역할 관리뿐만 아니라 토큰을 사용해 애플리케이션에 역할을 전파할 수 있는 기능을 내장하고 있다.

역할은 일반적으로 조직 또는 애플리케이션 컨텍스트에서 사용자가 갖는 역할을 나타낸다. 예를 들어 사용자에게 애플리케이션의 모든 리소스에 접근하고 작업을 수행할 수 있는 권한을 가진 관리자administrator 역할을 부여할 수 있다. 또는 하위 조직과 관련된 자원에 접근하고 작업을 수행할 수 있는 권한을 가진 people-manager 역할을 부여할 수 있다.

7장에서 살펴봤듯이 Keycloak은 realm 및 client와 같은 두 종류의 역할을 갖고 있다.

realm 레벨에서 정의된 역할을 realm roles라고 한다. 해당 역할은 일반적으로 realm에 공존하는 다양한 클라이언트에 관계없이 조직 내에서 사용자의 역할을 나타낸다.

반면 client roles는 클라이언트에 따라 다르며, 역할의 의미는 클라이언트가 사용하는 시맨틱에 따라 달라진다.

역할을 realm 또는 클라이언트 역할로 정의하는 시점에 대한 결정은 역할이 갖고 있는 범위에 따라 달라진다. 해당 범위가 동일한 의미를 유지하면서 realm의 여러 클라이언트에 포함돼 있는 경우 realm 역할은 유효하다. 그에 반해 특정 클라이언트만 역할을 수행해야 하는 경우 클라이언트 역할을 사용하는 것이 더 적절하다.

역할을 사용하는 경우 무분별한 역할 사용role explosion을 피해야 한다. 즉 시스템에 과도하게 많은 역할이 있는 경우 관리하기 어렵게 될 수 있다. 해당 문제를 방지하기 위한 한 가지 방법은 역할이 관련된 범위(realm 또는 클라이언트 전체)와 애플리케이션에서 역할과 관련된 권한의 세분성granularity을 고려해 매우 신중하게 역할을 생성하는 것이다. 역할의 범위가 세분화될수록 시스템에는 더 많은 역할이 존재한다. 경험에 비춰 볼 때, 세분화된 인가를 위해 역할을 사용하는 것을 권장하지 않는다. 역할은 인가를 위해 사용하면 안 된다.

Keycloak에서는 그룹에 역할을 부여할 수 있다. 그룹 멤버들은 해당 그룹의 역할을 자동으로 부여받기 때문에 유용한 기능이다. 해당 기능을 활용하면 특정 권한을 개별 사용자에게 각각 부여하지 않아도 되기 때문에, 역할 관리 이슈를 해결할 수 있다.

Keycloak은 또한 다른 역할을 연결하는 특별한 유형의 복합 역할composite roles 개념을 제공한다. 복합 역할을 부여받은 사용자는 체인chain에 포함된 모든 역할이 자동으로 부여된다(일반 역할 또는 다른 복합 역할).

해당 기능은 Keycloak의 강력하고 고유한 기능이지만, 여러 복합 역할을 연결하는 경우 발생할 수 있는 성능 문제와 시스템의 역할 확산proliferation of roles 및 권한의 세분화로 인한 관리 효율성 문제를 예방하기 위해 신중하게 사용해야 한다. 사용자에게 다양한 역할을 부여해야 하는 경우 그룹을 사용해 해당 그룹에 역할을 할당하는 것을 권장한다. 그룹을 사용하는 것이 복합 역할을 사용하는 것보다 더 적절한 권한 모델이다.

시스템 역할을 모델링하는 방법은 Keycloak에서 발행하는 토큰의 크기에도 영향을 준다.

토큰에는 클라이언트가 로컬에서 또는 해당 토큰을 사용하는 다른 서비스에 접근할 때 사용자에게 권한을 부여하는 데 필요한 최소한의 역할 집합이 포함되는 것이 가장 적절하다.

TIP

> 시스템에 역할이 많아질수록 해당 역할을 유지하고 관리하는 것이 더 복잡해진다는 사실을 고려해야 한다.

이번 절에서는 Keycloak에서 RBAC 사용과 관련된 개념들에 대해 알아봤다. 또한 유지 보수 및 성능 측면에서 애플리케이션에 영향을 미칠 수 있는 역할을 사용하는 경우와 관련된 몇 가지 권장 사항과 고려 사항에 대해서도 배웠다.

다음 절에서 애플리케이션에서 GBAC를 사용하는 경우, Keycloak을 통한 GBAC 구현 방법과 권장 사항에 대해 알아볼 것이다.

⋮⋮ GBAC 활용

Keycloak에서 realm 그룹을 관리할 수 있으며, 사용자는 조직 내의 특정 부서에 포함될 수 있고(조직 트리 포함) 관리 작업을 수행할 수 있는 권한을 가진 특정 사용자 그룹을 설정하는 것과 같이 애플리케이션에서 사용자의 역할에 따라 그룹화할 수 있다.

일반적으로 그룹과 역할은 상호 교환해서 사용할 수 있는데, 이러한 특성은 권한 모델을 정의할 때 약간의 혼란을 야기한다. Keycloak은 그룹과 역할을 명확히 구분하며, 역할과 달리 그룹은 사용자를 구성하고 그룹과 관련된 역할에 따라 권한을 부여한다.

역할을 그룹에 할당할 수 있기 때문에 Keycloak을 사용하면 realm의 각 개별 사용자에 대한 역할을 부여 및 취소하지 않고도 다양한 사용자의 역할을 훨씬 쉽게 관리할 수 있다.

Keycloak의 그룹은 계층 구조이며, 토큰이 발행되면 그룹의 경로를 보고 계층 구조를 순회한다. 예를 들어 인사 팀^{human resource} 그룹이 있고 해당 그룹의 하위 그룹으로 매니저 ^{manager} 그룹이 있을 수 있다. Keycloak이 그룹에 대한 정보를 토큰에 포함할 경우 해당 정보는 /human resource/manager 형식으로 저장된다. 해당 정보는 객체(사용자)가 그룹의 멤버인 서버에서 발급된 모든 토큰에 적용된다.

역할과 달리 그룹 정보는 토큰에 자동으로 포함되지 않는다. 이런 경우, 특정 프로토콜 매퍼^{mapper}를 클라이언트(또는 클라이언트 범위와 동일한 매퍼)와 연결해야 한다.

다음 절에서 사용자에 대한 그룹 정보를 토큰에 포함하는 방법에 대해 알아볼 것이다.

그룹 멤버십을 토큰에 매핑

역할과는 달리 자동으로 그룹 정보를 토큰에 포함시키는 디폴트 프로토콜 매퍼가 존재하지 않는다. 해당 작업을 수행하기 위해 프로토콜 매퍼를 클라이언트에 생성해야 한다.

> **TIP**
>
> 클라이언트 범위를 생성하고 해당 범위를 realm의 클라이언트에 할당할 수 있다.

먼저 `myclient` 클라이언트를 생성한다.

- **Client ID**: myclient

Keycloak 사용자를 생성한다.

- **Username**: alice

myclient 설정으로 이동한 다음 **Mappers** 탭을 클릭한다. 신규 매퍼를 생성하기 위해 해당 탭에서 **Create** 버튼을 클릭한다.

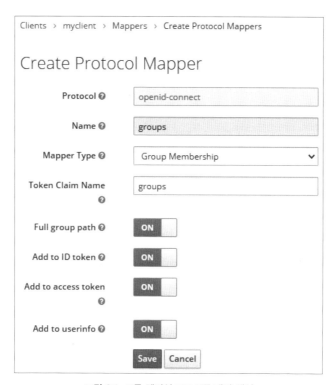

그림 8.1 그룹 멤버십 프로토콜 매퍼 생성

해당 페이지에서 다음과 같은 정보와 함께 신규 매퍼를 생성한다.

- **Name**: groups

- **Mapper Type**: Group Membership

- **Token Claim Name**: groups

그런 다음, 매퍼를 생성하기 위해 **Save** 버튼을 클릭한다. 다음과 같은 화면이 표시된다.

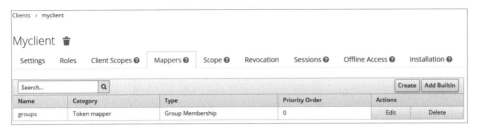

그림 8.2 클라이언트 관련 매퍼 리스트

이제 사용자 그룹을 생성하기 위해 좌측 메뉴의 **Groups** 링크를 클릭한다.

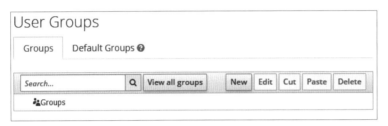

그림 8.3 그룹 리스트

신규 그룹을 생성하려면 **New** 버튼을 클릭한다.

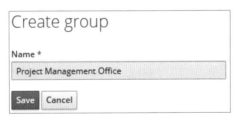

그림 8.4 신규 그룹 생성

Project Management Office라는 그룹을 생성한다. **Name** 필드에 그룹명을 입력하고 **Save** 버튼을 클릭한다.

이번에는 **alice**를 그룹 멤버로 추가한다. **alice**의 상세 설정[user details]으로 이동한 다음 **Groups** 탭을 클릭한다.

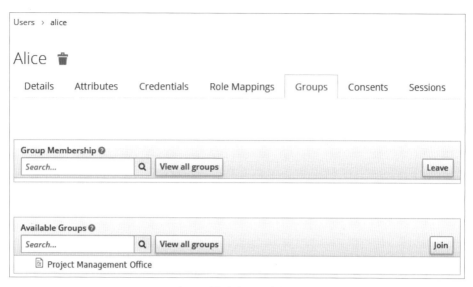

그림 8.5 사용자의 그룹 멤버십 관리

해당 페이지에서 realm의 그룹 계층을 확인할 수 있고 사용자가 멤버로 소속된 그룹을 선택할 수 있다. Available Groups 리스트에서 Project Management Office 그룹을 선택하고 사용자를 그룹 멤버로 만들기 위해 **Join** 버튼을 클릭한다.

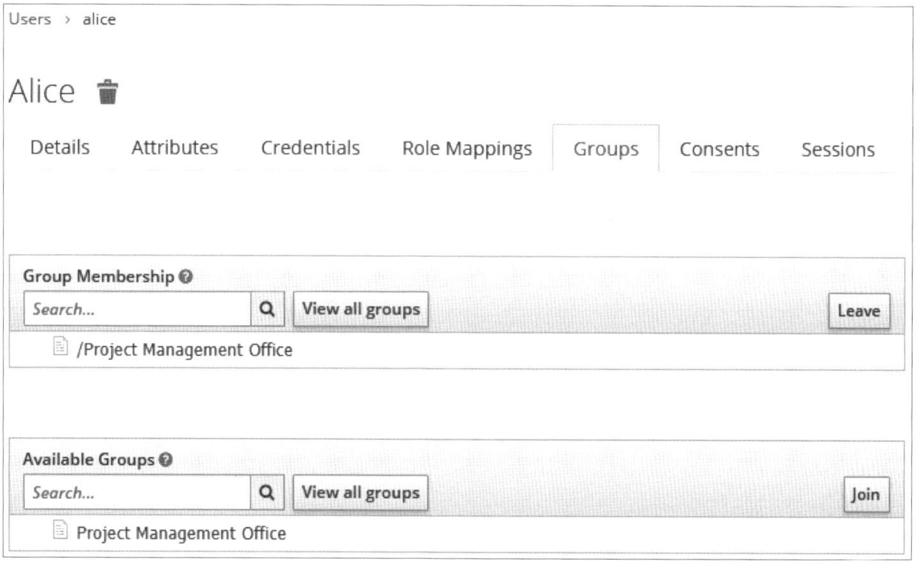

그림 8.6 사용자를 그룹 멤버로 할당

이제 **alice**는 **Project Management Office** 그룹의 멤버다.

myclient 상세 페이지로 이동해 평가 도구evaluation tool를 사용해 그룹 정보가 토큰에 추가되는 것을 확인한다. **Client Scopes** 탭을 클릭한다. 해당 탭에서 **Evaluate** 서브탭을 클릭한다.

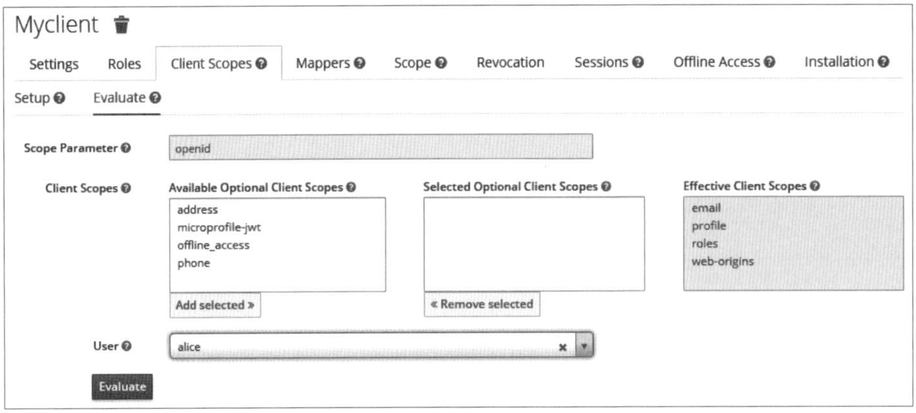

그림 8.7 평가 도구를 사용해 그룹 정보 확인

User 필드에서 alice를 검색하고 **Evaluate**를 클릭하면 다음과 같은 화면을 볼 수 있다.

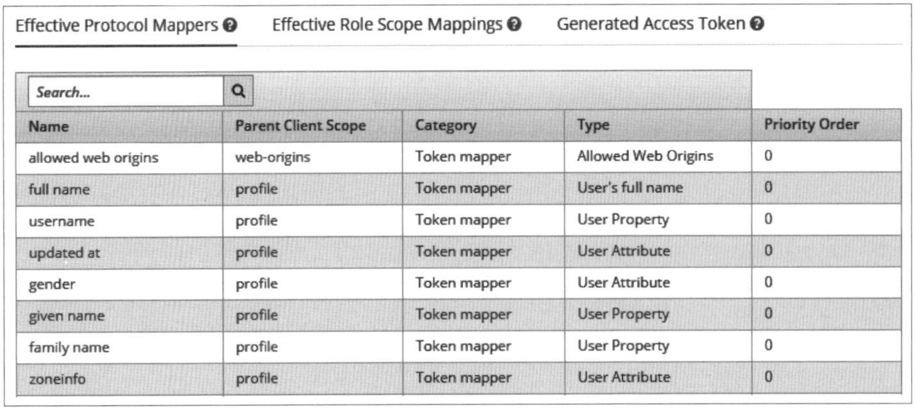

Name	Parent Client Scope	Category	Type	Priority Order
allowed web origins	web-origins	Token mapper	Allowed Web Origins	0
full name	profile	Token mapper	User's full name	0
username	profile	Token mapper	User Property	0
updated at	profile	Token mapper	User Attribute	0
gender	profile	Token mapper	User Attribute	0
given name	profile	Token mapper	User Property	0
family name	profile	Token mapper	User Property	0
zoneinfo	profile	Token mapper	User Attribute	0

그림 8.8 평가 결과

해당 페이지 하단에 있는 **Generated Access Token** 탭을 클릭해 생성된 토큰에 사용자 그룹에 대한 정보가 포함돼 있는지 확인한다.

```
{
  ...
  "groups": [
    "/Project Management Office"
  ],
  ...
}
```

위와 같이 생성된 토큰에는 사용자 그룹 리스트와 함께 groups 클레임이 포함된다. 이
경우 alice는 단일 Project Management Office 그룹의 멤버다.

이번 절에서 그룹 관리 방법과 사용자를 그룹 멤버로 설정하는 방법에 대해 알아봤다.
또한 그룹 정보를 토큰에 포함하기 위한 프로토콜 매퍼 사용 방법에 대해서도 살펴봤으
며 프로토콜 매퍼를 사용해 그룹 정보를 토큰에 포함시키고 애플리케이션이 해당 정보
를 사용해 사용자 그룹의 접근 제어를 수행하는 방법에 대해서 배웠다.

다음 절에서 애플리케이션 리소스에 대한 접근 제어를 활성화하기 위해 애플리케이션
사용자 정의 클레임 사용법을 관찰할 것이다.

▒ OAuth2 범위 활용

기본적으로 Keycloak은 OAuth2 인가 서버다. OAuth2 자체에는 클라이언트와 리소
스 서버의 두 가지 주요 애플리케이션 유형이 있다.

5장에서 살펴본 것과 같이 클라이언트에게 접근 토큰을 발행하고 해당 토큰은 사용자
권한을 기반으로 하는 범위 집합을 제한하는 방식으로 사용자 역할을 수행할 수 있게
해준다.

또한 리소스 서버는 접근 토큰을 활용해 사용자가 부여한 범위에 따라 클라이언트가 리
소스 서버의 보호된 리소스에 대한 접근 여부를 결정하기 위해 접근 토큰을 검증한다.

이와 같이 OAuth2 범위를 사용한 권한 부여는 전적으로 사용자 동의를 기반으로 한다.
서드파티를 사용자의 API와 통합시키고자 할 때 가장 좋은 전략이다. 따라서 서드파티

애플리케이션의 리소스에 접근 여부에 대한 결정을 사용자에게 위임할 수 있다. 해당 전략에서 중요한 점은 리소스 서버에서 일반 리소스가 아닌 사용자 정보를 보호하는 것이다. OAuth2 범위를 사용하는 것과 지금까지 살펴본 여러 가지 인가 전략 사이에는 주로 시스템을 보호하는 엔티티 측면에서 근본적인 차이가 있다.

예를 들어 RBAC를 사용하는 경우 사용자로부터 시스템을 보호하는 반면, OAuth2 범위를 사용하면 클라이언트로부터 시스템을 보호할 수 있다.

요약하면, 클라이언트는 사용자를 대신해 일부 작업을 수행하거나 리소스에 접근할 수 있으며 일반적인 위임 사용 사례는 OAuth2를 사용한다.

Keycloak이 주로 기업 환경에서 사용되기 때문에 기본적으로 Keycloak의 클라이언트는 사용자 동의를 요청하지 않도록 설정돼 있다. 위임 활용 사례와 다른 점은 클라이언트가 엔터프라이즈 경계 내에 있고 접근해야 하는 리소스가 사용자의 동의가 필요하지 않지만 시스템 관리자가 부여한 접근 권한을 사용한다는 것이다. 또한 클라이언트는 역할, 그룹 또는 사용자와 관련된 특정 속성에 따라 접근 범위가 정의되는 사용자를 인증하는 것에 더 초점을 둔다.

이번 절에서 OAuth2 범위를 통해 접근 권한을 인가하는 개념에 대해 알아봤다. 또한 이러한 인가 전략은 API를 통해서 사용자 정보의 서드파티 접근을 허용할 때 더 적합함을 배웠다.

다음 절에서 토큰과 매핑된 클레임 기반의 접근 인가 방법에 대해 알아볼 것이다.

⁚⁚⁚ ABAC 활용

사용자가 Keycloak을 통해 인증하는 경우 서버에서 발급한 토큰에는 인증 컨텍스트에 대한 중요한 정보가 포함된다. 토큰에는 인증된 사용자 및 토큰이 발급된 클라이언트에 대한 정보와 인증 프로세스 수행 중에 수집할 수 있는 다양한 정보가 포함된다. 따라서 토큰이 제공하는 모든 정보를 사용해 애플리케이션에 대한 접근 권한을 인가하기 위해 사용할 수 있다. 해당 정보들은 토큰에 매핑된 클레임claims이다.

ABAC은 인증 컨텍스트에 대한 정보뿐만 아니라 ID(토큰으로 표현됨)와 관련된 다양한 속성들을 사용해 리소스에 대한 접근 권한을 수행한다. ABAC은 가장 유연한 접근 제어 메커니즘이며, 따라서 세분화된 인가를 지원한다. 토큰 기반 인가와 함께, Keycloak을 사용하는 애플리케이션에서는 리소스를 보호하기 위해 손쉽게 ABAC을 활성화할 수 있다.

토큰 기반 권한 인가는 토큰을 검사하고 해당 정보를 사용해 접근 권한 부여 여부를 결정한다. 해당 정보는 속성, 또는 클레임 집합으로 표시되며 접근 권한을 활성화한다.

애플리케이션에서 접근 권한을 적용하기 위해 역할을 사용하는 방법에 대해 알아보자.

7장 및 해당 주제에서 살펴봤듯이 역할은 특정 클레임 집합을 사용해 토큰에 매핑된다.

역할을 사용해 접근 권한을 수행하려면 애플리케이션에서 이러한 클레임을 사용해 사용자에게 부여된 역할을 확인한 다음 특정 리소스에 접근 권한을 부여해야 하는지 여부를 결정해야 한다. 역할을 사용해 접근 권한을 적용하려면 어떤 역할이 사용자에게 부여됐는지 확인하기 위해 애플리케이션은 해당 클레임만 확인하면 된다. 그리고 특정 리소스에 접근 허용 여부를 결정한다.

해당 클레임은 애플리케이션이 모든 클레임을 사용해 접근 권한을 적용할 수 있는 토큰 내의 다른 클레임과 동일하다. 각 클라이언트에서 토큰에 저장되는 클레임 및 표명assertions을 조정할 수 있다. 해당 작업을 수행하기 위해 Keycloak은 프로토콜 매퍼라는 기능을 제공한다. 자세한 내용은 Keycloak 문서(https://www.keycloak.org/docs/latest/server_admin/#_protocol-mappers)를 참조하면 된다. 이번 절에서 ABAC을 수행하기 위해 토큰에 매핑된 클레임을 활용하는 방법에 대해 알아봤다. 또한 Keycloak을 사용하면 원하는 정보를 토큰에 매핑해 애플리케이션 수준에서 접근 권한을 적용할 수 있다. ABAC은 다중 접근 제어 메커니즘을 지원할 만큼 충분히 유연하지만 구현 및 관리가 쉽지 않다.

다음 절에서 통합 Keycloak 인가 서버를 통한 ABAC 활용 방법에 대해 알아볼 것이다.

통합 Keycloak 인가 서버 활용

지금까지 특정 접근 제어 메커니즘에 의존하는 인증 전략을 살펴봤다. ABAC을 제외하고 해당 전략은 사용자에 대한 특정 데이터 집합에 의존해 애플리케이션에 접근 권한을 적용한다. 또한 해당 전략은 애플리케이션과 긴밀하게 연동돼 보안 요구 사항을 변경하면 애플리케이션 코드를 변경해야 한다.

프로그램에 다음과 같은 의사 코드$^{pseudo-code}$가 있다고 가정하자.

```
If (User.hasRole("manager") {
    // can access the protected resource
}
```

위 코드에서 manager 역할이 부여된 사용자만 보호된 리소스에 접근할 수 있는 RBAC을 사용해 간단한 검증을 수행한다. 요구 사항이 변경돼 동일한 리소스에 대한 접근 권한을 특정 사용자에게도 부여해야 하면 어떻게 될까? 또한 다른 역할이 부여된 사용자에게 해당 리소스에 대한 접근 권한을 부여할 수있는가? 또는 ABAC을 활용해 리소스에 접근하는 컨텍스트에 대한 다양한 정보를 확인할 수 있는가?

최소한, 코드를 변경하고 애플리케이션을 다시 배포해야 하며, 변경 사항이 프로덕션에 사용할 준비가 됐는지 확인하기 위해 지속적인 통합 및 전달 프로세스$^{delivery\ process}$를 수행해야 한다. 통합 인가는 외부 인가 서비스를 사용해 애플리케이션의 접근 관리 및 의사 결정을 외부화한다. 해당 서비스는 애플케이션을 접근 제어 메커니즘과 연동하지 않고도 다중 접근 제어 메커니즘을 사용할 수 있도록 해주며 애플리케이션의 다양한 보호 리소스를 참조하기 위해 사용되는 동일한 시맨틱을 사용해 접근 권한을 활성화한다.

이전 예시와 동일한 접근 검사를 제공하는 다음 코드를 살펴보자.

```
If (User.canAccess("Manager Resource") {
    // can access the protected resource
}
```

위의 코드 스니펫code snippet과 같이 특정 접근 제어 메커니즘에 대한 참조는 존재하지 않는다. 접근 제어는 사용자가 보호를 수행하는 리소스로 구성된다. 그리고 애플리케이션은 외부 인가 서비스에서 부여한 권한만 고려한다. Manager Resource에 접근할 수 있는 방법을 변경하면 애플리케이션 코드에 영향을 미치지 않지만 인가 서비스를 통해 해당 리소스에 대한 접근을 제어하는 정책은 변경해야 한다.

Keycloak은 Authorization Services 기능을 통해 통합 인가 서비스의 역할을 수행할 수 있다. 해당 기능은 다양한 접근 제어 메커니즘을 포함하는 정책 집합으로 구성된다. 접근 제어 메커니즘은 보호 리소스와 연동된다. 모든 작업은 Keycloak 관리 콘솔과 REST API를 통해 관리된다.

Keycloak 인가 서비스 기능은 애플리케이션에서 세분화된 인가를 수행하기 위해 ABAC을 활용한다. 기본적으로 리소스를 보호할 때 다양한 인가 전략을 쉽게 지원하기 위해 해당 정책을 통합할 수 있는 가능성과 함께 다양한 접근 제어 메커니즘을 나타내는 정책 집합이 즉시 제공된다. 또한 Keycloak 인가 서비스 기능은 특정 작업 및 보호하는 리소스와 관련된 속성에 대한 접근 권한을 제어한다.

통합 인가 서버의 일반적인 이슈는 접근 결정을 수행하기 위한 추가적인 통신이 필요하다는 것이다. 토큰 기반 인가를 사용하면 Keycloak 인가 서비스 기능은 서버에서 부여한 모든 권한을 가진 토큰을 발급해 해당 이슈를 해결할 수 있다. 따라서 해당 토큰을 사용하는 애플리케이션은 토큰을 내부적으로 검증하는 것 외에는 추가적인 네트워크 요청을 수행할 필요가 없다. 또한 필요한 경우 신규 권한을 획득할 수 있는 제한된 권한 집합이 토큰에 발급되는 증분 인가incremental authorization도 지원한다.

Keycloak 인가 서비스에 대한 자세한 내용은 관련 문서(https://www.keycloak.org/docs/latest/authorization_services/)를 참조하면 된다.

이번 절에서는 통합 인가 및 Keycloak 인가 서비스가 통합 인가 서버의 역할을 수행하는 것을 살펴봤다. 또한 토큰 기반 인가를 활용하면 애플리케이션에 세분화된 Keycloak 인가 서비스를 사용할 수 있다는 점도 배웠다.

⁝⁝⟫ 요약

8장에서 애플리케이션의 보호된 리소스에 대한 접근 권한을 인가하기 위해 활용 가능한 다양한 전략에 대해 알아봤다.

토큰 기반 인증을 활용해 애플리케이션은 로컬 또는 내부 검사 엔드포인트를 통해 토큰을 검사하고 클레임을 사용해 RBAC, GBAC 및 ABAC과 같은 다양한 접근 제어 메커니즘을 지원하거나 사용자 권한을 대행하는 클라이언트 애플리케이션에 부여한 범위를 사용할 수 있다. 또한 Keycloak을 통합 인가 서비스로 사용해 애플리케이션의 인가 역할을 독립적으로 수행할 수 있음을 알게 됐다. 해당 서비스를 통해 Keycloak은 서버를 통해 관리되는 리소스와 정책에 따라 접근 결정을 수행한다.

9장에서는 Keycloak을 프로덕션 환경에서 실행하는 주요 단계들에 대해 알아볼 것이다.

⁝⁝⟫ 질문

1. 애플리케이션 수준에서 리소스에 대한 접근 권한을 실행하기 위해 필요한 데이터를 계속 제공하면서 토큰이 너무 커지는 것을 어떻게 방지할 수 있습니까?

2. 역할이 realm인지 클라이언트인지 어떻게 결정합니까?

3. 인증 과정에서 수집된 정보를 기반으로 접근 제어를 수행할 수 있습니까?

4. Keycloak이 역할을 토큰으로 매핑하는 방법을 변경할 수 있습니까?

5. 인가 전략들은 상호 배타적입니까?

⸭ 참고문헌

8장에서 다룬 주제에 관한 더 자세한 정보는 다음 링크를 참조하면 된다.

- Keycloak roles: https://www.keycloak.org/docs/latest/server_admin/#roles

- Keycloak groups: https://www.keycloak.org/docs/latest/server_admin/#groups

- Keycloak protocol mappers: https://www.keycloak.org/docs/latest/server_admin/#_protocol-mappers

- Keycloak client scopes: https://www.keycloak.org/docs/latest/server_admin/#_client_scopes

- Keycloak Authorization Services: https://www.keycloak.org/docs/latest/authorization_services

3부

Keycloak 설정 및 관리

이번 절에서 프로덕션 환경에서 사용하기 위한 Keycloak 설정을 알아본다. Keycloak을 사용해 프로덕션에서 적용하는 방법에 대한 설명과 함께 여러 가지 범용적인 활용 사례를 다룬다.

여기에서는 다음과 같은 내용들을 다룬다.

- 9장, 프로덕션 환경을 위한 Keycloak 설정

- 10장, 사용자 관리

- 11장, 사용자 인증

- 12장, 토큰 및 세션 관리

- 13장, Keycloak 확장

09

프로덕션 환경을 위한 Keycloak 설정

지금까지 Keycloak을 사용하는 방법, 주요 개념, 이러한 것들을 통해 애플리케이션을 보호하는 방법을 알아봤다. 9장에서는 Keycloak을 프로덕션 환경에 설정하는 경우(예: 베어 메탈 또는 VM에 Keycloak을 배포), 다양한 측면과 단계를 이해하기 위해 사전 프로덕션pre-production Keycloak 클러스터를 생성할 것이다.

Keycloak을 컨테이너로 실행할 때도 동일한 설정 과정을 고려해야 한다. 즉, 대부분의 설정은 컨테이너 이미지에서 내부적으로 수행되지만 9장의 개념은 컨테이너 설정 방법과 오픈시프트OpenShift 또는 쿠버네티스에 Keycloak을 배포하는 경우 고려해야 할 사항을 이해하는 데 여전히 유용하다.

9장에서는 각 컨테이너들에 대한 소개와 해당 컨테이너들이 어떻게 실제 Keycloak 프로덕션 환경에서 사용될 수 있는지 알아볼 것이다.

9장을 통해 고가용성 프로파일high-availability profile을 사용해 Keycloak을 프로덕션에 환경 배포하기 위해 지금까지 살펴본 것과 동일한 단계와 권장 사항들을 활용할 수 있으며 가용성, 성능 그리고 시스템 대체 작동failover과 같은 다양한 비기능적 측면을 고려할 수 있다.

이러한 것들을 살펴보기 위해 다음과 같은 주제들을 다룰 것이다.

- Keycloak 호스트네임 설정

- TLS 활성화

- 데이터베이스 설정

- 클러스터링 활성화

- 리버스 프록시 설정

- Keycloak 환경 테스트

⫸ 기술 요구 사항

9장을 진행하기 위해서는 이 책의 GitHub 저장소를 로컬에 다운로드해야 한다. Git을 이미 설치한 경우, 다음 명령어를 터미널에서 실행해 해당 저장소를 복제할 수 있다.

```
$ cd $KC_HOME
$ git clone https://github.com/PacktPublishing/Keycloak-
Identity-and-Access-Management-for-Modern-Applications.git
```

또는 다음 URL(https://github.com/PacktPublishing/Keycloak-Identity-andAccess-Management-for-Modern-Applications/archive/master.zip)에서 저장소의 ZIP 파일을 다운로드할 수 있다.

> **NOTE**
>
> 저장소를 Keycloak 배포 디렉터리로 복제하거나 압축을 해제해야 한다.

리버스 프록시를 구성하기 위해 localhost가 아닌 로컬 도메인 이름을 사용한다. 해당 도메인 이름은 Keycloak이 사용자 및 애플리케이션에 보여주는 공용 도메인 이름으로 사용된다.

리눅스를 사용하는 경우 /etc/hosts 파일에 다음 라인을 추가해 변경을 수행할 수 있다.

```
127.0.0.1 mykeycloak
```

또한 서버를 설정하기 위해 몇몇 CLI 스크립트를 사용할 것이다. 해당 작업을 수행하기 위해 jboss-cli.sh를 사용할 것이다. 해당 스크립트는 Keycloak 이 설치된 위치의 bin 디렉터리에 있으며 다음과 같이 실행할 수 있다.

```
$ cd $KC_HOME
$ bin/jboss-cli.sh
```

마지막으로 여러 Keycloak 인스턴스 상단에 HAProxy를 역방향 프록시로 사용할 것이다.

CentOS 및 Fedora 리눅스를 사용하는 경우, 다음과 같이 HAProxy를 설치할 수 있다.

```
sudo dnf -y install haproxy
```

다음 링크(https://bit.ly/3b5W1gM)에서 Code in Action 동영상을 확인해보라.

⁛ Keycloak 호스트네임 설정

Keycloak은 서버 자체를 관리할 수 있을 뿐만 아니라 애플리케이션과 통신할 수 있도록 다양한 엔드포인트를 포함한다. 해당 엔드포인트는 세 가지 주요 그룹으로 분류할 수 있다.

- 프론트엔드
- 백엔드
- 관리

각 그룹의 베이스^{base} URL은 토큰 발급 및 유효성 검사 방법, 사용자를 Keycloak으로 리다이렉트해야 하는 작업에 대한 링크 생성 방법에 중요한 역할을 한다(예를 들어 이메일 링크를 통해 패스워드를 재설정하는 경우). 또한 가장 중요한 건 /auth/realms/{realm-name}/.wellknown/openid-configuration에서 OpenID Connect Discovery 문서를 가져오는 경우, 애플리케이션이 엔드포인트를 찾는 방법에 대한 중요한 영향을 미친다.

다음 절에서 각각의 그룹들을 살펴보고 기본 URL 정의 방법과 Keycloak을 사용하는 사용자와 애플리케이션에 미치는 영향에 대해 알아볼 것이다.

프론트엔드 URL 설정

프론트엔드 URL은 사용자 및 애플리케이션이 Keycloak에 접근하기 위해 사용하는 URL을 나타내기 위해 사용된다. 해당 URL의 주요 목표는 공용 도메인 이름을 사용하는 단일 도메인 및 발급자 클러스터에 포함된 전체 Keycloak 인스턴스를 논리적으로 그룹화하는 것이다.

프론트엔드 그룹에 있는 엔드포인트의 예시는 다음과 같다.

- 인가 엔드포인트

- 로그아웃 엔드포인트 및 세션 관리와 관련된 엔드포인트

기본적으로 Keycloak은 수신하는 요청의 프론트엔드 URL을 표시한다. 예를 들어 각각 http://10.0.0.5/auth와 http://10.0.0.6/auth에서 동작하는 2개의 Keycloak 인스턴스가 있는 경우 Keycloak은 요청을 처리하는 인스턴스의 URL에 따라 토큰을 발행하고 작업에 대한 링크를 생성한다.

앞서 설명한 기본적인 작업이 프로덕션 환경에서 작동하지 않는 몇 가지 이유가 있다.

가장 중요한 이유는 Keycloak에서 발급한 토큰 및 문서의 발급자^{issuer} 클레임과 관련돼 있다.

다른 인스턴스는 단일 발급자 이름issuer name으로 그룹화해야 하며, 그렇지 않은 경우 Keycloak에서 설정한 토큰과 쿠키는 생성된 인스턴스에서만 유효하기 때문에 사용자와 클라이언트는 토큰과 쿠키를 공용으로 사용할 수 없다.

또 다른 중요한 측면은 일반적으로 인스턴스는 사설 네트워크private network에서 동작한다. Keycloak에서 사용하는 공용 도메인과 연동되는 프론트엔드 URL을 설정하지 않은 경우, 사용자를 Keycloak으로 다시 리다이렉트하는 링크는 정상적으로 동작하지 않으며 클라이언트는 OpenID discovery 문서를 통해 공개된 엔드포인트에 대한 요청을 생성할 수 없게 된다.

마지막으로 프론트엔드 URL을 설정하지 않으면 리버스 프록시 및 클러스터링을 통해서 얻을 수 있는 모든 이점이 사라진다.

그러나 기대하는 동작은 요청을 처리하는 노드에 관계없이 베이스 URL이 동일해야 하고 Keycloak이 사용하는 공용 도메인 이름과 일치해야 한다. 해당 동작을 통해 사용자와 애플리케이션이 Keycloak의 범용적인 가용성, 성능, 확장성 및 시스템 대체 작동 측면에서 추후 다루게 될 모든 이점을 활용해 인스턴스가 마치 통합된 형태로 작동한다.

GitHub 저장소에서 다음과 같은 CLI 스크립트(Keycloak-Identity-and-Access-Management-forModern-Applications/ch9/configure-hostname.cli)를 실행해 프론트엔드 URL을 설정해보자.

```
embed-server --server-config=standalone-ha.xml --std-
out=discard
/subsystem=keycloak-server/spi=hostname/provider=default:write-
attribute(name=properties.frontendUrl,value=https://mykeycloak/auth)
stop-embedded-server
```

스크립트를 실행하려면 다음 명령어를 실행한다.

```
$ cd $KC_HOME
$ bin/jboss-cli.sh --file=./Keycloak-Identity-and-Access-
Management-for-Modern-Applications/ch9/configure-hostname.cli
```

frontendUrl 속성을 설정하면 위와 같이 모든 Keycloak 인스턴스가 기본 URL(https://mykeycloak/auth)을 사용해 엔드포인트를 표시하고 토큰을 발행한다.

이번 절에서 Keycloak을 외부에서 접근할 수 있는 베이스 URL을 정의하는 frontendUrl을 설정하는 방법을 살펴봤다. 또한 해당 설정은 Keycloak의 모든 인스턴스을 단일 및 논리적인 도메인과 발급자로 그룹화하기 위한 필수적인 설정이다.

다음 절에서 백엔드 엔드포인트의 URL 설정 방법에 대해 알아본다.

백엔드 URL 설정

백엔드 엔드포인트는 Keycloak과 애플리케이션 간의 직접 통신direct communication과 관련된 엔드포인트다.

백엔드 그룹에 포함되는 엔드포인트의 예시는 다음과 같다.

- 토큰 검사
- 사용자 정보
- 토큰 엔드포인트
- JWKS

기본적으로 백엔드 베이스 URL은 요청 URL을 기반으로 생성된다. 해당 URL을 공용 도메인 이름을 기반으로 설정하면 애플리케이션이 외부에서 Keycloak과 통신할 수 있다.

해당 작업을 수행하려면 프론트엔드 URL을 백엔드 엔드포인트의 기본 URL로 사용하도록 Keycloak을 설정한다.

Keycloak-Identity-and-Access-Management-forModern-Applications/ch9/configure-hostname.cli 파일에서 다음과 같은 설정을 확인할 수 있다.

```
/subsystem=keycloak server/spi=hostname/provider=default:write-
  attribute(name=properties.forceBackendUrlToFrontendUrl, value=true)
```

forceBackendUrlToFrontendUrl 속성이 설정된 경우 Keycloak은 프론트엔드 URL로 정
의한 것을 사용해 백엔드 엔드포인트를 노출하기 때문에 Keycloak에서 사용하는 내부
호스트 이름을 사용하지 않고 접근 가능한 URL을 애플리케이션에 제공한다.

이번 절에서 백엔드 엔드포인트의 기본 URL 설정 방법과 백엔드 엔드포인트를 사용해
Keycloak과 직접 통신해야 하는 경우 애플리케이션에 영향을 미치는 영향에 대해서도
알아봤다.

다음 절에서 관리 엔드포인트의 기본 URL 설정 방법을 살펴볼 것이다.

admin URL 설정

일반적으로 Keycloak 관리 콘솔을 외부에서 접근할 수 있도록 설정할 필요는 없다. 외
부 접근을 허용하려면 adminUrl 속성을 사용해 해당 URL 설정을 변경할 수 있다.

```
/subsystem=keycloak-server/spi=hostname/provider=default:write-
  attribute(name=properties.adminUrl, value=https://
  myprivatekeycloak/auth)
```

adminUrl 속성을 설정하면 관리 콘솔에서 사용하는 모든 URL은 사용자가 제공한 값을
기반으로 한다. 하지만 콘솔을 렌더링하기 위해 사용되는 링크와 정적 리소스는 사용자
가 정의한 URL을 통해서만 접근할 수 있다.

도메인 네임을 처리할 수 없거나 서버에 접근할 수 없는 네트워크에서 콘솔에 대한 접
근성이 떨어질 수 있지만, 리버스 프록시에 특정 룰을 적용해서 /auth/admin 경로를 보
호할 수 있다.

다음 절에서 보안 채널을 통해서만 Keycloak에 접근할 수 있도록 TLS를 활성화하는 방
법에 대해 알아볼 것이다.

⫸ TLS 활성화

Keycloak에 대한 모든 요청은 보안 채널을 통해 수행해야 한다. HTTPS^{HTTP over TLS}를 활성화해야 한다. 요약하면 Keycloak 엔드포인트를 HTTP를 통해 제공하지 않아야 한다.

Keycloak은 사용자 에이전트 및 애플리케이션을 통해 민감한 데이터를 교환한다. HTTPS 활성화를 통해 다양한 형태의 공격을 방어하고 서버와 수립된 TLS 세션을 사용하는 다양한 형태의 인증을 활용할 수 있다.

> **TIP**
>
> 현시점의 베스트 프랙티스는 2,048비트 이상의 키 사이즈를 선택하는 것이다. 프로토콜의 경우 Keycloak은 TLS v1.2 및 TLS v1.3과 같은 가장 안전한 프로토콜을 사용한다. 또한 프로토콜 리스트를 제한해 원하는 프로토콜만 사용할 수 있다.

HTTPS를 활성화하기 위한 첫 번째 단계는 서버의 개인 키 및 인증서를 저장하는 자바 KeyStore를 생성하거나 재사용하는 것이다. Keycloak을 프로덕션 환경에 배치하는 경우, TLS를 활성화하기 위한 모든 키 데이터와 신뢰할 수 있는 인증 기관^{CA, Certificate Authority}에서 서명한 인증서가 필요하다.

다음 단계는 자바 KeyStore의 키 자료를 사용하는 HTTPS 리스너^{listener}를 설정하는 것이다. 해당 작업을 수행하기 위해 GitHub 저장소에서 다음 스크립트(Keycloak-Identity-and-Access-Management-for-ModernApplications/ch9/configure-https.cli)를 사용한다.

```
embed-server --server-config=standalone-ha.xml --std-
out=discard
/subsystem=elytron/key-store=kcKeyStore:add(path=${jboss.
home.dir}/Keycloak-Identity-and-Access-Management-for Modern-
Applications/ch9/mykeycloak.keystore,type=JKS,credential-
reference={clear-text=password})
/subsystem=elytron/key-manager=kcKeyManager:add(key-
store=kcKeyStore,credential-reference={clear-text=password})
/subsystem=elytron/server-ssl-context=kcSSLContext:add(key-
manager=kcKeyManager)
batch
/subsystem=undertow/server=default-server/https-
```

```
listener=https:undefine-attribute(name=security realm)
/subsystem=undertow/server=default-server/
https-listener=https:write attribute(name=ssl-
context,value=kcSSLContext)
run-batch
stop-embedded-server
```

해당 파일은 GitHub 저장소에 있는 자바 KeyStore($KC_HOME/Keycloak-Identity-and-Access-Management-for-ModernApplications/ch9/mykeycloak.keystore)를 사용한다. 해당 KeyStore는 자체 서명된 인증서를 사용하는 테스트 환경을 위해 사용되기 때문에 프로덕션 환경에서 사용하면 안 된다. 대신 개인 키와 인증서를 사용해 자체 서명된 인증서를 KeyStore로 사용할 수 있다.

그런 다음 Jboss-cli.sh 툴을 실행해 설정을 적용할 수 있다.

```
$ cd $KC_HOME
$ bin/jboss-cli.sh --file=./Keycloak-Identity-and-Access-
Management-for-Modern-Applications/ch9/configure-https.cli
```

이제 다음 명령어를 실행해 Keycloak을 실행해보자.

```
$ cd $KC_HOME
bin/standalone.sh -c standalone-ha.xml
```

해당 작업이 정상적으로 실행되면 https://localhost: 8443에서 Keycloak에 접근할 수 있고 자바 KeyStore의 인증서가 사용되는 것을 확인할 수 있다.

HTTPS를 활성화하는 것 외에도 Keycloak을 사용하면 각 realm에 대한 TLS 제약 조건을 정의할 수 있다. 기본적으로 각 realm에서 HTTP 요청 수신 여부를 설정할 수 있다.

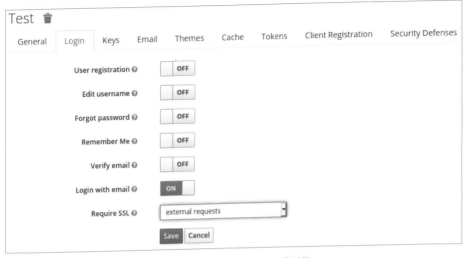

그림 9.1 realm 기반의 HTTPS 활성화

Keycloak은 기본적으로 외부 요청external requests에 대해 TLS를 활성화한다. 즉 공용 네트워크를 사용하는 클라이언트는 HTTPS를 통해서만 Keycloak에 접근할 수 있다. 궁극적으로 Require SSL을 모든 요청에 대해 활성화해 Keycloak과 통신하는 모든 요청이 안전한 프로토콜을 사용하도록 할 수 있다.

이번 절에서 HTTPS 활성화 방법과 중요성에 대해 알아봤다. 또한 Keycloak에서 각 realm을 기반으로 HTTPS 제약 조건을 정의하는 방법에 대해 배웠다.

다음 절에서 프로덕션급production-grade 데이터베이스 설정 방법을 학습해본다.

데이터베이스 설정

Keycloak은 모든 데이터를 저장하기 위해 단일 데이터베이스를 사용한다. 여러 개의 Keycloak 인스턴스를 사용하는 경우에도 동일한 데이터베이스와 통신한다. 데이터베이스는 Keycloak의 전반적인 성능, 가용성, 확장성, 안정성 및 무결성과 관련돼 매우 중요한 역할을 한다. Keycloak은 가능한 한 데이터베이스 부하를 피하기 위해 캐시 계층을 제공하지만 좋은 데이터베이스는 데이터를 로드해야 하는 경우 시스템이 부하를 적절히 처리할 수 있도록 도와준다.

기본적으로 Keycloak은 H2 데이터베이스를 사용하도록 설정돼 있지만 프로덕션 환경에서는 사용할 수 없다. 따라서 다음과 같이 좀 더 안정적인 데이터베이스를 설정해야 한다.

- MariaDB 10.1.19

- MariaDB Galera 10.1.19

- MySQL 8.0

- Oracle 19c RAC

- Microsoft SQL Server 2017

- PostgreSQL 11.5

해당 리스트는 지원 가능한 데이터베이스 및 버전을 보여준다.

NOTE

> 이 책을 쓰고 있는 시점에서 Keycloak 버전은 13.0.0이다. 지원 가능한 데이터베이스 리스트는 신규 버전에서 변경될 수 있다.

이번 절에서는 PostgreSQL 데이터베이스를 사용한다. 다른 데이터베이스에도 여기서 사용한 동일한 단계를 적용할 수 있다.

데이터베이스를 설정하려면 몇 가지 단계가 필요하다.

- 데이터베이스용 JDBC^Java DataBase Connectivity 드라이버를 사용해 Keycloak 서버에 모듈 설치

- Keycloak에서 사용하기 위한 JDBC 드라이버 구성

- 유효한 URL, 사용자 이름 및 패스워드를 사용해 데이터베이스에 연결하기 위한 Keycloak 설정

GitHub 저장소에 있는 다음 스크립트(Keycloak-Identity-and-AccessManagement-for-Modern-Applications/ ch9/configure-database.cli)를 사용해 위 단계를 수행할 수 있다.

```
embed-server --server-config=standalone-ha.xml --std-
out=discard
module add --name=org.postgres --resources=<PATH_TO_JDBC_
DRIVER_JAR> --dependencies=javax.api,javax.transaction.api
/subsystem=datasources/jdbc-driver=postgres:add(driver-
name=postgres, driver-module-name=org.postgres, xa-datasource-
class=org.postgresql.xa.PGXADataSource)
/subsystem=datasources/data-source=KeycloakDS:write-
attribute(name=connection-url,value=<JDBC_URL>)
/subsystem=datasources/data-source=KeycloakDS:write-
attribute(name=driver-name, value=postgres)
/subsystem=datasources/data-source=KeycloakDS:write-
attribute(name=user-name, value=<USERNAME>)
/subsystem=datasources/data-source=KeycloakDS:write-attribute(n
ame=password,value=<PASSWORD>)
stop-embedded-server
```

위 파일에서 아래 레퍼런스를 실제 값으로 변경해야 한다.

- PATH_TO_JDBC_DRIVER_JAR는 JDBC 드라이버 JAR 파일이 위치한 절대 경로로 변경 해야 한다.

- JDBC_URL은 데이터베이스에 접속하기 위해 사용되는 URL로 변경해야 한다. 예를 들어 jdbc:postgresql://mypostgresql/keycloak와 같이 말이다.

- USERNAME은 데이터베이스에 접속하기 위해 사용되는 사용자 이름으로 변경해야 한다.

- PASSWORD는 데이터베이스에 접속하기 위한 사용자의 패스워드로 변경해야 한다.

해당 설정을 변경한 후에 설정을 적용하기 위해 jboss-cli를 실행한다.

```
$ cd $KC_HOME
$ bin/jboss-cli.sh --file=./Keycloak-Identity-and-Access-
```

```
Management-for-Modern-Applications/ch9/configure-database.cli
```

해당 작업이 정상적으로 실행되고 서버를 재시작하면 위에서 수행한 설정 변경이 적용된 데이터베이스에 접속할 수 있다.

외부 데이터베이스에 연결하기 위한 기본 설정 외에도 프로덕션에 데이터베이스를 배포하기 전에 고려해야 할 여러 설정이 있다. 가장 중요한 것 중 하나는 커넥션 풀connection pool의 크기가 시스템에서 예상되는 부하에 따라 조정해야 하며, 특정 시점에 허용되는 동시 요청 개수도 고려해야 한다.

기본적으로 커넥션 풀의 최댓값은 20으로 설정돼 있다. 해당 값은 대부분의 배포에 충분해야 하지만, 예기치 않은 부하가 발생해 풀에서 사용할 수 있는 커넥션 풀이 부족한 로그를 확인하면 아래 CLI 명령어를 실행해 풀 크기를 변경할 수 있다.

```
/subsystem=datasources/data-source=KeycloakDS:write-
attribute(name=max-pool-size, value=30)
/subsystem=datasources/data-source=KeycloakDS:write-
attribute(name=min-pool-size, value=30)
```

위 예시에서 풀 크기를 최대max-pool-size 30개로 증가시킨다. 또한 최소 크기min-pool-size도 동일한 값으로 정의한다. 이와 같이 설정하는 이유는 신규 연결을 생성하는 것은 많은 자원이 필요하며 최소 30개의 커넥션을 유지하는 것이 서버가 동작하는 동안 커넥션의 가용성을 보장하는 데 도움이 되기 때문이다.

이번 절에서 Keycloak에서 프로덕션급 데이터베이스를 설정하는 기본적인 단계에 대해 알아봤다. 또한 지원 가능한 데이터베이스 리스트를 기반으로 사용할 수 있는 다양한 데이터베이스도 확인했다.

다음 절에서 리버스 프록시 또는 로드 밸런서를 구성하기 위한 기본적인 설정을 포함해 Keycloak의 고가용성 설정 방법을 알아본다.

클러스터링 활성화

대부분의 프로덕션 환경에서는 Keycloak 클러스터를 실행한다. SLAs^{Service-Level} Agreements뿐만 아니라 몇몇 중요한 비기능적인 측면을 고려하면 클러스터링을 반드시 활성화해야 한다.

가용성의 경우, 클러스터링을 통해 여러 개의 Keycloak 인스턴스를 실행할 수 있으므로 특정 노드가 중단되더라도 가동 시간^{uptime}에 영향을 미치지 않는다.

확장성 측면에서 클러스터링을 사용하면 시스템 로드에 따라 노드를 확장 및 축소할 수 있으므로 일관된 응답 시간과 처리량을 유지할 수 있다.

시스템 대체 작동^{failover} 측면에서 노드에 장애가 발생하면 클러스터는 장애 대응을 수행한다. 따라서 일반적인 가용성에 대한 영향을 최소화하고 데이터 손실(주로 캐시된)을 예방할 수 있다.

Keycloak은 고가용성을 위해 설계됐으며, 데이터베이스에 보관된 영구 데이터 외에도 캐시 계층을 사용해 신속한 데이터 접근을 위해 상태를 메모리에 복제하고 유지한다. 캐시 계층은 고성능 키-값^{key-value} 인메모리^{in-memory} 데이터 스토어인 Infinispan을 기반으로 동작한다.

클러스터링 및 전체 고가용성을 활성화하기 위해 다음 내용을 수행해야 한다.

- 고가용성 설정 프로파일을 사용해 서버 실행
- 리버스 프록시가 여러 인스턴스에 부하를 분산하도록 설정돼 있는지 확인

먼저 Keycloak이 제공하는 다양한 설정 프로파일을 이해하는 것부터 시작해보자. 다음과 같이 서버를 실행한다고 가정한다.

```
$ cd $KC_HOME
$ bin/standalone.sh
```

Keycloak은 $KC_HOME/standalone/conf/standalone.xml 파일에 정의된 특정 설정 프로파일을 사용해 실행된다. standalone.xml 파일은 단일 Keycloak 인스턴스를 대상으로 하는 설정 프로파일이다. 테스트와 개발 목적으로는 유용하지만 프로덕션 환경에서는 사용되지 않는다.

또한 $KC_HOME/standalone/conf/standalone-ha.xml 파일에는 추가로 정의된 설정 프로파일이 있다.

여러 개의 Keycloak 인스턴스를 실행하고 클러스터를 생성하려면, 다음과 같이 서버를 실행해야 한다.

```
$ cd $KC_HOME
$ bin/standalone.sh -c standalone-ha.xml -Djboss.node.name=kc1
```

NOTE

> jboss.node.name 시스템 속성이 설정돼 있다는 점에 주의해야 한다. 해당 속성은 클러스터의 인스턴스 이름을 설정하며 해당 이름은 클러스터에 포함된 인스턴스에서 고유한 이름을 가져야 한다. 해당 속성을 사용하지 않으면 인스턴스가 실행 중인 호스트의 이름을 사용한다. 여러 개의 인스턴스를 동일 호스트에서 실행해야 하기 때문에 각 인스턴스에서 해당 속성을 반드시 설정해야 한다.

해당 명령어는 클러스터의 첫 번째 인스턴스를 실행한다. 서버의 디폴트 포트가 리스닝 상태로 전환되고 사용자는 http://localhost: 8443에 접근할 수 있다.

이제 jboss.socket.binding.port-offset 시스템 속성을 사용해 다른 포트 오프셋을 지정해 두 번째 인스턴스를 시작한다.

해당 속성을 사용하면 디폴트 포트를 사용 중인 첫 번째 인스턴스와 충돌하지 않고 동일한 호스트 내에서 두 번째 인스턴스를 실행할 수 있다.

Keycloak에서 사용하는 각 포트 번호를 100단위로 늘려서 디폴트 HTTPS 8443포트를 리스닝하는 대신 서버를 http://localhost:8543/auth로 실행할 수 있다.

```
$ cd $KC_HOME
$ bin/standalone.sh -Djboss.socket.binding.port-offset=100 -c
```

```
standalone-ha.xml -Djboss.node.name=kc2
```

동일한 방법을 사용해 세 번째 노드를 다음과 같이 실행한다.

```
$ cd $KC_HOME
$ bin/standalone.sh -Djboss.socket.binding.port-offset=200 -c
standalone-ha.xml -Djboss.node.name=kc3
```

위 명령어를 실행하면, 각각 8443, 8543, 8643포트를 사용하는 3개의 Keycloak 인스턴스를 실행하게 된다.

NOTE

인스턴스가 서로 다른 호스트 또는 컨테이너(컨테이너를 사용하는 경우) 실행되기 때문에 프로덕션 환경에서는 jboss.socket.binding port-offset을 사용할 필요가 없다.

Keycloak은 시스템 대체 작동을 위해 클러스터의 서로 다른 노드 간 상태를 공유하는 특정 캐시를 사용한다.

클러스터링을 활성화할 때 고려해야 하는 중요한 설정 중 하나는 클러스터에 필요한 복제본replicas 개수를 설정하고 시스템 대체 작동 요구 사항에 따라 복제본 개수를 조정하는 것이다.

$KC_HOME/standalone/configuration/standalon-ha.xml 파일에는 다음과 같은 캐시 정의가 포함돼 있다.

```
distributed-cache name="sessions" owners="1"/>
<distributed-cache name="authenticationSessions" owners="1"/>
<distributed-cache name="clientSessions" owners="1"/>
<distributed-cache name="actionTokens" owners="2">
    <object-memory size="-1"/>
        <expiration interval="300000" max-idle="-1"/>
</distributed-cache>
```

가용성 및 시스템 대체 작동 요구 사항에 따라 상태가 클러스터의 2개 노드에 복제되도록 오너^owners^ 개수(상태가 복제되는 노드)를 2개 이상으로 증가시켜야 한다. 오너의 개수를 증가시키면 Keycloak은 서비스 중단 없이 1개의 노드로 운영될 수 있다.

GitHub 저장소($KC_HOME/Keycloak-Identity-and-Access-Management-for-ModernApplications/ch9/configure-caches.cli)에 포함된 `configure-caches.cli` 스크립트를 실행해 각 캐시에 대한 오너 개수를 변경한다.

```
$ cd $KC_HOME
$ bin/jboss-cli.sh --file=./Keycloak-Identity-and-Access-
Management-for-Modern-Applications/ch9/configure-caches.cli
```

TIP

> 오너 개수는 네트워크 및 CPU 측면에서 Keycloak의 전체 성능에 직접적인 영향을 준다. 더 많은 오너를 추가하면 노드 간에 상태를 복제하기 위한 추가 오버헤드가 발생한다. 배포의 성능 및 시스템 대체 작동 사이의 균형을 유지하기 위해 오너의 개수를 정의할 때 이 부분을 고려해야 한다.

클러스터링의 또 다른 중요한 특징은 realm 데이터를 캐시해 Keycloak과 데이터베이스의 불필요한 통신을 줄이고 서버의 전체 성능을 향상시키는 것이다. $KC_HOME/standalone/configuration/standalone-ha.xml 파일에서 다음과 같은 캐시에 대한 정의를 확인할 수 있다.

```
<local-cache name="realms">
    <heap-memory size="10000"/>
</local-cache>
<local-cache name="users">
    <heap-memory size="10000"/>
</local-cache>
```

기존에 살펴본 캐시와는 다르게 realms 및 users 캐시는 로컬 캐시이며 해당 항목은 복제되지 않고 클러스터에 포함된 노드의 메모리^in-memory^에만 저장된다. realms 캐시는 클라이언트, 그룹, 역할, ID 제공자 및 인증 흐름과 같은 모든 종류의 realm 데이터를 캐싱한다. 또한 users 캐시는 자격증명, 속성, 역할 및 그룹 매핑과 같은 모든 종류의 사용자 데이터를 캐싱한다. 기본적으로 Keycloak은 2개의 캐시 모두에 대해 최대 10,000개의 엔트리 크기를 정의한다. 과도한 메모리를 할당하지 않고 캐시가 메모리에 유지되는 경우 해당 엔트리 크기는 대부분의 배포에서 데이터베이스와의 불필요한 통신을 제거할 수 있다. 또한 Keycloak에 있는 데이터의 크기에 따라 해당 엔트리를 적절하게 조정할 수 있다.

캐시 설정에 대한 자세한 내용은 서버 캐시 설정 문서(https://www.keycloak.org/docs/latest/ server_ installation/#cache-configuration)에서 확인할 수 있다.

이번 절에서는 여러 개의 인스턴스가 서로 상태를 공유하고 마치 하나의 인스턴스처럼 동작하는 클러스터링을 활성화하는 기본적인 단계를 알아봤다. 또한 가용성 및 확장성 측면에서 클러스터링의 중요성에 대해서도 살펴봤다.

다음 절에서는 Keycloak 클러스터 앞단에 리버스 프록시를 설정해 사용자들이 공용 도메인 이름을 통해 클러스터에 접근할 수 있게 해주는 주요 설정에 대해 배울 것이다.

리버스 프록시 설정

프로덕션 환경에서 리버스 프록시는 고가용성을 구현하기 위한 핵심 구성 요소다. 리버스 프록시는 여러 Keycloak 인스턴스에 대해 단일 및 공용 접근 포인트를 제공하고 정책 집합을 사용해 부하 분산을 수행한다. 해당 인스턴스는 일반적으로 프라이빗 네트워크에 위치하기 때문에 프록시를 통해서만 접근할 수 있다.

리버스 프록시는 인스턴스에 대한 부하 분산을 통해 필요에 따라 인스턴스를 추가하거나 제거해 배포를 확장할 수 있으며, 특정 노드가 요청을 처리하지 못하는 경우에도 장애가 발생하지 않도록 지원한다.

Keycloak은 모든 리버스 프록시 구현과 함께 사용할 수 있으므로 필요에 따라 자유롭게 사용할 수 있다. 아파치 HTTP 서버, Nginx, F5 그리고 HAProxy 등이 리버스 프록시로 널리 사용된다.

프록시 종류에 관계없이 Keycloak에서 리버스 프록시를 사용하기 위한 몇 가지 기본적인 요구 사항이 존재한다.

- TLS 터미네이션 및 재암호화

- 부하 분산

- 세션 어피니티

- 헤더 전송

몇 가지 요구 사항은 리버스 프록시 개념에 이미 포함돼 있으며 다양한 리버스 프록시 구현에서 지원한다.

계속 진행하기 전에 Haproxy.cfg 파일을 통해 HAProxy를 업데이트해야 한다. 해당 파일은 GitHub 저장소($KC_HOME/Keycloak-Identity-and-Access-Managementfor-Modern-Applications/ch9/haproxy.cfg)에서 확인할 수 있다.

```
$ cd $KC_HOME
$ sudo cp Keycloak-Identity-and-Access-Management-for-Modern-
Applications/ch9/haproxy.cfg /etc/haproxy/haproxy.cfg
$ sudo cp Keycloak-Identity-and-Access-Management-for-Modern-
Applications/ch9/haproxy.crt.pem /etc/haproxy
```

다음 절에서 위에서 언급한 각 요구 사항을 살펴보고 HAProxy를 사용해 해당 요구 사항을 구현하는 방법에 대해 알아볼 것이다.

노드 부하 분산

리버스 프록시를 설정할 때 일반적으로 수행하는 첫 번째 작업 중 하나는 클라이언트의 요청을 처리할 백엔드 노드를 구성하는 것이다. 해당 작업은 리버스 프록시가 해결하는 주요 문제 중 하나다. 리버스 프록시를 사용 중이지만 최적의 처리량, 응답 시간 및 시스템 대체 작동을 위한 특정 알고리듬을 사용해 요청이 노드 전체에 분산되도록 부하 분산을 설정해야 한다.

Keycloak에서는 부하 분산을 수행하기 위해 특정 설정을 할 필요가 없다. 하지만 부하 분산 설정을 하는 경우 고려해야 할 부분은 다음과 같다.

- 백엔드 노드 개수는 예상 로드, 가용성 및 시스템 대체 작동 시나리오를 고려해야 한다.

- 노드 부하 분산을 수행하기 위해 사용할 수 있는 여러 개의 알고리듬이 존재한다. 응답 시간 및 처리량 측면에서 원하는 목표를 달성할 수 있는지 확인하기 위해 부하 테스트를 실행한 후 가장 적합한 알고리듬을 선택해야 한다.

HAProxy 설정에서 부하 분산 관련 설정은 다음과 같다.

```
balance roundrobin
server kc1 127.0.0.1:8443 check ssl verify none cookie kc1
server kc2 127.0.0.1:8543 check ssl verify none cookie kc2
server kc3 127.0.0.1:8643 check ssl verify none cookie kc3
```

3개의 Keycloak 인스턴스를 백엔드 노드로 정의하고 라운드 로빈roundrobin을 사용해 노드에 부하 분산을 수행한다. 또한 HAProxy를 사용해 백엔드 노드에 대한 연결을 다시 암호화한다.

NOTE

TLS 터미네이션을 수행하기 위해 프록시를 설정해야 하며, Keycloak과의 통신은 재암호화할 필요가 없기 때문에 HTTP를 사용해 평문(plain text)으로 통신한다. 평문 통신은 Keycloak의 TLS 암호화 작업을 오프로드(offload)하고 CPU의 부담을 줄여서 Keycloak에서 트래픽의 실시간 분석을 수행하는 경우 유용할 수 있지만, 요구 사항에 따라 종단 간 암호화가 필요할 수 있으며 프록시에 접근하는 클라이언트의 경우 다른 인증서가 필요할 수 있다.

이번 절에서는 부하 분산의 중요성과 성능, 가용성 그리고 시스템 대체 작동 측면에서 배포에 미치는 영향을 알아봤다.

다음 절에서는 Keycloak과 통신하는 클라이언트에 대한 정보를 전송하기 위해 프록시를 설정하는 방법에 대해 살펴볼 것이다.

클라이언트 정보 전송

리버스 프록시가 앞단에서 실행되는 경우 Keycloak은 요청을 생성한 클라이언트와 직접 통신하지 않고 리버스 프록시와 통신한다.

이러한 제한 사항을 리버스 프록시는 Keycloak에게 요청을 전송한 클라이언트에 대한 정보를 제공하기 위해 특정 헤더를 전송해야 한다. Keycloak이 필요한 주요 헤더는 다음과 같다.

- **X-Forward-For**: 요청을 전송한 클라이언트의 주소를 표시하는 헤더

- **X-Forward-Proto**: 클라이언트가 프록시와 통신하기 위해 사용하는 프로토콜(예를 들어 HTTPS)을 표시하는 헤더

- **Host**: 프록시의 호스트 및 포트 번호를 표시하는 헤더

TIP

> 프록시에서 헤더 관련 설정을 사용하는 경우 각별히 주의해야 하며, 해당 헤더가 클라이언트 요청에 포함된 경우 해당 헤더를 단순히 Keycloak에 전송하면 안 된다.

Keycloak의 경우 프록시와 연동하는 설정은 매우 간단하다. 기본적으로 Keycloak은 위에서 설명한 헤더를 기반으로 클라이언트를 식별하고 정보를 요청한다.

해당 작업을 수행하기 위해 GitHub 저장소에서 configure-proxy.cli 파일($KC_HOME/Keycloak-Identity-and-Access-Management-for-ModernApplications/ch9/configure-proxy.cli)을 사용하면 된다.

```
embed-server --server-config=standalone-ha.xml --std-
out=discard
/subsystem=undertow/server=default-server/https-listener=https:
write-attribute(name=proxy-address-forwarding, value=true)
stop-embedded-server
```

설정을 적용하기 위해 `jboss-cli.sh` 툴을 실행한다.

```
$ cd $KC_HOME
$ bin/jboss-cli.sh --file=./Keycloak-Identity-and-Access-
Management-for-Modern-Applications/ch9/configure-proxy.cli
```

위 CLI 명령을 실행하면 Keycloak은 위에서 언급된 헤더를 통해 프록시가 제공하는 정보를 활용한다.

리버스 프록시에는 다음과 같은 설정이 정의된다.

```
option forwardfor
http-request add-header X-Forwarded-Proto https
http-request add-header X-Forwarded-Port 443
```

해당 설정을 통해 HAProxy는 위 설정에 포함된 헤더들을 적용해 Keycloak이 요청을 전송하는 클라이언트에 대한 정보를 획득할 수 있게 한다.

이번 절에서는 특정 HTTPS 헤더를 통해 클라이언트 정보를 Keycloak에 전송하는 프록시 설정에 대해 알아봤다. 또한 해당 헤더들을 Keycloak에 적용하는 방법과 요청을 처리할 때 해당 정보를 사용하는 방법도 살펴봤다.

다음 절에서는 세션 어피니티의 중요성과 해당 설정이 전체적인 Keycloak 성능에 미치는 영향에 대해서 배울 것이다.

세션 어피니티 유지

고려해야 할 또 다른 중요한 설정은 프록시가 세션 어피니티를 적용하는 방법이다. 세션 어피니티는 프록시가 동일한 백엔드 노드를 사용해 특정 클라이언트의 요청을 처리한다. 해당 기능은 인증 코드 흐름을 사용하는 사용자 에이전트를 통해 사용자를 인증하는 경우와 같이 클라이언트가 Keycloak과 여러 번의 통신이 필요한 흐름을 사용하는 경우에 특히 유용하다.

'클러스터링 활성화' 절에서 살펴본 것과 같이 Keycloak은 사용자 및 클라이언트와 서버의 통신을 추적한다. 해당 상태는 인메모리 캐시에 저장되고 클러스터에 포함된 다른 노드와 공유된다. 세션 어피니티는 Keycloak에서 캐시 데이터를 검색하는 시간을 최소화하고, 해당 노드에 연결된 클라이언트가 클러스터의 다른 노드에서 데이터를 찾지 않도록 해준다.

세션 어피니티를 설정하려면 GitHub 저장소에 포함된 configure-session-affinity.cli 파일($KC_HOME/Keycloak-Identity-and-Access-Management-for-odernApplications/ch9/configure-session-affinity.cli)을 사용하면 된다.

```
embed-server --server-config=standalone-ha.xml
--std-out=discard
/subsystem=keycloak-server/spi=stickySessionEncoder:add
/subsystem=keycloak-server/spi=stickySessionEncoder/
provider=infinispan:add(enabled=true,
properties={shouldAttachRoute=false})
stop-embedded-server
```

그런 다음 설정을 적용하기 위해 jboss-cli.sh 툴을 실행한다.

```
$ cd $KC_HOME
$ bin/jboss-cli.sh --file=./Keycloak-Identity-and-Access-
Management-for-Modern-Applications/ch9/configure-session-
affinity.cli
```

세션 어피니티를 설정하면 Keycloak은 클라이언트와 백엔드 노드의 세션 어피니티를 유지하기 위해 프록시를 활용한다.

NOTE

> 기본적으로 Keycloak은 세션 어피니티와 관련된 여러 전략을 사용해 클라이언트가 연결돼야 하는 노드를 프록시에 표시한다. 그러나 항상 프록시에서 제공하는 세션 어피니티를 사용하고 shouldAttachRoute 속성을 false로 설정하기를 권장한다.

세션 어피니티는 전체적인 성능에 영향을 준다. 위에서 언급했듯이 연결 상태는 클러스터의 여러 노드에서 공유되므로 추가적인 네트워크 및 CPU 오버헤드를 방지하려면 클라이언트를 특정 백엔드 노드에 지속적으로 연결하는 것이 중요하다.

리버스 프록시의 경우 클라이언트를 특정 노드에 연결하기 위해 다음과 같은 설정을 사용한다.

```
cookie KC_ROUTE insert indirect nocache
```

위 설정에서 HAProxy는 클라이언트의 요청이 처음으로 전달된 노드에 KC_ROUTE 쿠키를 설정한다. 동일 클라이언트의 후속 요청은 항상 동일한 노드에서 처리된다.

이번 절에서는 세션 어피니티와 Keycloak과 프록시에서 세션 어피니티를 적절하게 설정하는 방법을 알아봤다.

다음 절에서는 지금까지 수행한 설정이 예상대로 작동하는지 확인하기 위한 몇 가지 기본 테스트를 실행할 것이다.

⁙ Keycloak 환경 테스트

지금까지 환경 설정을 진행했다면 프로덕션 환경과 유사한 로컬 환경을 갖고 있을 것이다.

9장의 이전 항목에서 다음과 같은 내용을 다뤘다.

- 프론트엔드 및 백엔드 엔드포인트에서 공용 도메인 이름을 사용하도록 Keycloak 설정 및 여러 단일 발급자에서 여러 Keycloak 인스턴스를 논리적으로 그룹화

- Keycloak과 관련된 모든 트래픽이 HTTPS를 사용하도록 활성화

- Keycloak에서 프로덕션 수준의 PostgreSQL 데이터베이스 설정

- 캐시에 저장된 여러 Keycloak 인스턴스 상태를 공유하기 위해 클러스터링 설정

- 단일 공용 도메인 이름을 통해 모든 Keycloak 인스턴스에 접근하기 위해 HA Proxy를 사용해 리버스 프록시 설정

다음 절에서 환경에 대한 몇 가지 기본적인 테스트를 수행해 모든 것이 예상대로 작동하는지 확인할 것이다.

해당 테스트를 시작하기 전에 다음 명령어를 실행해 HAProxy를 실행한다.

```
$ sudo systemctl restart haproxy
```

부하 분산 및 시스템 대체 작동 테스트

우선 먼저 https://mykeycloak URL을 통해 Keycloak에 접근해 관리 콘솔에 로그인한다.

사용하는 브라우저에 따라 요청을 처리하는 백엔드 노드를 확인할 수 있다. 파이어폭스Firefox의 경우 Keycloak에 요청을 전송할 때 개발자 도구development tools를 열고 브라우저가 보낸 쿠키를 확인할 수 있다.

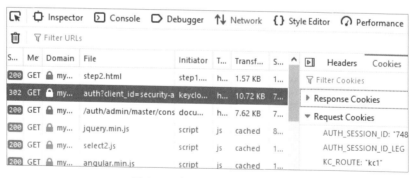

그림 9.2 브라우저에서 전송한 쿠키 확인

브라우저는 KC_ROUTE 쿠키를 전송한다. 해당 값은 클라이언트 요청을 처리하는 Keycloak 인스턴스를 나타내기 위해 리버스 프록시에서 선택한 노드를 의미한다. 위 스크린샷에서는 클라이언트 요청이 kc1으로 전송된다.

이번에는 jboss.node.name 시스템 속성이 kc1으로 설정돼 실행된 Keycloak 인스턴스를 중지한다. KC_ROUTE 쿠키에 다른 값이 포함돼 있는 경우, 해당 값과 관련된 노드 또한 중지해야 한다.

노드를 중지한 다음 관리 콘솔 페이지를 새로고침refresh한다. 설정이 정상적으로 적용된 경우, 재인증을 수행할 필요 없이 관리 콘솔에 접근할 수 있다. Keycloak은 데이터가 인스턴스 간에 복제되도록 하며, 리버스 프록시는 요청을 다른 노드에 자동으로 전송한다.

프론트엔드 및 백엔드 URLs 테스팅

마지막으로, OpenID Discovery 문서 및 Keycloak이 엔드포인트를 노출하는 방법에 대해 알아보자. 해당 작업을 수행하기 위해 https://mykeycloak/auth/realms/master/.well-known/openid-configuration에 접속해 Keycloak을 실행한다. 결과적으로 다음과 같은 JSON 문서를 확인할 수 있다.

```
issuer:                      "https://mykeycloak/auth/realms/master"
▼ authorization_endpoint:    "https://mykeycloak/auth/realms/master/protocol/openid-connect/auth"
▼ token_endpoint:            "https://mykeycloak/auth/realms/master/protocol/openid-connect/token"
▼ introspection_endpoint:    "https://mykeycloak/auth/realms/master/protocol/openid-connect/token/introspect"
▼ userinfo_endpoint:         "https://mykeycloak/auth/realms/master/protocol/openid-connect/userinfo"
▼ end_session_endpoint:      "https://mykeycloak/auth/realms/master/protocol/openid-connect/Logout"
▼ jwks_uri:                  "https://mykeycloak/auth/realms/master/protocol/openid-connect/certs"
▼ check_session_iframe:      "https://mykeycloak/auth/realms/master/protocol/openid-connect/Login-status-iframe.html"
```

그림 9.3 OpenID Discovery 문서

모든 설정이 적절하게 설정된 경우 요청을 처리하는 노드에 관계없이 Keycloak에서 https://mykeycloak/auth 기본 URL을 사용해 모든 엔드포인트가 사용 가능한 것을 확인할 수 있다.

⁙ 요약

9장에서 Keycloak을 프로덕션 환경에 배포하는 주요 단계를 다뤘다. 여기에 제공된 정보를 통해 고가용성을 위한 주요 단계 및 Keycloak 배포 설정을 학습했다.

Keycloak을 프로덕션 환경에 배포하는 경우 HTTPS를 통한 보안 채널을 사용해야 하며 Keycloak이 토큰을 발행하고 OpenID Connect Discovery 문서를 통해 엔드포인트를 노출하는 방법을 설정하기 위해 호스트네임 제공자를 설정하는 것도 중요하다. 또한 프로덕션 수준의 데이터베이스를 사용하는 것과 해당 데이터베이스가 Keycloak의 전체 성능과 가용성, 데이터 일관성 그리고 무결성에 미치는 영향의 중요성에 대해서도 알아봤다.

마지막으로, 클러스터 설정 방법과 클러스터를 다중 Keycloak 인스턴스 환경에서 실행하는 방법에 대해 알아봤고 인스턴스에 부하 분산을 하기 위한 리버스 프록시 설정 방법도 살펴봤다.

10장에서는 Keycloak 사용자 관리 방법과 ID 저장소를 Keycloak과 통합하는 방법을 배울 것이다.

⠿ 질문

1. 데이터베이스는 단일 장애 지점[a single point of failure]입니까?

2. 디폴트 클러스터링 설정은 Keycloak을 구축하기 위해 사용자가 선택한 임의의 플랫폼에서 작동합니까?

3. 쿠버네티스 및 오픈시프트에 Keycloak를 배포하는 가장 좋은 방법은 무엇입니까?

4. 클러스터의 노드 간 통신은 얼마나 안전합니까?

5. 리버스 프록시에서 HTTPS 통신을 사용해야 합니까?

6. Keycloak 노드가 CPU 사용률이 높은 것이 일반적입니까?

7. Keycloak은 얼마나 많은 메모리가 필요합니까?

8. 부하 테스트를 수행하기 위한 툴이 있습니까?

⁝⁝▶ 참고문헌

9장에서 다룬 주제에 대한 더 자세한 정보는 다음 링크들을 참조하면 된다.

- Keycloak clustering documentation: https://www.keycloak.org/docs/latest/server_installation/#_clustering

- Keycloak proxy configuration: https://www.keycloak.org/docs/latest/server_installation/#_setting-up-a-load-balancer-or-proxy

- HAProxy documentation: https://www.haproxy.org/

- Keycloak Hostname documentation: https://www.keycloak.org/docs/latest/server_installation/#_hostname

- Keycloak Network documentation: https://www.keycloak.org/docs/ latest/server_installation/#_network

- Keycloak Database documentation: https://www.keycloak.org/docs/latest/server_installation/#_database

- Keycloak Operator documentation: https://www.keycloak.org/docs/latest/server_installation/#_operator

- WildFly SSL/TLS documentation: https://docs.wildfly.org/22/ WildFly_Elytron_Security.html#configure-ssltls

10

사용자 관리

9장에서 Keycloak을 배포, 실행 및 사용해 애플리케이션에서 사용자를 인증 및 인가하는 방법을 알아봤다. 또한 몇몇 예시를 실행하기 위해 Keycloak에서 사용자를 관리하는 방법에 대해서도 배웠다.

10장에서는 사용자 생성 및 관리 방법, 사용자 자신의 계정을 관리하는 방법, 자격증명을 관리하는 방법과 사용자를 인증하기 위한 서로 다른 ID 저장소 및 ID 제공자 통합 방법 그리고 OpenID Connect, SAML^{Security Assertion Markup Language}, LDAP^{Lightweight Directory Access Protocol}와 같은 오픈 프로토콜을 사용해 사용자의 정보를 가져오는 방법과 같은 ID 관리 및 연합^{federations}과 관련돼 Keycloak에서 제공하는 기능들에 대해 자세히 알아볼 것이다.

10장에서는 다음과 같은 주제를 다룬다.

- 로컬 사용자 관리

- LDAP 및 액티브 디렉터리 통합

- 소셜 ID 제공자 통합

- 서드파티 ID 제공자 통합

- 사용자의 데이터 관리 허용

10장을 통해 해당 기능을 활용해 사용자를 효과적으로 관리하고 사용자가 ID 관리 및 연합과 관련된 일반적인 문제를 해결하는 데 사용할 수 있는 방법을 이해할 수 있다.

⫶ 기술 요구 사항

다음 링크(https://bit.ly/3vl0f4i)에서 Code in Action 동영상을 확인해보라.

⫶ 로컬 사용자 관리

9장에서 Keycloak에서 사용자를 생성해 이 책에 나와 있는 몇 가지 예시를 실행했다. 이번 절에서는 Keycloak 내부 데이터베이스에 저장된 사용자를 관리하기 위해 Keycloak에서 제공하는 몇 가지 주요 기능에 대해 자세히 알아볼 것이다. 지금부터 로컬 사용자를 언급하는 경우 Keycloak 데이터베이스에 저장된 로컬 사용자를 의미한다.

ID 관리 솔루션으로서 Keycloak은 사용자 ID를 관리하는 몇 가지 기능들을 제공한다. 이번 절에서는 다음과 같은 주제를 다룬다.

- 사용자 생성 방법

- 사용자 자격증명 관리 방법

- 사용자 정보 획득 및 검증 방법

- 사용자 자동 등록을 활성화하는 방법

- 속성을 활용해 사용자 정보를 확장하는 방법

다음 절에서는 Keycloak에서 로컬 사용자를 생성하는 방법부터 살펴보도록 한다.

로컬 사용자 생성

Keycloak에서 신규 사용자를 생성하는 경우, 좌측 패널의 **Users** 링크를 클릭하면 해당 realm에 등록된 모든 사용자가 포함된 리스트가 표시된다. 리스트의 우측 상단에는 **Add user** 버튼이 있다. 해당 버튼을 클릭하면 사용자 생성 페이지가 표시된다.

신규 사용자를 생성하는 경우, 몇 가지 간단한 정보만 입력하면 된다. 즉 **사용자 이름** username만 입력해 신규 사용자를 생성할 수 있다. 사용자 이름을 alice로 입력해 신규 사용자를 생성해보자.

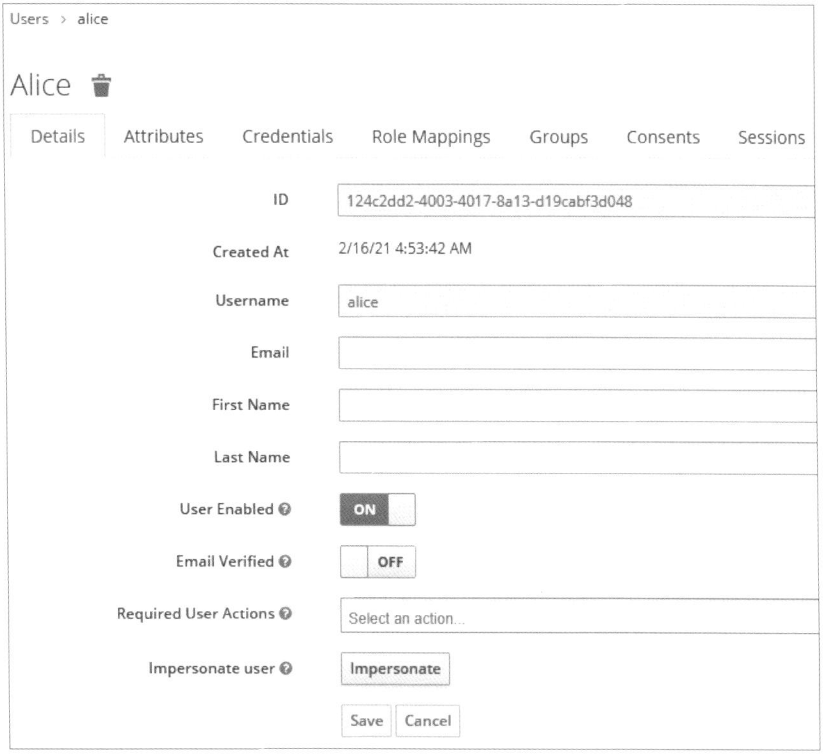

그림 10.1 신규 사용자 생성

사용자를 생성하기 위해 **Save**를 클릭한다.

사용자 생성은 간단한 작업이다. Keyloak은 사용자에 대한 몇 가지 기본적인 정보를 통해 사용하지만 추가적인 정보를 통해 추후 더 많은 정보를 제공할 수 있다. 이러한 기본적인 정보들은 Keyclaok이 사용자를 식별하고, 사용자를 다른 기능과 연동시키며, 사용자 인증 후 토큰을 발행하기 위해 사용된다.

관리자가 사용자에 대한 모든 정보를 사전에 알고 있는 경우 관리 콘솔을 사용해 사용자를 생성하는 것이 편리하다. 하지만 사용 사례에 따라 항상 그렇진 않기 때문에 사용자가 자신의 realm에 직접 등록하도록 허용하거나 인증 프로세스의 일부로 사용자에게 정보를 요청할 수 있다.

이번 절에서 Keycloak에서 사용자를 생성하는 방법에 대해 알아봤다. 또한 Keycloak에서 사용자 정보를 통해 realm의 사용자를 인증하는 방법도 살펴봤다. Keycloak에서 사용자의 추가적인 정보를 포함시킬 수 있으며 사용자가 생성된 후에는 사용자가 속한 realm을 통해서만 인증을 수행할 수 있다.

다음 절에서 사용자 자격증명 관리 방법에 대해 배울 것이다.

사용자 자격증명 관리

사용자를 생성하면 realm에서 인증할 수 있다. 해당 인증을 수행하기 위해 사용자 자격증명을 설정해야 한다. Keycloak은 다양한 유형의 자격증명을 통해 다양한 형태의 인증을 지원한다. 11장, '사용자 인증'에서 살펴보겠지만 사용자는 패스워드, 일회용$^{one\text{-}time}$ 키, 보안 기기, X.509 인증서 등을 사용해 인증할 수 있다.

사용자 자격증명을 관리하려면 사용자 리스트에서 사용자를 선택한 다음 **Credentials** 탭을 클릭한다. 해당 탭에는 사용자와 관련된 모든 자격증명이 표시되며, 자격증명 삭제 및 수정과 같은 작업을 수행할 수 있다. 사용자에 대한 패스워드(가장 강력하진 않지만 가장 간단한 인증 형식)를 쉽게 설정할 수 있는 바로가기^{shortcuts}도 제공된다.

> **NOTE**
>
> Keycloak은 자격증명과 관련된 민감한 데이터를 노출하지 않으며, 자격증명과 관련된 기본 및 민감하지 않은 데이터만 노출한다. 보안 요구 사항에 따라 데이터베이스에 저장된 데이터를 암호화할 수도 있다.

11장에서 다른 유형의 자격증명을 살펴보겠지만 지금은 사전에 생성한 alice의 패스워드를 생성해보자. 해당 작업을 수행하려면 **Password** 및 **Password Confirmation** 필드를 원하는 값으로 입력하고 **Temporary** 설정을 비활성화한다. 해당 설정은 11장에서 살펴볼 것이기 때문에 지금은 크게 신경 쓰지 않아도 된다. **Temmporary** 설정을 비활성화하면, 사용자의 최종 패스워드를 생성한다는 것만 알아두면 된다. 사용자의 패스워드를 설정하기 위해 **Set Password** 버튼을 클릭한다.

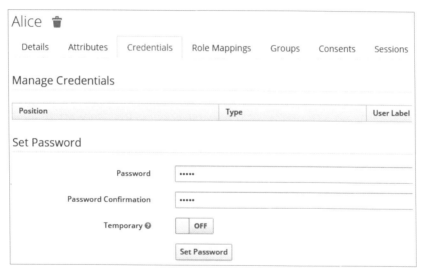

그림 10.2 사용자의 신규 패스워드 설정

패스워드 설정을 하면 자격증명 리스트가 위에서 설정한 사용자의 신규 패스워드로 업데이트됐음을 확인할 수 있다.

해당 리스트에서 사용자의 자격증명에 대한 정보(민감하지 않음)를 확인할 수 있으며 삭제를 할 수도 있다.

이제 사용자가 realm에 인증할 수 있는지 확인해보자. 해당 작업을 수행하기 위해 Keycloak에서 제공하는 애플리케이션인 계정 콘솔에 접근한다. 해당 애플리케이션에서 사용자들은 자신의 정보를 관리할 수 있다. 계정 콘솔은 추후 살펴볼 것이며, 지금은 http://localhost:8080/auth/realms/myrealm/account에 접속한다. myrealm 로그인 페이지로 리다이렉트된다.

사용자 이름[alice]과 패스워드를 입력하고 **Login** 버튼을 클릭한다.

정상적으로 로그인된 경우, alice 계정 콘솔에 접근할 수 있다.

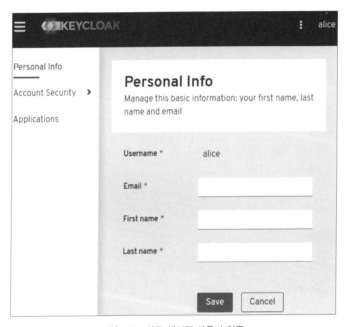

그림 10.3 신규 생성된 사용자 인증

이번 절에서 관리 콘솔을 통해 사용자 자격증명을 관리하는 방법에 대해 알아봤다. 또한 Keycloak에서 바로가기[shortcuts]를 통해 서로 다른 유형의 자격증명을 관리하는 방법에 대해서도 살펴봤다. 그리고 계정을 생성하면 패스워드뿐만 아니라 사용자와 관련된 모든 자격증명은 **Credentials** 탭에서 관리할 수 있다.

다음 절에서 인증 프로세스가 수행되는 동안 사용자에 대한 더 많은 정보를 수집하기 위해 사용자와 상호 작용하는 방법을 알아볼 것이다.

사용자 정보 획득 및 검증

9장에서 사용자 이름만 입력해 alice 계정을 생성했다. 또한 realm에서 인증을 수행하기 위해 해당 계정의 패스워드를 설정했다.

이미 알고 있겠지만 alice에 대한 몇 가지 중요한 정보가 누락돼 있으며 계정을 생성하기 위해 alice가 해당 정보를 입력해야 한다.

Keycloak은 인증 프로세스 과정에서 **Required User Actions**라는 기능을 사용해 사용자와 상호 작용할 수 있다. 해당 설정은 사용자가 realm에 인증하기 전에 수행해야 하는 작업들이다.

Keycloak은 다음과 같은 다양한 시나리오를 포함하는 일련의 공통 작업을 제공한다.

- **이메일 검증**: 이메일 검증이 설정된 경우, 이메일이 사용자 소유가 맞는지 확인하기 위해 사용자에게 이메일 전송

- **패스워드 업데이트**: 사용자에게 패스워드 업데이트 요청

- **프로파일 업데이트**: 사용자에게 이름 및 이메일 정보를 통해 사용자에게 프로파일 업데이트 요청

다른 옵션도 존재하지만 위의 작업을 통해 해당 설정이 얼마나 강력한지, 사용자가 인증할 때 사용자와 상호 작용할 수 있는 방법을 알 수 있다.

alice의 **Update Profile** 작업을 설정하고 해당 계정의 누락된 정보를 획득한다.

해당 작업을 수행하기 위해, 사용자 리스트에서 **alice**를 선택하고 **Required User Actions** 필드에서 사용 가능한 작업 리스트에서 **Update Profile**을 선택한다. 그다음, **Save** 버튼을 클릭한다.

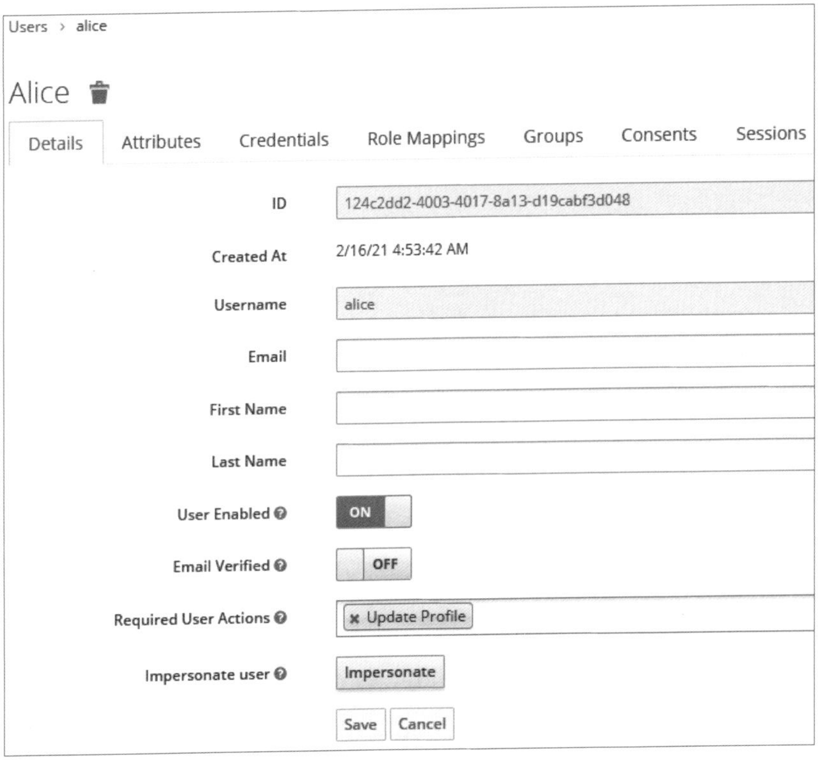

그림 10.4 누락된 계정 정보를 업데이트하기 위해 로그인하는 동안 사용자의 프로필 업데이트 수행

이제 alice 계정 콘솔에 접속하기 위해 브라우저에서 http://localhost:8080/auth/realms/myrealm/account로 접속한다. myrealm 로그인 페이지로 리다이렉트된다.

alice의 사용자 이름과 패스워드를 입력하고 **Login** 버튼을 클릭한다. 정상적으로 로그인된 경우, 사용자의 추가 정보를 요청하는 페이지로 리다이렉트된다. 모든 필드에 정보를 입력하고 **Submit** 버튼을 클릭한다.

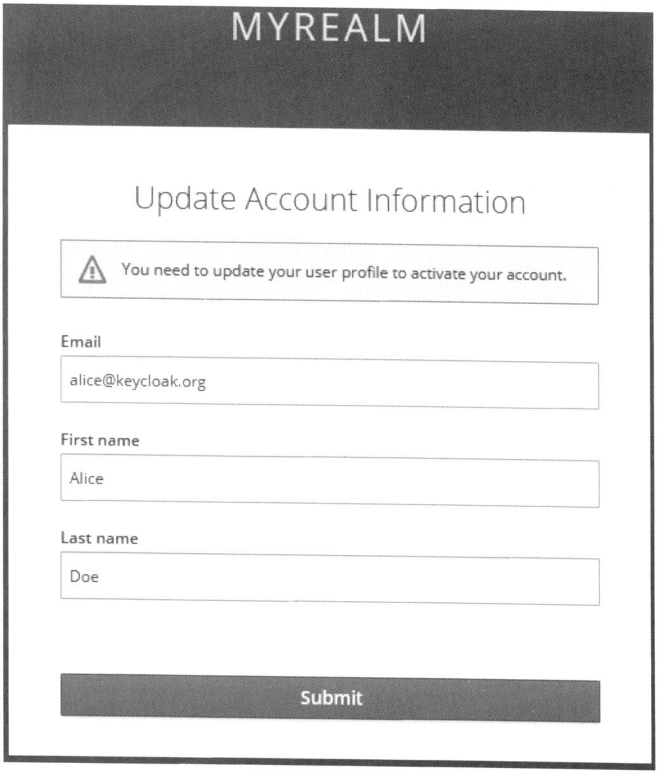

그림 10.5 사용자의 계정 정보 업데이트 요청

사용자 정보를 입력하면, Keycloak은 제공된 정보를 통해 계정 정보를 업데이트한다. 계정 콘솔에 접속하는 경우 업데이트된 정보가 표시된다.

사용자에 대해 설정한 다른 필수 작업에도 동일한 생각이 적용되며, 각 작업은 사용자가 realm에 인증하기 전에 완료해야 하는 특정 단계와 관련돼 있다. 예를 들어 **Update Password** 작업을 설정한 경우, 사용자는 패스워드 재설정 요청을 받는다. 또한 **Verify Email**은 이메일 확인 프로세스를 통해 사용자가 설정한 이메일이 유효한지 확인한다.

이번 절에서는 Keycloak을 통해 관리자로서 사용자와 상호 작용해 계정에 대한 정보를 획득하고 검증하는 방법에 대해 알아봤다.

다음 절에서 사용자가 자신의 계정을 자동 등록하는 방법을 살펴볼 것이다.

자동 등록 활성화

필요한 경우 realm의 계정 자동 등록을 활성화하고 해당 계정 정보의 책임을 사용자에게 위임할 수 있다. 수동으로 사용자를 생성하는 것과는 달리 Keycloak은 로그인 페이지에 사용자 자동 등록을 위한 링크를 제공한다.

해당 링크를 사용하려면, 좌측 메뉴에서 **Realm Settings**를 클릭하고 **Login** 탭을 클릭한다. 해당 탭에서 **User registration** 옵션을 활성화한다.

이제 자동 등록 프로세스를 통해 신규 사용자를 생성해보자. 브라우저를 사용해 http://localhost:8080/auth/realms/myrealm/account에 접속한다. 로그인 페이지에서 **Register** 링크를 클릭한다.

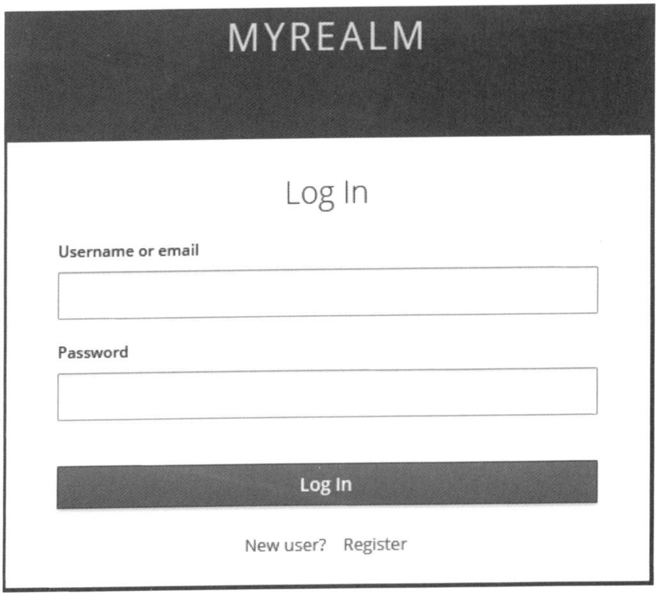

그림 10.6 사용자에게 realm 등록 허용

해당 링크를 클릭하면 관리 콘솔에서 사용자를 생성할 때 사용한 것과 동일한 정보를 요청하는 등록 페이지가 표시된다. 요구하는 정보를 필드에 입력하고 **Register** 버튼을 클릭해 신규 사용자를 생성한다.

이제 Keycloak 관리 콘솔로 돌아가 생성한 사용자가 사용자 리스트에 포함돼 있는지 확인한다. 사용자가 정상적으로 생성된 경우 해당 사용자 리스트에 생성한 사용자가 표시된다.

자동 등록은 강력한 기능이며 사용자가 realm에 등록해야 하는 경우 반드시 필요한 기능이다. 또한 필요한 경우 휴대폰 번호나 주소와 같은 사용자의 추가 정보를 얻기 위해 등록 페이지를 사용자 정의할 수 있는 유연성을 제공한다. 13장, 'Keycloak 확장'에서 사용자 정의에 대해 살펴볼 것이다.

이번 절에서 realm의 자동 등록 활성화해 관리자의 개입 없이 realm에 사용자가 자신의 계정을 등록할 수 있는 방법에 대해 알아봤다.

다음 절에서 사용자의 추가 정보를 관리하는 방법을 살펴볼 것이다.

사용자 속성 관리

Keycloak에서 속성attributes을 활용해 사용자의 추가적인 메타데이터를 관리할 수 있도록 해준다. 위에서 살펴본 것처럼 Keycloak은 기본 정보 집합을 활용해 사용자를 식별하고 인증한다. 또한 해당 정보는 토큰을 검사하거나 사용자 프로파일에 접근하기 위해 사용할 수도 있다. 사용자 속성을 관리하기 위해 사용자 리스트에서 해당 사용자를 선택하고 **Attributes** 탭을 클릭한다. 각 속성은 키(속성 이름)와 텍스트 값을 가진다.

사용자 속성은 사용자에 대한 추가 정보를 애플리케이션에 제공하며 ABAC^Attribute-Based Access Control^과 같은 다양한 형태의 권한 부여와 같이 다양한 유형의 문제를 해결할 수 있다.

속성을 사용하면 해당 속성을 애플리케이션에서 사용하기 위해 프로토콜 매퍼를 생성해 속성을 토큰에 매핑해야 하며 Introspection 토큰 및 userinfo 엔드포인트를 쿼리할 때도 속성을 사용할 수 있다.

Keycloak을 확장하는 경우 13장, 'Keycloak 확장'과 같이 속성을 통해 사용자 계정에 추가적인 정보를 포함해 계정 콘솔을 확장할 수 있다. 또한 동일한 방법으로 프로파일 업데이트 페이지를 사용자 정의하기 위해 사용할 수 있다. 해당 페이지는 9장에서 살펴본 것과 같이 인증 프로세스 과정에서 사용자에게 표시된다. 해당 페이지에서 속성을 사용해 인증 프로세스 단계에서 수집된 사용자 정의 정보를 저장할 수 있다.

이번 절에서 사용자 속성을 통해 Keycloak의 사용자 모델 확장 방법에 대해 알아봤다.

또한 사용자 속성을 활용해 Keycloak의 여러 부분을 확장해 사용자로부터 추가 정보를 획득하고 사용자 속성으로 저장할 수 있다. 그리고 사용자 속성은 일반적으로 프로토콜 매퍼를 통해 사용자에 대한 추가 정보를 애플리케이션에 전달하기 위해 사용되는 것을 확인했다.

다음 절에서 Keycloak 데이터베이스가 아닌 다른 소스에서 사용자를 관리하기 위해 서드파티 ID 제공자 및 ID 저장소를 통합하는 방법에 대해 알아볼 것이다. 먼저 LDAP 디렉터리에서 사용자 정보를 가져오는 방법을 확인해보자.

LDAP 및 액티브 디렉터리 통합

많은 조직에서 여전히 LDAP 디렉터리를 디지털 ID에 대한 단일 정보 소스로 사용한다. Keycloak은 다양한 LDAP 서버 구현을 통합해 기존 보안 인프라를 활용하고 Keycloak에서 제공하는 모든 인증 및 인가 기능을 사용할 수 있다.

Keycloak은 LDAP을 사용해 여러 방법으로 통합을 수행할 수 있다. LDAP 디렉터리의 데이터를 Keycloak 데이터베이스로 가져오고 LDAP 디렉터리와 동기화된 상태로 유지하는 상태 저장 브로커stateful broker 역할을 수행할 수 있으며 자격증명 확인을 LDAP 디렉터리에 위임하는 상태 비저장 브로커stateless broker 역할을 수행할 수도 있다.

또한 단일 realm 내에 여러 개의 LDAP 디렉터리를 설정할 수 있고 Keycloak에서 사용자를 인증할 때 준수해야 하는 우선순위를 설정할 수 있다.

Keycloak에서 "사용자 연합user federation"이라는 용어는 외부 ID 저장소와 통합하는 기능을 의미한다. LDAP은 사용자 연합의 한 형태이며 관리 콘솔의 좌측 메뉴에 있는 **User Federation** 링크를 클릭해 설정할 수 있다.

신규 LDAP 서버를 구성하려면 사용 가능한 공급자 목록에서 **ldap**을 선택한다.

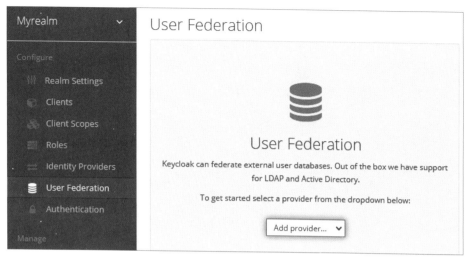

그림 10.7 신규 LDAP 사용자 연합 제공자 생성

제공자를 선택하면 LDAP 디렉터리와 통합하기 위해 필요한 모든 설정이 포함된 페이지가 표시된다. Keycloak은 액티브 디렉터리를 포함해서 대부분의 LDAP 벤더를 지원한다. Vendor 필드에서 여러 벤더 중 하나를 선택할 수 있으며 Keycloak은 선택한 벤더에 가장 적합한 디폴트 설정을 찾는다.

LDAP를 통해 Keycloak을 통합하고자 하는 경우 현재 페이지에 있는 대부분의 설정, 즉 다양한 연결 설정 및 LDAP 디렉터리 구조와 관련된 설정에 익숙해야 한다. 그리고 통합을 환경에 맞게 구현하기 위해 Keycloak에서 제공하는 추가 설정에 대해 자세히 알아볼 것이다. 먼저 **Import Users** 설정부터 시작해보자.

Import Users 설정에서 사용자는 Keycloak이 LDAP 서버의 데이터를 데이터베이스에 취합할 것인지에 대한 여부를 정의할 수 있다.

기본적으로 이 설정은 사용자가 LDAP 공급자를 통해 인증할 때마다 해당 사용자에 대한 정보가 데이터베이스에 유지되도록 활성화된다. 해당 설정이 기본적으로 활성화된 주요 이유 중 하나는 그렇지 않은 경우, Keycloak의 모든 기능을 활용할 수 없기 때문이다. 해당 기능이 활성화되지 않은 경우 LDAP 디렉터리를 통해 사용자를 인증하는 브로커로만 사용할 수 있다.

일반적으로 사용자가 인증을 시도하면 Keycloak은 해당 사용자가 데이터베이스에 존재하는지 확인한다. 사용자가 데이터베이스에 없는 경우, Keycloak은 LDAP 디렉터리에서 사용자를 조회한다. 인증하려는 사용자가 있는 경우, Keycloak은 LDAP 프로토콜을 사용해 사용자를 인증하고, 인증이 성공하면 데이터베이스에 사용자를 등록한다. 사용자를 등록하면 사용자는 연합 사용자federated user로 설정되며 사용자 및 LDAP 제공자 간에 링크가 생성된다.

사용자와 LDAP 공급자 간의 링크는 사용자 연합의 중요한 부분이다. 사용자가 가진 LDAP과 같은 특정 사용자 연합 제공자의 링크를 확인해 Keycloak은 **local user**와 **federated user**를 구분할 수 있다. 여기서 "federated"라는 용어는 ID 및 접근 관리 데이터를 공유하기 위해 Keycloak과 외부 ID 저장소(LDAP 디렉터리) 간에 생성된 신뢰를 의미한다.

Keycloak은 LDAP 디렉터리에 데이터를 읽고 쓰는 방법을 관리하기 위한 몇 가지 키 동기화 설정을 제공한다. 다른 작업을 수행하기 전에 **Edit Mode** 설정을 통해 원하는 동기화 전략을 결정해야 한다. READ_ONLY, WRITABLE 및 UNSYNCED의 세 가지 전략 중에서 선택할 수 있다.

READ_ONLY 전략을 사용하면 LDAP 디렉터리를 읽기 전용 모드로 사용할 수 있으며, 연합 사용자에 대한 변경 사항은 LDAP 디렉터리에 다시 복제되지 않는다. 반면 WRITABLE 전략은 연합 사용자에게 적용된 모든 변경 사항을 LDAP 디렉터리에 다시 복제할 수 있는 강력한 전략이다.

어떤 전략을 사용해야 하는지는 활용 사례에 따라 달라진다. 특정 환경에서는 LDAP이 사용자가 제어할 수 있는 권한이 제한된 ID의 단일 정보 소스인 경우도 있다. LDAP 디렉터리의 ID 관리를 중앙 집중화하면서 Keycloak을 사용해 보안 인프라를 현대화하는 경우, READ_ONLY 전략이 적합하다.

하지만 LDAP으로 마이그레이션할 계획이 있고 Keycloak을 통해 ID 관리를 중앙 집중화하려는 경우 writable 전략이 해당 전환 과정에서 도움이 될 것이다. 또한 해당 전략을 통해 LDAP를 활성화 상태로 유지하고 Keycloak을 통해 변경된 사항을 동기화할 수 있다.

가장 적절한 동기화 전략을 결정하면 Keycloak에서 제공하는 추가 설정을 확인해 동기화 방법을 제어할 수 있다. Keycloak을 사용하면 관리 콘솔을 통해 프로세스를 수동으로 실행(triggering)해 사용자 정보를 동기화하거나 자동으로 동기화가 수행되도록 시간을 설정해 동기화를 수행할 수 있다.

사용자 정보의 수동 동기화를 실행하려면 **Synchronize All Users** 버튼을 클릭해야 한다. 해당 버튼은 LDAP 제공자를 생성하면 활성화된다. 제공자를 생성한 다음 바로 전체 동기화full synchronization를 실행하는 것이 권장된다. 초기 인증을 수행할 때 전체 동기화를 수행하면 사용자 가져오기importing users가 실행되지 않기 때문이다. 또한 마지막 동기화 후 변경된 로컬 사용자 동기화, LDAP 제공자에서 가져온 사용자 제거, 사용자와 LDAP 제공자 간의 링크 제거 등 수행할 여러 작업이 제공돼 사용자를 효과적으로 일반 로컬 사용자로 변경할 수 있다.

사용자를 가져온 후에는 필요에 따라 주기적 동기화를 예약할 수 있다. 전체 또는 부분 동기화에 대한 동기화를 예약할 수 있다.

전체 동기화를 수행하면 Keycloak 이 데이터베이스에 복제해야 하는 LDAP 트리의 변경 사항을 확인해 LDAP에서 생성된 신규 사용자 및 해당 사용자의 갱신된 정보가 지속적으로 동기화된다.

부분 동기화는 마지막 동기화를 수행한 후 Keycloak이 신규 사용자를 찾고 기존 사용자를 갱신하기 때문에 좀 더 효율적인 전략을 통해 Keycloak을 최신 상태로 유지할 수 있다.

이번 절에서 사용자 연합과 사용자를 인증하고 정보를 동기화하기 위해 Keycloak을 기존 LDAP 서버와 통합하는 방법에 대해 알아봤다.

다음 절에서는 LDAP 매퍼mappers와 LDAP 디렉터리에서 추가 정보를 가져오는 것과 통합을 수행하는 측면에서 매퍼의 중요성에 대해 살펴볼 것이다.

LDAP 매퍼 이해

사용자와 마찬가지로 Keycloak 또한 LDAP에서 다양한 유형의 정보를 가져온다. LDAP에서 사용자를 가져오는 방법(LDAP 제공자의 핵심 기능 중 일부)과 달리 해당 정보는 매퍼를 통해 가져온다.

LDAP 매퍼는 LDAP에서 Keycloak으로 또는 그 반대로 정보를 매핑하기 위한 Keycloak의 특별하고 강력한 기능이다.

LDAP 매퍼는 사용자, 그룹, 역할, 인증서 또는 액티브 디렉터리와 같은 특정 LDAP 제공자를 사용할 때만 접근할 수 있는 정보에 대한 LDAP 데이터 읽기 및 쓰기 방법에 대한 세부적인 제어와 LDAP 통합에 대한 또 다른 확장 포인트extension point를 제공한다. LDAP에서 특정 데이터 집합을 매핑해야 하는 경우 지원 가능한 매퍼 리스트를 확인하고 적절한 매퍼를 찾으면 된다.

신규 제공자를 생성하는 경우 Keycloak은 제공자 설정에 기반해 자동으로 매퍼 집합을 설정한다. 예를 들어 가져오기 모드 또는 편집 모드에 따라 다른 매퍼 집합이 생성된다. 따라서 제공자를 생성하기 전에 모드를 설정하는 것이 중요하다. 해당 설정을 수행하지 않으면 공급자가 생성된 후 설정에 따라 매퍼를 변경해야 한다.

LDAP 제공자와 관련된 매퍼를 관리하려면 사용 중인 제공자의 **Mappers** 탭을 클릭한다. 해당 탭에서 사용 중인 공급자의 현재 활성화된 모든 매퍼 리스트가 표시된다. 또한 신규 매퍼를 제공자와 연동할 수 있다. 리스트의 우측 상단에 있는 **Create** 버튼을 클릭해 해당 작업을 수행할 수 있다.

사용 가능한 여러 가지 유형의 매퍼가 있으며 각 매퍼는 특정 작업과 관련돼 있다. 추후 이어지는 절에서는 LDAP에서 그룹 및 역할 데이터를 관리하기 위한 매퍼를 생성하는 방법에 대해 알아볼 것이다.

그룹 동기화

LDAP의 그룹 데이터를 관리하려면 매퍼 리스트의 우측 상단에 있는 **Create** 버튼을 클릭한다. 신규 매퍼의 이름을 입력하고 Mapper Type 필드에서 group-ldap-mapper 를 선택한다.

해당 페이지의 설정 중 일부는 LDAP 트리에서 그룹을 설정하는 방법과 관련이 있다. 예를 들어 그룹이 속한 DN^{Distinguished Name}을 제공해야 한다. 해당 속성은 그룹 이름을 가져오기 위해 사용되며, Keycloak이 사용자가 속한 그룹을 자동으로 검색할 수 있도록 LDAP 트리에서 멤버십 정보를 정의하기 위해 사용된다.

group-ldap-mapper 유형은 LDAP으로부터 그룹을 가져오는 방법을 설정하기 위한 몇 가지 설정을 제공한다. 일부 설정은 LDAP 트리에서 그룹이 구성되는 방식에 따라 달라진다.

해당 매퍼를 생성하는 첫 번째 단계는 LDAP 트리에서 그룹 위치를 설정하는 것이다. 해당 작업을 수행하려면 전체 그룹이 위치한 베이스 DN^{base DN}을 포함해 LDAP Groups DN 필드를 작성해야 한다. 또한 몇몇 기준에 따라 그룹을 가져와야 하는 복잡한 LDAP 트리가 있는 경우 추가 필터를 제공해야 한다. LDAP Filter 필드를 사용해 해당 작업을 수행할 수 있다.

Keycloak은 그룹 엔트리에 정의된 오브젝트 클래스를 기반으로 베이스 DN에서 그룹 엔트리를 조회한다. Group Object Classes 필드를 사용해 오브젝트 클래스를 설정할 수 있다.

다음 단계는 Keycloak에서 그룹 엔트리 정보를 Keycloak과 매핑하는 방법을 설정하는 것이다. 그룹 이름은 Group Name LDAP Attribue 필드를 통해 해당 엔트리에서 매핑될 수 있다. 해당 필드는 그룹 이름을 저장하기 위해 사용하는 LDAP 속성으로 변경할 수 있다. 일반적으로는 CN^{Common Name} 속성을 사용한다.

이제 LDAP에서 그룹을 검색하고 해당 정보를 Keycloak에 매핑하는 방법을 이해했기 때문에, 그룹 계층 및 사용자 멤버십을 매핑하는 방법을 알아볼 차례다.

LDAP에서 그룹은 일반적으로 조직 트리를 나타내기 위해 계층 구조로 구성된다. Keycloak을 사용하면 LDAP에서 그룹을 가져올 때 해당 트리를 자동으로 생성해 그룹 계층 구조를 매핑하고 유지할 수 있다. 첫 번째 단계는 Membership LDAP Attribute 필드를 사용해 계층 구조에서 그룹 간의 관계를 추론하는 데 사용되는 속성을 설정하는 것이다. Keycloak은 해당 속성값을 확인해 하위 그룹^{children of a group}을 조회한다. 해당 포맷은 일반적으로 다른 그룹 엔트리의 FQN^{Fully Qualified Name}을 사용한다.

또한 Keycloak은 LDAP의 사용자 멤버십을 매핑해 사용자를 가져오는 경우, 사용자가 속한 그룹에 사용자를 자동으로 할당한다. 해당 작업을 수행하기 위해 LDAP에서 멤버십을 설정하는 방법에 대해 다른 전략을 설정할 수 있다. User Groups Retrieve Strategy 필드를 사용해 그룹의 member 속성에 따라 사용자 멤버십 자격을 가져올지 _(그룹 계층 구조를 가져오는 것과 유사함) 또는 LDAP 사용자 엔트리에 포함된 다른 속성_(일반적으로 memberOf 속성)을 통해 멤버십 자격을 가져올지 여부를 선택할 수 있다.

동기화 측면에서는 매퍼를 사용하면 그룹 정보를 LDAP 디렉터리와 동기화하는 방법과 그룹을 Keycloak으로 가져오는 방법을 세부적으로 제어할 수 있다.

쓰기 권한을 가진 LDAP 제공자를 사용하는 경우, 매퍼는 기본적으로 사용자 멤버십을 포함해 LDAP에서 가져온 그룹에 대한 변경 사항을 재작성한다. 해당 작업은 그룹 정보를 가져와 LDAP에 다시 동기화하는 방법에 대한 다양한 전략을 제공하는 Mode 필드를 통해 수행된다.

기본적으로 LDAP에서 가져온 그룹은 Keycloak에서 최상위^{top-level} 그룹으로 생성된다. 상황에 따라, LDAP에서 가져온 그룹을 로컬 그룹과 구별하기 위해 Keycloak의 특정 그룹에 포함시키는 것이 유용할 수 있다. 해당 작업을 수행하려면, Groups Path 필드를 Keycloak의 기존 그룹으로 설정하면 된다.

이번 절에서는 `group-ldap-mapper` 매퍼를 사용해 그룹 정보를 매핑하는 방법에 대해 알아봤다. 또한 그룹 데이터를 가져오는 다양한 방법과 LDAP과 동기화하는 방법에 대해서도 알아봤다.

다음 절에서 LDAP 역할을 매핑하는 방법에 대해 알아볼 것이다.

역할 동기화

그룹과 마찬가지로 역할도 특정 매퍼를 사용해 LDAP에서 매핑된다. 역할 데이터를 가져오려면 매퍼 리스트의 우측 상단 코너에 있는 Create 버튼을 클릭한다.

신규 매퍼의 이름을 입력하고 Mapper Type 필드에서 `role-ldap-mapper`를 선택한다.

역할 매핑의 핵심 설정은 이전 절에서 학습한 설정과 거의 동일하다. 해당 설정은 주로 Keycloak이 LDAP 트리에서 엔트리를 조회하는 방법을 설정하는 것이다.

이번 절에서는 Keycloak이 LDAP의 역할 정보를 매핑하는 방법과 관련된 작업 및 특정 속성에 대해 자세히 알아볼 것이다.

사용자가 Keycloak에 인증할 때마다 Keycloak에서 역할을 자동으로 가져온다. 또한 Keycloak을 사용해 매퍼를 생성한 후 수동으로 동기화를 실행할 수 있다.

역할을 가져는 경우, Keycloak은 기본적으로 해당 역할을 realm 역할로 생성한다. realm의 사용자는 LDAP에 설정된 역할과 동일한 역할이 자동으로 설정된다.

해당 작업은 Use Realm Roles Mapping 필드를 통해 수행되며, 또한 Keycloak에서 가져온 역할이 특정 클라이언트의 클라이언트 역할로 생성되도록 비활성화할 수 있다.

이번 절에서는 Keycloak을 LDAP과 통합하고 사용자, 그룹 그리고 역할 정보를 연동하는 방법에 대해 알아봤다. 또한 Keycloak이 LDAP 매퍼 기능을 통해 LDAP의 다양한 정보 유형을 유연하게 매핑하는 것도 살펴봤다.

마지막으로 Keycloak을 통해 데이터를 가져오는 방법을 세밀하게 제어할 수 있고 LDAP에서 가져온 정보에 변경 사항이 발생할 때마다 해당 변경 사항이 LDAP 반영되는 것을 확인했다.

다음 절에서는 사용자를 인증하고 복제하기 위해 Keycloak을 ID 브로커로 활용해 서드파티 ID 제공자와 통합하는 방법을 살펴볼 것이다.

⠿ 서드파티 ID 제공자 통합

다양한 개방형 표준 프로토콜을 활용해 Keycloak을 서드파티 ID 제공자와 연동할 수 있다.

이전 절에서 사용자 연합과 LDAP ID 제공자를 손쉽게 통합하는 방법에 대해 알아봤다. ID 제공자는 Keycloak 및 ID 제공자 간의 크로스 도메인 트러스트cross-domain trust를 생성하기 위해 사용자 연합을 사용한다. 크로스 도메인 트러스트는 사용자의 ID 데이터를 공유하고 사용자를 Keycloak에서 생성, 인증 그리고 인가하기 위해 사용된다.

서드파티 ID 제공자 통합은 Keycloak을 ID 브로커로 사용해 수행할 수 있다. Keycloak은 대상 ID 제공자의 사용자 인증 및 복제를 위한 중개 서비스intermediary service 역할을 수행한다.

ID 브로커는 다양한 유형의 문제들을 해결할 수 있다. 다음 절에서 확인할 수 있겠지만, 레거시legacy ID 및 접근 관리 시스템의 통합 포인트로서 소셜 제공자와 통합하기 위해 사용할 수 있다. 또는 비즈니스 파트너 및 조직에서 ID 데이터를 공유할 수 있다.

Keycloak에서 지원하는 보안 프로토콜에 따라 두 가지 주요 유형의 ID 제공자와 통합을 수행할 수 있다.

- SAML v2

- OpenID Connect v1.0

ID 브로커를 통해 사용자에게 훨씬 더 나은 경험을 제공할 수 있으며, 사용자들은 realm에 인증 및 가입하기 위해 기존 계정을 활용할 수 있다. 해당 사용자들이 생성되고 서드파티 제공자로부터 해당 정보를 가져오면, 해당 사용자들은 realm의 사용자가 되고 Keycloak에서 제공되는 모든 기능을 사용할 수 있다. 또한 realm의 보안 정책을 준수한다.

이번 절에서 OpenID Connect v1.0 ID 공급자를 생성하는 방법을 알아볼 것이다. 명확한 이해를 위해 통합하고자 하는 서드파티 ID 제공자를 동일한 Keycloak 서버의 다른 realm을 사용할 것이다. 하지만 다른 OpenID Connect-compliant ID 제공자에도 여기서 다루는 동일한 개념 및 단계를 적용할 수 있다.

OpenID Connect ID 제공자 생성

먼저 Keycloak에 `third-party-provider` realm을 생성한다. 해당 realm에서 다음과 같은 설정을 포함하는 클라이언트를 생성한다.

- **Client ID**: broker-app

- **Root URL**: http://localhost:8080/auth/realms/myrealm/broker/oidc/endpoint

Keycloak에서 `broker-app` 클라이언트를 생성한 다음 클라이언트 상세 설정에서 Access Type 설정을 **Confidential**로 변경한다.

추후 ID 제공자를 설정할 때 클라이언트 시크릿secret을 사용할 것이기 때문에 반드시 적어둬야 한다.

`third-party-provider` realm에서 third-party-user 사용자를 생성하고 패스워드를 설정한다.

`myrealm` realm에 신규 ID 제공자를 생성한다. 해당 작업을 수행하려면, 좌측 사이드 메뉴에서 **Identity Providers** 링크를 클릭한다.

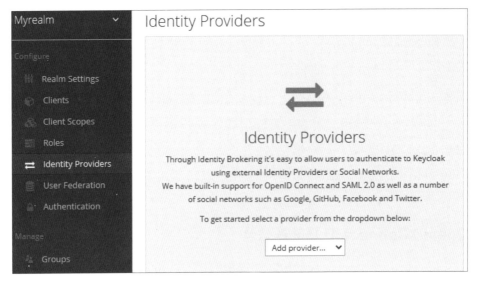

그림 10.8 신규 ID 제공자 생성

Identity Providers 페이지에서 신규 제공자를 생성하거나 realm에 설정된 모든 제공자를 확인할 수 있다. realm에 제공자가 아직 설정되지 않은 경우, 신규 제공자를 생성하기 위해 제공자 유형을 선택하기 위한 메시지가 표시된다.

제공자 리스트에서 **OpenID Connect v1.0**을 선택하면, 제공자 설정 페이지로 이동한다.

> **NOTE**
>
> 설정 페이지에는 읽기 전용 Redirect URI 필드가 있으며, 해당 값은 broker-app 클라이언트의 root URL로 설정된 URL이다. 해당 URL은 사용자가 ID 제공자를 통해 인증되면 리다이렉트되는 위치이다. 이 책에서는 ID 제공자를 통해 정상적으로 인증을 수행하면 myrealm으로 다시 리다이렉트된다.

4장, 'OpenID Connect를 통한 사용자 인증'에서 살펴봤듯이 **OpenID Connect Provider(OP)**는 특정 엔드포인트에서 사용할 수 있는 문서를 통해 엔드포인트와 상호 작용하기 위해 사용할 수 있는 엔드포인트를 공개한다. 해당 엔드포인트를 사용하면 **Provider settings** 페이지에 있는 대부분의 설정은 통합하고자 하는 OP의 정보를 사용해 자동으로 채워지기 때문에 ID 제공자를 신속하게 설정할 수 있다.

Provider settings 페이지 하단에 OP가 검색 문서^{discovery document}를 공개한 위치를 설정하는 **Import from URL** 필드가 있다. 이 책의 경우 해당 문서는 다음 링크(http://localhost: 8080/auth/realms/thirdparty-provider/.well-known/openid-configuration)에 위치한다.

URL 설정을 하고 **Import** 버튼을 클릭한다. 해당 페이지의 필드 중 일부가 자동으로 검색 문서^{discovery document}의 정보로 채워진 것을 확인할 수 있다.

이제 제공자 설정을 끝내기 위해 추가 정보를 입력하도록 하자. 따라서 다음의 필드에 정보를 입력한다.

- **Display Name**: My Third-Party Provider

- **Client Authentication**: Client secret sent as post

- **Client ID**: broker-app

- **Client Secret**: ⟨CLIENT_SECRET⟩

마지막으로, ID 제공자를 생성하기 위해 **Save**를 클릭한다.

> **NOTE**
>
> Client ID 및 Client Secret 필드 모두 third-party-provider realm의 brokerapp 클라이언트를 참조한다. 해당 클라이언트는 realm 사용자를 인증하기 위해 ID 제공자에서 사용하는 클라이언트다.

이제 신규 생성된 제공자를 통해 신규 사용자가 인증을 수행하고 realm에 등록할 수 있는지 테스트해보자. 해당 작업을 수행하려면 브라우저에서 계정 콘솔에 접근하기 위해 http://localhost:8080/auth/realms/myrealm/account로 접속한다.

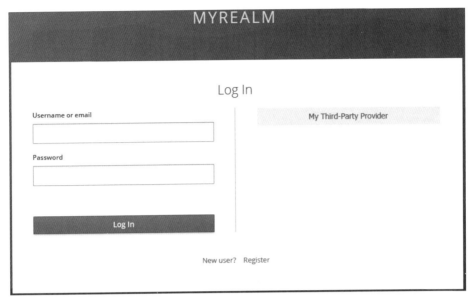

그림 10.9 ID 제공자를 통해 인증을 수행할 수 있는 로그인 페이지

위에서 생성한 제공자인 My Third-Party Provider를 통해 인증을 수행하는 옵션을 확인할 수 있다.

My Third-Party Provider 버튼을 클릭하면 인증을 수행하기 위해 third-party-provider realm으로 리다이렉트된다. 로그인 페이지에서 third-party-user의 사용자 이름과 패스워드를 입력해 로그인한다.

정상적으로 로그인을 수행하면 사용자의 추가 정보를 요구하는 페이지로 리다이렉트된다. 모든 필드에 값을 입력하고 **Submit** 버튼을 클릭한다.

서드파티 제공자를 통해 사용자 인증을 수행하면 토큰 값이 Keycloak으로 발행된다. third-party-provider realm에 인증을 수행하는 경우 토큰은 사용자의 ID와 사용자에게 부여된 권한을 표시한다. 해당 토큰을 통해 Keycloak 사용자의 정보를 가져오거나 realm에 사용자를 생성 또는 업데이트할 수 있다.

이제 myrealm realm에 등록된 사용자 리스트에서 third-party-user 사용자를 확인할 수 있다.

해당 사용자가 리스트에 있다는 것은 realm의 다른 사용자와 마찬가지로 third-party-user를 관리할 수 있음을 의미한다.

제공자를 설정하는 동안 선택해야 하는 몇 가지 설정이 있다. 예를 들어 Keycloak은 ID 제공자에서 발행한 토큰을 저장하기 위해 사용할 수 있으며, 해당 토큰을 통해 ID 제공자의 보호된 API에 접근해야 하는 경우 이 기능을 유용하게 사용할 수 있다. 토큰을 Keycloak에 저장하면, **token exchange** 기능을 통해 해당 토큰에 접근할 수 있다.

또한 사용자가 ID 제공자를 통해 처음으로 인증을 수행하는 경우 Keycloak은 특정 인증 흐름을 정의하는 기능을 제공한다. 해당 기능을 통해 사용자의 추가적인 정보를 수집하거나 사용자들이 자격증명을 설정하도록 강제할 수 있다.

사용자의 환경에 따라, 사용자 인증만 수행하도록 realm을 설정할 수 있고 계정 콘솔을 통해 사용자의 계정을 ID 제공자와 연동할 수 있다. **Account Linking Only** 필드를 사용해 해당 작업을 수행할 수 있다. 해당 필드를 설정하면 사용자는 로그인 페이지에서 ID 제공자를 선택할 수 없고 계정 콘솔에서만 로그인할 수 있다.

ID 브로커와 관련돼 사용자가 선택할 수 있는 다양한 설정들이 있으며 자세한 내용은 Keycloak 문서(https://www.keycloak.org/docs/latest/server_admin/#_identity_broker)에서 확인할 수 있다.

이번 절에서 개방형 표준 프로토콜을 통해 서드파티 ID 제공자와 Keylocak을 통합하는 방법에 대해 알아봤다. 또한 OpenID Connect 또는 SAML2 프로토콜을 통해 Keycloak에서 신속하게 ID 제공자를 연동하는 방법에 대해서도 살펴봤다. 이러한 연동 작업은 Keycloak을 ID 브로커로 사용할 수 있기 때문에 가능하며, 사용자는 ID 제공자에서 제공한 정보를 기반으로 인증과 생성된다.

다음 절에서 이번 10장에 제시된 개념을 확장해 realm을 다른 소셜 제공자와 통합하는 방법에 대해 살펴볼 것이다.

⠞ 소셜 ID 제공자 연동

Keycloak을 사용하는 애플리케이션의 공통적인 요구 사항은 구글, GitHub, 인스타그램, 트위터 등 다양한 소셜 제공자를 사용해 사용자를 인증할 수 있어야 한다는 것이다.

소셜 제공자 연동은 이전 절에서 알아본 것과 동일 원칙을 따르며, 잘 알려진 오픈 소스 표준 보안 프로토콜을 사용해 Keycloak은 사용자의 ID 데이터를 인증하고 교환하기 위해 브로커 역할을 수행한다.

소셜 제공자와 연동하려면 좌측 사이드 메뉴에 있는 **Identity Providers** 링크를 클릭한다.

Keycloak에서 다양한 소셜 제공자를 선택할 수 있다. 소셜 제공자와 연동하려면 일반적으로 연동하고자 하는 소셜 제공자와 관련된 몇 가지 정보만 입력하면 된다.

사용자들이 GitHub 계정을 통해 인증을 수행할 수 있도록 GitHub를 소셜 제공자로 설정해보자. 먼저 사용 중인 GitHub 계정이 있는지 확인한다. 만약 계정이 없는 경우 다음 링크(https://github.com)에서 계정을 생성한다.

선택 가능한 제공자 리스트에서 GitHub를 선택해 realm의 GitHub 소셜 제공자를 생성한다. GitHub를 선택하면 공급자를 생성하기 위해 입력해야 하는 몇 가지 설정이 포함된 페이지가 표시된다.

GitHub를 사용하려면 다음 링크(https://github.com/settings/developers)에서 OAuth 앱을 생성해야 한다. 애플리케이션을 생성하는 경우 인증 callback URL또는 redirect URL을 입력해야 한다. 해당 URL은 사용자가 정상적으로 인증을 수행하거나 에러가 발생하면 GitHub의 응답을 수신하는 Keycloak의 엔드포인트다. Keycloak에 소셜 제공자를 생성하는 경우, GitHub에서 애플리케이션을 설정하기 위해 사용하는 redirect URI가 제공된다. 해당 URL은 Redirect URI 필드에 사용된다. 해당 값을 복사 및 붙여넣기해서 GitHub 애플리케이션을 생성한다.

연동하고자 하는 소셜 제공자에 따라 해당 작업을 수행하기 위해 추가 정보가 필요하다.

예를 들어 GitHub의 경우 client ID와 client secret을 사용하며, 해당 값들은 앱을 생성하면 GitHub에서 제공해준다. 해당 값들을 Client ID 및 Client Secret 필드에 입력한다.

제공자를 생성하기 위해 **Save** 버튼을 클릭한다.

이제 사용자가 인증을 수행한 다음 신규 생성된 제공자를 통해 realm에 등록할 수 있는지 테스트해보자. 해당 작업을 수행하려면 계정 콘솔(http://localhost:8080/auth/realms/myrealm/account)에 접속한다.

Keycloak의 로그인 페이지가 표시되며 해당 페이지에는 우리가 연동한 GitHub 인증 옵션이 포함돼 있다. GitHub에서 인증을 수행하기 위해 GitHub 버튼을 클릭한다.

GitHub에서 인증을 수행하면 사용자 정보에 접근하기 위해 realm에 권한을 부여하도록 요청하는 동의 페이지가 표시된다. 사용자 정보 접근에 동의하면 Keycloak은 GitHub에서 획득한 정보를 기반으로 사용자를 생성한다. 해당 과정이 수행되면 사용자는 인증되고 자동으로 계정 콘솔로 리다이렉트된다.

이번 절에서 Keycloak를 통해 소셜 제공자를 손쉽게 연동하는 방법에 대해 알아봤다. GitHub 연동을 통해 OpenID Connect 및 OAuth2 프로토콜을 지원하는 다른 소셜 제공자와의 연동을 수행하는 기본 단계와 개념을 살펴봤다.

다음 절에서는 사용자가 Keycloak 계정 콘솔을 사용해 데이터 관리 방법을 배울 것이다.

사용자 데이터 관리

이전 절에서 관리자 권한의 관리자 콘솔을 통해 사용자를 관리하는 방법에 대해 알아봤다. 또한 realm에 사용자를 자체 등록하는 방법도 관찰했다. 하지만 Keycloak의 주요 기능 중 하나는 사용자들이 Keycloak 계정 콘솔 서비스를 통해 자신의 계정을 관리할 수 있도록 하는 것이다.

Keycloak 계정 콘솔은 Keycloak에서 제공하는 제공하는 일반 애플리케이션이며 계정 콘솔에서 사용자들은 자신들의 계정을 관리할 수 있다. 또한 다음과 같은 작업을 수행할 수 있다.

- 사용자 프로파일 업데이트

- 사용자 패스워드 업데이트

- 2차 인증 활성화

- 인증된 애플리케이션을 포함해 애플리케이션 보기

- 다른 세션에서 원격으로 로그아웃하는 것을 포함해 열려 있는 세션 보기

계정 콘솔에 접근하려면 다음 링크(http://localhost:8080/auth/realms/myrealm/account/)에 접속한다. 다음과 같은 초기 페이지welcome page가 표시된다.

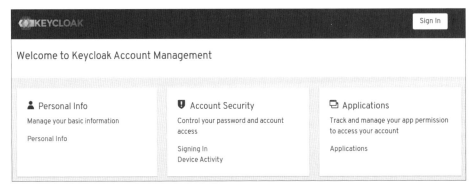

그림 10.10 Keycloak 계정 콘솔

계정 콘솔에 로그인하려면 페이지의 링크를 클릭하거나 우측 상단의 **Sign In** 버튼을 클릭한다.

다음 작업을 수행하려면 로그인 페이지로 리다이렉트되고 사용자 자격증명을 제공한 후 계정 콘솔로 다시 리다이렉트된다.

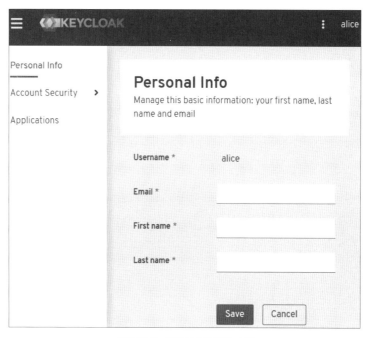

그림 10.11 계정 콘솔에 인증 수행

인증이 완료되면 사용자는 계정과 관련된 다양한 정보를 확인하고 관리할 수 있다

- **개인 정보**: 사용자는 이메일, 이름과 같은 프로파일 정보를 관리할 수 있다.

- **계정 보안**: 사용자는 자격증명 관리, OTP 및 보안 기기를 각각 사용해 이중 및 멀티 인증을 설정할 수 있으며 계정 활동을 추적할 수 있다.

- **애플리케이션**: 사용자는 로그인, 로그아웃한 애플리케이션과 애플리케이션에 부여한 권한을 관리할 수 있다.

계정 콘솔이 일반 애플리케이션이기 때문에 Keycloak은 사용자가 계정 데이터를 인증하고 접근할 수 있도록 realm에 account 클라이언트를 자동으로 생성한다. realm에 사용자가 생성된 경우 manage-account 클라이언트 역할이 자동으로 부여된다.

해당 역할은 account 클라이언트에 포함되며 계정 콘솔에 대한 접근 여부를 제어한다. 사용자의 계정 콘솔을 비활성화하려면 사용자의 역할 매핑을 변경해 해당 역할을 삭제한다.

> **TIP**
>
> Keycloak 관리자 콘솔에서 계정 콘솔 URL을 확인할 수 있다. 관리자 콘솔에서 Clients를 클릭하면 account 클라이언트 옆에 있는 계정 콘솔의 URL을 확인할 수 있다.

나중에 살펴보겠지만 사용자는 Keycloak에서 계정 콘솔을 취향에 맞게 꾸밀 수 있으며 사용자의 추가 정보를 저장하고 획득한 다음 계정 콘솔에서 정보를 표시하는 방법과 관리하는 방법 또한 설정할 수 있다.

이번 절에서는 계정 콘솔을 통해 사용자를 관리하는 방법에 대해 알아봤다. 또한 realm 설정 및 사용자에 부여된 역할에 따라 사용자가 자신의 계정을 확인 및 관리하는 방법에 대해 알아봤다.

⠿ 요약

10장에서는 Keycloak 사용자 관리의 핵심적인 부분을 살펴봤다. Keycloak에서 사용자를 직접 생성하거나 다양한 서드파티 ID 제공자 및 외부 ID 저장소와 연동해서 생성할 수 있음을 배웠다. 또한 Keycloak은 OpenID Connect, SAML 및 LDAP과 같은 개방형 표준 프로토콜을 활용해 이러한 연동을 수행한다. 그리고 자체 등록을 활성화하거나 서드파티 제공자를 연동해 사용자를 realm에 등록할 수 있다. 마지막으로, Keycloak 계정 콘솔을 통해 사용자 계정을 관리하는 방법에 대해 알아봤다.

11장에서 다양한 자격증명을 통해 사용자 인증을 수행하는 법을 살펴볼 것이다.

또한 Keycloak을 통해 강력한 보안을 구축하는 방법을 배워볼 것이다.

⁂ 질문

1. 기존 데이터베이스를 Keycloak과 연동할 수 있습니까?

2. Keycloak은 사용자가 인증할 때마다 LDAP 디렉터리를 쿼리합니까?

3. 서드파티 또는 소셜 ID 제공자를 사용해 생성된 사용자를 어떻게 구분합니까?

⁂ 참고문헌

10장에서 다루는 주제에 대한 자세한 내용은 다음 링크를 참조하면 된다.

- Keycloak 사용자 관리: https://www.keycloak.org/docs/latest/server_admin/#user-management

- Keycloak 사용자 연합: https://www.keycloak.org/docs/latest/server_admin/#_user-storage-federation

- Keycloak ID 브로커링: https://www.keycloak.org/docs/latest/server_admin/#_identity_broker

- Keycloak 계정 콘솔: https://www.keycloak.org/docs/latest/server_admin/#_account-service

11

사용자 인증

10장에서 사용자를 관리하는 방법을 알아봤다. 또한 Keycloak의 사용자 인증과 관련된 예시들을 자세히 살펴봤다.

이제 사용자를 인증하기 위해 Keycloak을 설정하는 것이 얼마나 쉬운지 이해했을 것이다. 하지만 인증을 수행하기 위해 로그인 페이지에서 사용자에게 패스워드를 요청하는 것보다 더 많은 일을 할 수 있다.

11장에서 우리는 인증 동작 방식을 자세히 살펴볼 것이며, 사용자를 인증하기 위해 사용되는 다양한 인증 방식을 알아볼 것이다.

또한 패스워드 기반 인증의 작동 방식에 대해서도 자세히 배워보고 이중 인증TFA, Two-Factor Authentication 및 MFAMulti-Factor Authentication를 활용해 Keycloak을 강력한 인증 시스템으로 사용하는 방법에 대해서도 알아볼 것이다.

해당 설정을 수행하려면 사용자를 인증하고 시스템의 전체적인 보안 수준을 높이기 위해 인증 선택할 수 있는 다양한 유형의 자격증명을 살펴볼 것이다.

11장에서는 다음과 같은 주제를 다룰 것이다

- 인증 흐름 이해
- 패스워드 활용
- OTP 활용
- Web 인증 활용
- 강력한 인증 활용

⁝⁝⁝ 기술 요구 사항

먼저 myrealm을 생성하고 해당 realm에 alice 사용자를 생성할 것이다.

추후 다양한 인증 전략을 사용해 alice를 인증하기 위해 Keycloak 계정 콘솔을 사용할 것이다.

다음 링크(https://bit.ly/3h58eGh)에서 Code in Action 동영상을 확인해보라.

⁝⁝⁝ 인증 흐름 이해

Keycloak에서 인증은 인증 흐름에 따라 ID 인증 방법을 정의하기 위해 그룹화된 일련의 순차적 단계 또는 실행으로 구성된다. 흐름에 따라 인증 요구 사항 및 realm에 인증을 수행하는 주체의 ID를 검증 단계도 달라진다.

Keycloak은 최종 사용자end users 및 클라이언트가 realm에 인증하는 방법을 보여주는 정교한 흐름 집합을 갖고 있다.

최종 사용자의 경우, 인증 흐름은 일반적으로 브라우저를 중개자로 사용한다. 클라이언트 단계는 엔드포인트에 대한 백채널 요청을 기반으로 한다.

Keycloak은 흐름을 정의하는 것과 관련해서 매우 유연함을 갖고 있다.

기본적으로 realm은 최종 사용자 및 클라이언트를 인증하기 위한 가장 일반적인 요구 사항을 처리하는 빌트인 정의builtin definitions로 생성되며, 사용자 고유의 인증 요구 사항을 수행하기 위해 언제든지 변경하거나 확장할 수 있다.

좀 더 정확하게 이해하기 위해 myrealm의 인증 흐름 정의를 살펴보자. 해당 작업을 수행하려면 관리자 콘솔에 접근해서 좌측 사이드 메뉴의 **Authentication** 링크를 클릭한다.

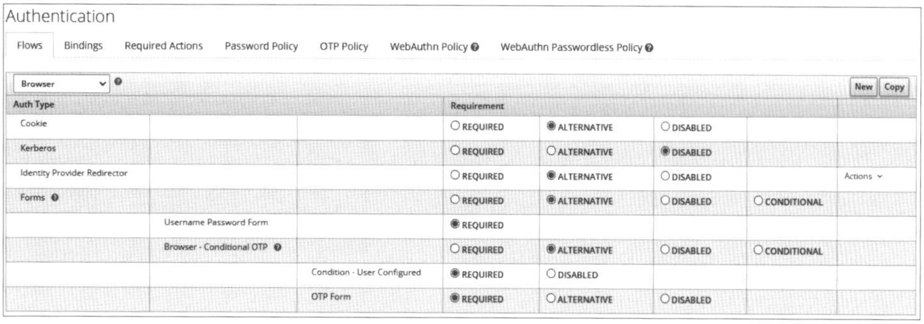

그림 11.1 인증 흐름 정의

해당 페이지에서 사전 정의된 인증 흐름을 선택 및 확인할 수 있으며 realm의 모든 흐름 정의 리스트를 확인할 수 있다. 현재 페이지에 있는 내용들을 모두 알고 있을 필요는 없다. 이 부분은 다음 절에서 자세히 살펴볼 것이다.

두 번째 탭인 **Bindings**는 첫 번째 탭에 포함된 정의와 관련된 인증 흐름에 대한 관계를 보여준다. 해당 탭에서 최종 사용자 및 클라이언트를 인증하기 위해 사전 정의된 흐름을 수행하는 경우 사용할 정의를 선택할 수 있다.

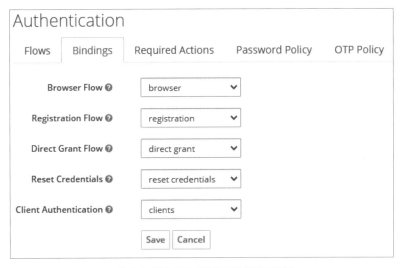

그림 11.2 인증 흐름 정의와 흐름 간의 바인딩

인증과 관련해 다음과 같은 흐름을 설정할 수 있다.

- 브라우저 흐름

- 다이렉트 권한 부여 흐름

- 클라이언트 인증

브라우저 흐름은 최종 사용자가 브라우저를 사용해 인증을 수행하는 것과 관련돼 있다. 최종 사용자가 인증을 수행할 때마다 해당 흐름과 관련된 정의에 있는 단계가 실행 된다.

그림 11.2와 같이 브라우저 인증 흐름 정의의 모든 단계는 브라우저를 통해 사용자를 인 증하는 경우 실행된다.

다이렉트 권한 부여 흐름 및 클라이언트 인증에도 동일한 동작 방식을 가진다. 하지만 해당 흐름들은 클라이언트가 realm에 인증(클라이언트 인증)하거나 클라이언트가 토큰 엔드 포인트를 사용해 토큰을 획득하기 위해 백채널 요청을 통해 사용자를 인증하는 것(다이렉 트 권한 부여 흐름)과 관련돼 있다.

인증 흐름 설정

Keycloak을 통해 **Bindings** 탭의 인증 흐름을 필요에 따라 설정할 수 있다. 즉, 인증 흐름과 관련된 인증 흐름 정의 설정을 변경하거나 기존의 인증 흐름 정의 설정을 템플릿으로 생성할 수 있다.

흐름을 생성하는 가장 쉽고 권장되는 방법은 **흐름**^{Flows} 탭에서 정의를 선택해 기존 정의를 템플릿으로 사용하고 **Copy** 버튼을 클릭하는 것이다. 기존 정의를 템플릿으로 사용하는 이유는 변경 사항을 쉽게 롤백$^{roll\ back}$할 수 있고 변경 사항으로 인해 흐름에 장애가 발생하더라도 기존 템플릿으로 돌아갈 수 있기 때문이다.

Browser Flow를 사용자 정의하는 방법에 대해 알아보고 브라우저를 사용해 realm에서 인증을 수행하는 최종 사용자에게 미치는 영향을 살펴보자.

해당 작업을 수행하려면, **Flows** 탭의 선택 박스$^{select\ box}$에서 **Browser Flow**를 선택한 다음, 신규 흐름을 생성하기 위해 **Copy** 버튼을 클릭한다. 신규 생성된 흐름의 이름을 입력하라는 메시지가 표시된다. 이름을 My Browser로 입력하고 **OK** 버튼을 클릭한다.

인증 흐름은 다양한 인증 실행(인증 단계) 및 다른 인증 흐름(하위 흐름)을 포함하는 계층 트리$^{hierarchical\ tree}$이다.

인증 실행은 사용자^{actor}를 인증할 때 몇 가지 작업을 수행하는 실제 단계다.

해당 작업들은 최종 사용자가 브라우저를 사용하는 경우 사용자 이름을 요청하는 것과 같이 사용자로부터 몇몇 정보를 획득하거나 서로 다른 유형의 자격증명을 통해 클라이언트를 인증하는 경우 특정 인증 메커니즘을 통해 사용자를 인증한다.

인증 흐름의 요소는 위에서 아래로 순차적으로 실행된다. 흐름의 다음 단계를 실행할지 여부에 대한 결정은 현재 단계 및 해당 설정의 결과에 따라 달라진다. 단계가 REQUIRED로 설정된 경우, 다음 단계로 이동하기 전에 해당 단계를 성공적으로 수행해야 한다. REQUIRED 단계가 성공적으로 완료되면 흐름에 다른 REQUIRED 단계가 없는 경우 흐름이 중지된다. ALTERNATIVE 단계의 경우, 단계가 정상적으로 완료되지 않더라도 흐름은 진행된다. 따라서 다른 단계는 정상적으로 작업을 수행할 수 있다.

인증 흐름 및 하위 흐름subflows의 경우 REQUIRED 및 ALTERNATIVE 설정은 필수적인 전체 실행 또는 흐름 내의 실행이 성공적으로 완료되는 것과 관련돼 있다.

My Browser 흐름 정의를 예시로 살펴보면 인증은 다음과 같이 정의된다.

1. 먼저 쿠키Cookie 실행은 유효한 사용자 세션에 매핑되는 요청에 쿠키가 있는 경우 사용자를 원활하게 재인증한다. 즉, 사용자가 이미 realm에 인증된 경우 인증을 수행하지 않는다. 해당 단계는 ALTERNATIVE이며, 사용자를 인증할 수 없는 경우 흐름은 계속 진행된다.

2. Kerberos 실행이 활성화된 경우, Kerberos 자격증명을 통해 사용자를 인증한다. 해당 설정은 기본적으로 비활성화돼 있다.

3. Identity Provider Redirector는 realm이 사용자를 사전 정의된 ID 제공자로 자동 리다이렉트하는 설정이 있는지 확인한다. 또한 해당 단계는 ALTERNATIVE이며, 단계가 완료되지 않아도 흐름은 계속 수행된다.

4. My Browser Forms는 특정 단계를 그룹화하는 하위 흐름이며 패스워드 기반 및 OTPOne-Time Password와 같은 2FA를 통해 사용자를 인증한다. 해당 단계는 ALTERNATIVE이며, 따라서 위 단계 중 하나라도 정상적으로 완료되면 해당 단계는 실행되지 않는다. 그렇지 않은 경우, 사용자가 이미 인증됐더라도 자격증명을 다시 제공해야 한다.

5. 하위 흐름의 첫 번째 단계는 Username Password Form을 사용하는 단일 단계에서 사용자 이름과 패스워드를 통해 사용자를 인증하는 것이다. 이것은 realm에 인

증을 수행할 때 확인했던 로그인 페이지다. 이 단계는 REQUIRED이기 때문에 반드시 정상적으로 수행돼야 한다.

6. 5단계가 정상적으로 수행되면 (사용자의 초기 인증) OTP를 사용하는 2FA가 활성화돼 있는지 확인하기 위해 My Browser Browser – Conditional OTP라는 하위 흐름이 수행된다. 해당 하위 흐름에서 Condition – User Configured는 사용자가 OTP 자격증명 설정을 사용하고 있는지 확인하고, 해당 설정이 활성화된 경우 OTP를 통해 사용자를 인증하기 위해 OTP Form 단계를 수행한다.

이제 단일 로그인 페이지에서 자격증명을 요청하는 대신 사용자 이름과 패스워드를 서로 다른 단계 및 페이지에서 수집해 사용자를 realm에서 인증하는 방법을 변경해보자. 해당 작업을 수행하려면 Username Password Form 실행의 우측에 있는 **Actions** 메뉴를 클릭한 다음 **Delete** 옵션을 클릭한다. 해당 작업을 수행한 뒤의 흐름은 다음과 같다.

그림 11.3 Username Password Form 실행을 흐름에서 제거

사용자 이름과 패스워드를 요청하는 2개의 단계를 흐름에 추가한다.

My Browser Forms 하위 흐름의 우측에 있는 **Actions** 메뉴를 클릭한 다음 **Add execution** 버튼을 클릭한다.

해당 작업을 수행하면 하위 흐름 단계에 추가할 인증 실행을 선택할 수 있는 페이지로 리다이렉트된다.

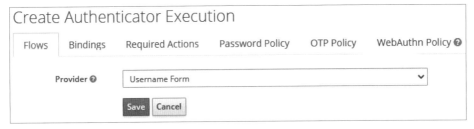

그림 11.4 인증 실행 선택

해당 페이지에서 다양한 인증 실행 리스트를 선택할 수 있다. **Provider** 선택 박스에서 **Username Form**을 선택하고 하위 흐름에 해당 실행을 추가하기 위해 **Save** 버튼을 클릭한다.

해당 실행이 흐름에 추가되면 하위 흐름에서 Username Form을 확인할 수 있다.

기본적으로 실행은 흐름의 마지막에 추가되지만 우리는 해당 실행을 하위 흐름 최상단에 위치시켜서 사용자 이름을 먼저 획득할 것이다. 따라서, Username Form이 하위 흐름의 첫 번째 실행이 될 때까지 Username Form 좌측에 있는 **위쪽 화살표**^{up arrow}를 클릭한다.

Username Form에서 했던 동일한 작업을 Password Form 인증 실행에도 동일하게 적용한다. Password Form 인증 실행은 하위 흐름에서 패스워드를 획득하고 사용자를 인증한다. Password Form을 하위 흐름에서 두 번째로 실행되게 한다.

Username Form 및 Password Form 실행을 REQUIRED로 설정한다. 해당 작업을 수행하려면, 각 인증 실행의 **REQUIRED** 설정을 클릭한다. **REQUIRED** 설정을 통해 최종 사용자가 realm에 로그인하는 경우 사용자 이름과 패스워드를 인증할 수 있기 때문에 해당 설정은 중요한 단계다.

이제 **My Browser** 인증 흐름은 다음과 같이 표시된다.

그림 11.5 My Browser 인증 흐름의 최종 설정

마지막으로, **Bindings** 탭을 클릭하고 위에서 생성한 **My Browser** 인증 흐름 정의와 연동하기 위해 **Browser Flow**를 변경한다. 현재 **Bindings** 탭의 설정은 다음과 같다.

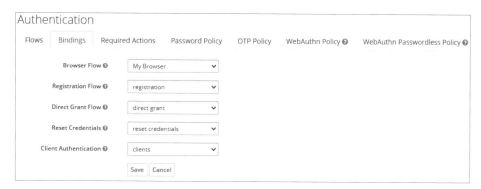

그림 11.6 My Browser 인증 흐름 정의와 Browser Flow 바인딩

Keycloak 계정 콘솔에 alice로 로그인해보자. 브라우저에서 다음 링크(http://localhost:8080/ auth/realms/myrealm/account)에 접속하고 사용자 자격증명을 통해 로그인한다. realm에 인증하는 경우, 사용자 이름과 패스워드가 여러 단계에 걸쳐 활용되고 검증된다는 것을 알 수 있다.

이번 절에서 인증 흐름의 핵심적인 부분에 대해 알아봤다.

Keycloak을 통해 인증 흐름 정의를 생성하거나 변경해 사용자 및 클라이언트가 인증을 수행하는 방법을 상황에 맞게 활용하는 방법에 대해서 살펴봤다. 또한 인증 흐름을 활용해서 Keycloak을 인증 요구 사항에 맞게 변경할 수 있다.

다음 절에서 Keycloak에서 지원하는 다양한 인증 방법에 대해 살펴볼 것이다.

⫶⫶ 패스워드 사용

지난 10장에서 우리는 기본적으로 사용자를 인증하기 위해 패스워드를 사용했다. 또한 사용자 관리 작업을 수행하는 경우 패스워드를 설정하는 방법을 간단하게 소개했다. 이번 절에서 패스워드 기반 인증의 동작 방식과 패스워드 관리 방법에 대해 자세히 알아볼 것이다.

NOTE

> 여기서는 사용자가 패스워드를 사용해 인증하는 방법은 이미 알고 있기 때문에 다루지 않는다. 하지만 해당 인증 형식에 대한 추가적인 세부 내용을 다룰 것이다.

패스워드 기반 인증은 사용자를 인증하는 가장 널리 사용되는 방법 중 하나일 것이다. 패스워드 기반 인증은 구현하기 쉽고 대부분의 최종 사용자가 시스템에 인증하는 경우에 사용하는 방법이다. 하지만 패스워드 기반 인증의 단순함은 몇몇 단점과 약점을 가진다. 이 부분에 대해서는 추후 다루게 될 것이다.

패스워드 기반 인증의 몇몇 단점을 극복하기 위해 Keycloak은 일반적인 베스트 프랙티스를 활용해 전송 중이나 보관 중인 패스워드가 안전한지 확인한다. 또한 Keycloak에서 만료^{expiry}, 패스워드 포맷 및 이전 암호 재사용과 같은 패스워드 관리의 몇 가지 주요 부분을 제어할 수 있도록 정책을 정의할 수 있다.

패스워드는 사용자의 자격증명 유형 중 가장 단순한 형태의 자격증명이며 Keycloak에서 기본적으로 사용자를 인증할 때 사용하는 방법이다. 패스워드는 10장에서 다룬 것처럼 사용자별로 관리된다. **User details** 페이지의 **Credentials** 탭에서 사용자의 패스워드를 리셋하거나 삭제할 수 있다.

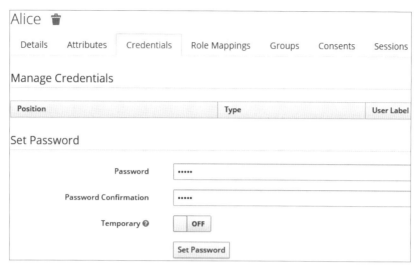

그림 11.7 사용자 패스워드 관리

Keycloak은 강력한 패스워드 해싱 알고리듬^{hashing algorithm}을 사용해 브루트-포스^{brute-} force 공격을 방지하며, 패스워드를 안전하게 저장한다. Keycloak에서 사용하는 기본 해싱 알고리듬은 PBKDF2이며, 해당 알고리듬은 잘 알려지고 널리 사용되는 알고리듬으로 패스워드를 안전하게 저장한다.

사용자의 패스워드를 설정하는 경우, 해당 패스워드는 salt라고 알려진 보안 랜덤 숫자^{secure random number}와 결합하고 해킹하기 어려운 파생 키^{derived key}를 생성하기 위해 여러 번의 해시를 수행한다(해시 알고리듬 반복 횟수). 패스워드를 저장하는 경우 절대 평문^{plain text}으로 저장되지 않는다. 그 대신 파생된 키가 추후 패스워드를 확인하기 위해 필요한 메타데이터와 함께 저장된다.

Keycloak은 HMAC-SHA-256을 사용해 패스워드에 대한 해시를 수행하고 27,500번의 반복 횟수가 설정돼 있다. 추후 살펴보겠지만, HMAC-SHA-512와 같은 더 강력한 해싱 알고리듬을 사용하거나 패스워드 정책을 설정할 때 반복 횟수를 변경할 수 있다.

PBKDF2 알고리듬은 CPU의 자원을 많이 소비한다. Keycloak용으로 사용하는 CPU에 따라 성능에 영향을 미칠 수 있다. 반복 횟수의 기본값인 27,500은 대부분의 실세 환경에서 권징되는 값이지만 성능과 보안의 밸런스를 유지하기 위해 해당 값을 사용자의 환경에 맞게 조정할 수 있다.

패스워드 기반 인증은 여러 약점을 갖고 있기 때문에 사용자를 인증하는 데 가장 안전한 방법은 아니다. 몇 가지 예를 들면 패스워드는 일반적으로 도난을 당하거나 유출되며, 피싱 공격에 취약하다. 그리고 일부 사용자는 강력한 패스워드를 사용하지 않으며, 시스템은 사용자가 패스워드를 정의, 유지 및 사용하는 수준만큼의 보안 수준을 가진다. 사용자는 보통 여러 시스템에서 동일한 패스워드를 사용하기 때문에 가장 취약한 시스템만큼의 보안 수준을 갖게 된다.

사용성 측면에서 정책을 사용해 사용자에게 강력한 패스워드를 사용하도록 강제할 경우 패스워드가 길어지고 복잡해져서 사용자가 시스템에 인증을 수행하는 경우, 패스워드를 기억하지 못하거나 입력하기 어려워진다.

Keycloak은 패스워드 기반 인증의 전반적인 보안을 개선할 수 있지만 모든 문제를 해결하진 못한다. 패스워드는 단독으로 사용될 경우 사용자를 인증하기 위한 단일 요소이므로 시스템의 전반적인 보안을 향상시키기 위해 추가 요소를 사용하는 것을 고려해야 한다.

다음 절에서 볼 수 있듯이 패스워드 기반 인증은 Keycloak에서 사용자를 인증하는 데 필요한 유일한 옵션은 아니며, 다른 형식의 인증을 결합하거나 패스워드를 완전히 제거해 시스템에 강력한 인증을 적용할 수 있다.

이번 절에서 Keycloak에서 패스워드를 관리하는 주요 부분에 대해 알아봤다. 또한 Keycloak이 패스워드를 안전하게 유지하기 위해 일반적인 베스트 프랙티스를 활용하는 것을 살펴봤다. 그리고 패스워드 관리의 다양한 부분을 제어하기 위해 정책을 사용할 수 있다.

다음 절에서 Keycloak을 사용해 더 강력한 패스워드를 적용하기 위한 패스워드 정책을 설정하는 방법에 대해 살펴볼 것이다.

패스워드 정책 변경

Keycloak에서 패스워드와 관련된 다양한 유형의 정책을 정의할 수 있다. 해당 정책은 좌측 사이드 메뉴에 있는 **Authentication** 링크를 클릭한 다음 **Password Policy** 탭을 클릭해 생성할 수 있다.

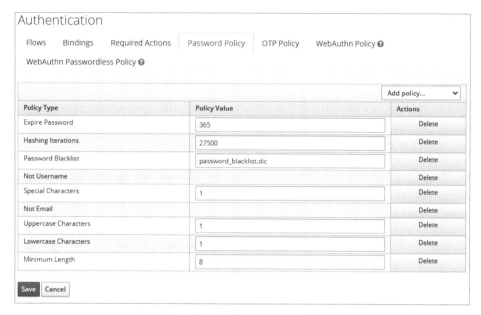

그림 11.8 패스워드 정책 설정

해당 탭에서 다양한 정책을 선택하고 다음과 같이 특정 패스워드 관리 설정을 변경할 수 있다.

- 패스워드에 특수 문자, 숫자, 소문자 또는 대문자의 개수를 적용한다.

- 패스워드의 최소 길이를 정의한다.

- 패스워드의 만료 시간을 정의한다.

- 패스워드에 사용자 이름이 포함되는 것을 방지한다.

- 블랙리스트 사전을 정의한다.

- 이미 사용 중인 패스워드를 재사용하지 않도록 한다.

Add policy 선택박스를 클릭해서 위와 같은 패스워드 정책을 생성할 수 있고 적용하고자 하는 정책을 선택할 수 있다.

> **TIP**
>
> Keycloak에서 사용할 수 있는 각 정책에 대한 자세한 설명은 다음 문서(https://www.keycloak.org/docs/latest/server_admin/#_password-policies)를 참조한다.

패스워드 정책을 활용해 더 강력한 패스워드 및 패스워드 갱신 주기를 설정해 패스워드 기반 인증의 몇몇 약점을 개선할 수 있다.

패스워드에 사용자 이름을 포함시키지 않거나 특수 문자, 소문자 그리고 대문자의 개수, 패스워드의 최소 길이를 적용하는 것과 같은 패스워드 룰을 정의할 수 있다.

이번 절에서 Keycloak에서 다양한 유형의 정책을 통해 패스워드 관리와 관련된 다양한 부분을 제어하는 방법에 대해 알아봤다.

다음 절에서 사용자 패스워드를 리셋하기 위한 서로 다른 옵션에 대해 알아볼 것이다.

사용자 패스워드 리셋

Keycloak에서 여러 가지 방법으로 사용자 패스워드를 리셋할 수 있다. 관리자는 관리 콘솔을 사용해 사용자의 패스워드를 선택하거나 사용자가 로그인할 때 패스워드를 업데이트하도록 설정할 수 있다. 또한 사용자는 로그인 페이지에서 패스워드를 리셋하거나 Keycloak 계정 콘솔을 통해 계정을 관리할 수 있다.

관리자 콘솔을 통해 사용자의 패스워드를 변경하는 경우, keycloak은 기본적으로 신규 패스워드를 임시로 발급한다. 임시 패스워드는 사용자가 추후 realm에 로그인하는 경우 신규 패스워드를 입력해야 한다.

User details 페이지의 Credentials 탭에서 **임시**Temporary 스위치를 활성화해 관리자가 설정한 패스워드의 임시 패스워드 여부를 제어할 수 있다.

임시 스위치를 비활성화하면 사용자가 로그인할 때 패스워드 변경 요청을 받지 않는다.

임시 패스워드는 사용자가 패스워드 업데이트 수행하도록 하기 위한 간단한 설정이다.

Update Password의 **required action**은 관리자가 언제든지 특정 사용자가 패스워드를 업데이트하도록 설정할 수 있다.

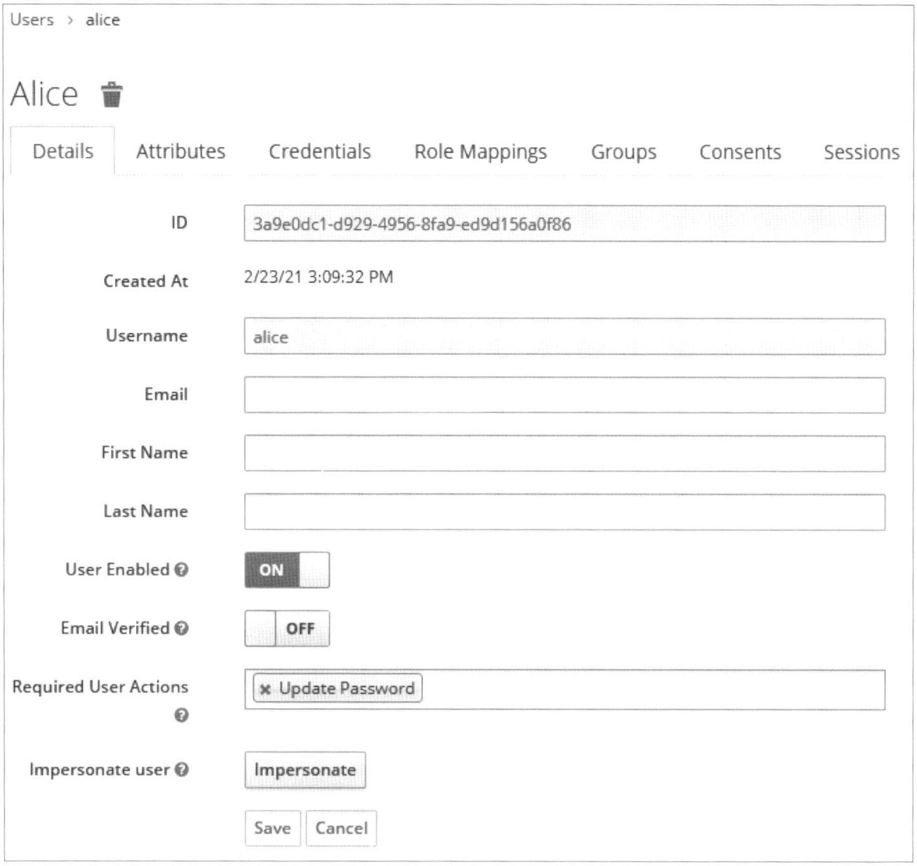

그림 11.9 Required User Actions를 Update Password로 설정해 사용자가
패스워드 업데이트를 수행하도록 설정

사용자 입장에서 Keycloak 계정 콘솔을 사용하거나 로그인 페이지에서 특정 흐름을 시작함으로써 패스워드를 업데이트할 수 있다.

사용자는 계정 콘솔에서 **Signing In** 페이지의 **Update** 버튼을 클릭해 패스워드를 변경할 수 있다.

그림 11.10 계정 콘솔을 통해 패스워드 업데이트

사용자가 패스워드를 잊어버리거나 분실했을 경우, 패스워드를 리셋하기 위해 로그인 페이지에서 특정 흐름을 사용할 수 있다. 해당 흐름은 기본적으로 비활성화돼 있다. 활성화하려면 관리자 콘솔의 좌측 사이드 메뉴에 있는 **Realm Settings** 링크를 클릭하고 **Login** 탭을 클릭한다. 해당 탭에서 **Forgot password** 설정을 활성화한다. 사용자가 패스워드를 리셋하기 위해 클릭할 수 있는 링크가 로그인 페이지에 표시된다.

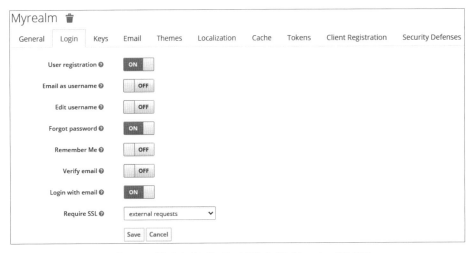

그림 11.11 사용자가 패스워드를 리셋할 수 있도록 realm 설정 변경

해당 설정을 마치면 **Forgot Password?** 링크가 로그인 페이지에 표시된다.

그림 11.12 로그인 페이지의 Forgot Password? 링크

Forgot Password? 링크를 클릭하면 사용자 패스워드를 리셋하기 위한 링크를 이메일로 수신할 수 있도록 사용자 이름 또는 이메일을 제공하라는 메시지가 표시된다.

> **NOTE**
>
> 현재 흐름은 이메일 검증을 기반으로 하며 사용자는 계정과 연결된 유효한 이메일 주소가 있어야 한다. 또한 realm에 설정된 SMTP 서버를 사용해 이메일을 전송해야 한다. SMTP 서버 설정과 관련된 더욱 자세한 내용은 다음 링크(https://www.keycloak.org/docs/latest/server_admin/#_email)를 참고한다.

이번 절에서 패스워드를 관리하는 여러 방법에 대해 알아봤다. 관리자가 패스워드를 설정할 수 있고, 사용자가 realm에 인증을 수행하는 경우 패스워드를 업데이트하는 정책을 사용하는 것에 대해서도 살펴봤다. 또한 계정 콘솔 또는 로그인 페이지를 통해 패스워드를 변경하거나 리셋하는 방법도 각각 알아봤다.

그리고 Keycloak에서 패스워드 기반 인증이 작동하는 방식에 대한 자세한 내용도 살펴봤다. Keycloak에서 패스워드를 안전하게 저장하는 방법과 강력한 패스워드를 적용하고 패스워드 정책을 통해 패스워드 관리와 관련된 여러 가지 부분을 제어하는 것에 대해서도 알아봤다. 마지막으로, 패스워드 기반 인증은 사용자를 인증하기 위해 사용할 수 있는 옵션 중 하나일 뿐이며 가장 안전한 인증 방법은 아님을 깨달았다.

다음 절에서 2FA를 활성화하기 위해 OTPs와 패스워드를 결합해 보다 안전하게 사용자를 인증하는 방법도 배워볼 것이다.

⁞ OTPs 사용

Keycloak은 추가 보안 계층으로, 사용자를 인증하는 경우 이중 인증 요소 또는 증거를 사용할 수 있다. 사용자는 패스워드(사용자가 알고 있는 것)를 제공하는 것 외에도 자신의 ID에 대한 추가 증거를 제공해야 할 의무가 있으며, 해당 증거는 코드 또는 보안 키(사용자가 소유한 것)가 될 수 있다.

OTP는 사용자 계정에서 2FA를 활성화하는 가장 일반적인 방법 중 하나다. 상대적으로 사용하기 쉽고 사용자를 인증하는 경우 추가적인 보안을 제공한다.

OTP는 2FA를 구현하기 위한 유용한 방법이지만, 몇 가지 단점이 있다. OTP는 서버와 사용자 간의 공유 키를 사용하며 최종 사용자에게 높은 사용자 편의성을 제공하지 않으며 피싱 또는 스캠과 같은 공격에 취약하다. 추후 살펴보겠지만, Keycloak은 WebAuthn 보안 기기를 이중 인증 요소로 사용해 OTP의 약점을 보완할 수 있다.

> **NOTE**
>
> 다음 절에서 살펴보겠지만 2FA는 MFA의 중요한 부분이다.

Keycloak에서 OTP를 사용해 사용자 구성과 인증을 손쉽게 수행하며 realm이 자동으로 OTP 기반의 2FA를 지원하도록 설정된다. 사용자는 또한 OTP 코드를 생성하기 위한 기기를 등록해 사용자 계정의 2FA를 쉽게 설정할 수 있다.

12장에서 OTP 기반의 인증 수행 및 설정 방법에 대해 알아볼 것이다.

OTP 정책 변경

Keycloak에서 서로 다른 OTP 정책을 정의할 수 있다. 해당 정책들은 좌측 메뉴에 있는 **Authentication** 링크를 클릭한 다음 **OTP Policy** 탭을 클릭해 변경할 수 있다.

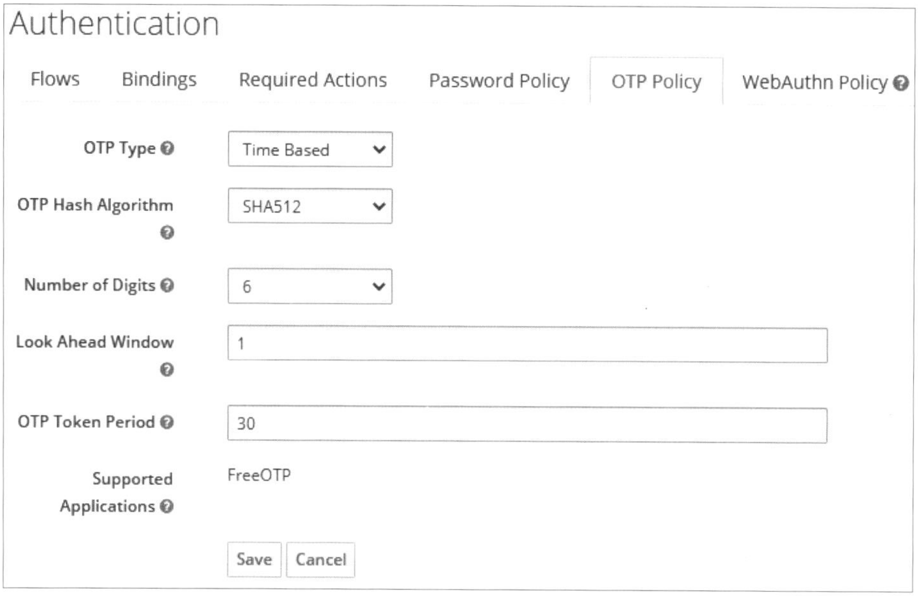

그림 11.13 OTP 정책 탭

OTP는 특정 알고리듬을 사용해 해시된 비밀 키secret key와 사용자를 인증하기 위해 일회성으로 사용할 수 있는 현재 시간 또는 카운터counter와 같은 이동 계수moving factor를 기반으로 사용하는 코드다. Keycloak은 두 가지 주요 알고리듬을 사용해 사용자가 코드를 생성할 수 있도록 인증할 수 있다.

- Time-Based One-Time Password(TOTP)

- HMAC-Based One-Time Password(HOTP)

기본적으로 Keycloak에서 작성된 realm은 TOTP를 사용하도록 설정된다. 또한 6자리 숫자로만 구성되며 30초의 유효 기간을 가진다. 필요한 경우 언제든지 해당 설정을 변경할 수 있다.

TOTP와 HOTP 알고리듬의 차이점은 코드를 생성하는 데 사용되는 이동 계수와 검증 방법이다. 이름에서 알 수 있듯이 TOTP는 시간을 기반으로 하므로 코드는 특정 시간(보통 30초) 동안의 유효 기간을 가진다. 반면 HOTP는 카운터를 기반으로 동작한다. 코드의 유효성은 코드가 검증되고 카운터가 증가하기 전까지 무한하다.

어떤 알고리듬을 사용해야 하는지는 사용자 환경에 따라 달라진다. 하지만 TOTP가 HOTP보다 더 높은 보안성을 제공한다. 왜냐하면 코드를 분실하거나 유출된 경우 TOTP의 유효 기간이 줄어들기 때문에 OTPs를 사용하는 경우 공격 표면attack surface을 감소시킬 수 있기 때문이다.

사용자의 입장에서 Keycloak은 사용자가 안드로이드와 iOS 앱스토어에서 다운로드받을 수 있는 두 가지 주요 모바일 애플리케이션을 사용해 스마트폰이나 태블릿과 같은 자신의 개인 기기에서 OTP 코드를 획득할 수 있다.

- FreeOTP
- Google Authenticator

다음 절에서 살펴보겠지만, 위 앱 중 하나를 사용해 사용자는 자신의 계정에 2FA를 쉽게 활성화할 수 있고 OTP를 사용해 realm 인증을 수행할 수 있다.

이번 절에서 OTP 및 OTP 설정 변경 방법에 대해 살펴봤다. 또한 사용자는 원하는 기기를 통해 FreeOTP 및 Google Authenticator 앱을 사용해 코드 생성 방법에 대해 알아봤다.

이제 OTPs를 통해 사용자를 인증하는 다양한 전략들을 알아보자.

사용자가 OTP 사용 여부를 선택할 수 있도록 허용

패스워드를 사용해 사용자가 성공적으로 인증을 수행하면, Keycloak은 사용자가 계정과 연동된 OTP 자격증명을 갖고 있는지 확인한다. OTP 자격증명이 설정되지 않은 경우, Keycloak은 사용자를 인증하고 애플리케이션으로 다시 리다이렉트시킨다. 위의 과정들은 사용자가 realm에 인증을 수행하면서 거치는 과정들이다.

반면 OTP 자격증명이 설정된 사용자의 경우 Keycloak은 사용자 인증을 수행하기 전에 사용자의 OTP를 획득하고 검증하기 위해 인증 흐름 과정에서 추가적인 단계를 수행한다.

Alice 계정 콘솔에 로그인해서 OTP 획득 및 검증 과정을 확인해보자.

먼저 브라우저를 통해 다음 링크(http://localhost:8080/auth/realms/myrealm/account)에 접속하고 적절한 사용자 자격증명을 사용해 로그인한다. 현재 사용자(alice)는 패스워드만을 사용해 인증을 수행한다.

계정 콘솔의 **Signing In** 페이지에서 **Set up Authenticator Application** 버튼을 클릭해 OTP를 통해 2FA를 설정할 수 있다.

그림 11.14 OTP를 통한 2FA 설정

신규 인증자authenticator 설정을 선택하면 코드를 생성하기 위해 사용할 공유 키를 포함하는 QR 코드가 사용자에게 표시된다. 스마트폰을 사용하면 FreeOTP 또는 Google Authenticator 모바일 애플리케이션을 통해 해당 QR 코드를 스캔할 수 있다.

그림 11.15 신규 OTP 설정

인증자를 사용해 QR 코드를 스캔하면 OTP 자격증명 등록 프로세스를 수행하고 해당 프로세스를 수행한 후 사용자를 인증하기 위해 사용할 코드를 생성한다. TOTP를 사용하는 경우 해당 코드는 30초마다 생성된다.

OTP 자격증명 등록 프로세스를 수행하려면 사용 중인 모바일 애플리케이션의 코드를 사용해 **One-time code** 필드를 설정하고 **Submit** 버튼을 클릭한다. 필요한 경우 사용자는 생성한 OTP 자격증명의 별칭^{alias}을 정의할 수도 있다.

alice 사용자를 통해 다시 한번 인증을 수행해보자. 먼저 페이지의 좌측 상단 코너에 있는 **Sign Out** 링크를 클릭해 계정 콘솔에서 로그아웃하고, 사용자 이름과 패스워드를 사용해 다시 인증을 수행한다.

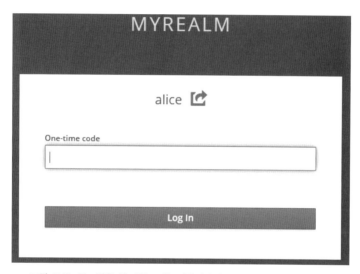

그림 11.16 로그인을 시도하는 경우 사용자에게 코드 입력 메시지가 표시됨

OTP 설정을 하기 전과 비교했을 때 이번에는 코드를 제공을 요청하는 페이지가 표시된다. 스마트폰을 사용해 코드를 획득하고 **One-time code** 필드에 입력한다. **Log in** 버튼을 클릭하면 사용자가 제공한 코드가 Keycloak에서 성공적으로 인증된 경우 계정 콘솔에 접근할 수 있다.

이번 절에서 Keycloak은 기본적으로 2FA를 요구하지만 사용자가 OTP 자격증명과 연동된 경우에만 2FA를 수행할 수 있다는 것을 배웠다. 또한 계정 콘솔을 활용해 사용자가 자신의 계정에 2FA를 손쉽게 설정할 수 있다는 점도 익혔다.

다음 절에서 realm에 있는 모든 사용자에게 2FA를 적용하는 방법에 대해 알아볼 것이다.

OTP를 통한 사용자 인증 활성화

몇몇 OTP 활용 사례에서 OTP 사용 여부는 사용자의 요구가 아닌 realm에 정의된 보안 정책을 기반으로 설정된다. Keycloak을 사용하면 OTP 인증의 기본 동작을 변경해 인증 전에 사용자가 OTP 자격증명을 설정하거나 기존 자격증명을 사용해 성공적으로 realm에 인증을 수행한다.

해당 설정을 활성화하려면 좌측 메뉴의 **Authentication** 링크를 클릭하고 사용 가능한 흐름 리스트에서 **Browser**를 선택한다.

해당 페이지에서 **Browser - Conditional OTP** 단계의 요구 사항을 변경하고 **REQUIRED**로 설정한다.

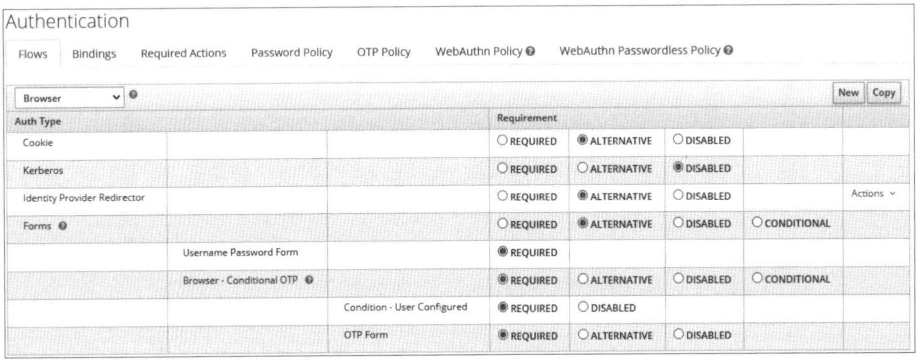

그림 11.17 realm의 2FA 활성화

이제 alice의 사용자 설정으로 이동하고 계정과 연동된 OTP 자격증명을 제거한다.

> **NOTE**
>
> 패스워드와 마찬가지로 관리자는 사용자가 로그인할 때 OTP를 활성화하기 위해 필요한 작업을 설정할 수 있다. OTP의 경우 Configure OTP를 설정해야 한다.

Alice 계정 콘솔에 로그인한다. 해당 작업을 수행하려면 브라우저에서 다음 링크(http://localhost:8080/auth/realms/myrealm/account)로 접속하고 사용자 자격증명을 통해 로그인한다.

기존과는 다르게 사용자는 이제 OTP 자격증명을 설정해야 한다. 자격증명 설정 단계는 이전 절에서 학습한 계정 콘솔을 사용할 때와 동일하다. 가장 큰 차이점은 사용자가 OTP 자격증명을 설정하지 않은 경우 반드시 OTP 자격증명을 설정해야 한다는 것이다. OTP 자격증명을 설정한 다음 realm에 인증을 수행할 수 있다.

이번 절에서 realm에 2FA를 활성화하기 위한 OTP 활용 방법에 대해 알아봤다. 2FA가 사용자를 인증하기 위해 패스워드만 사용하는 것보다 더 강력한 인증을 제공하는 것을 배웠다. 또한 사용자는 FreeOTP 또는 Google Authenticator 앱을 사용해 계정에 2FA를 손쉽게 활성화할 수 있다. WebAuthn의 이중 인증 및 다중 요소 인증을 사용해 강력한 인증을 설정하기 위해 11장에서 살펴본 개념을 확장할 것이다.

⠿ 웹 인증 활용

웹 인증, 즉 WebAuthn 프로토콜은 인터넷에서 사용자 인증의 유용성과 보안을 개선하기 위해 사용된다. 즉, 암호화 프로토콜을 사용해 사용자를 인증하기 위해 브라우저를 중개자로 사용해 서버와 보안 기기가 서로 통신할 수 있는 추가 기능을 제공한다.

WebAuthn은 비대칭 키(개인 키 및 공개 키)를 기반으로 사용자의 기기를 안전하게 등록하고 시스템에서 사용자를 인증한다. 기기와 서버에서 공유되는 키를 사용하지 않으며 공개 키만 사용한다. 보안 기기와 서버 사이의 중개자 역할을 수행함으로써 WebAuthn은 생체 정보(biometrics)를 통해 해당 기기들을 2FA, MFA로 활용하거나 보안 기기 이외의 명시적 자격증명 없이 사용자를 원활하게 인증할 수 있도록 해준다(해당 개념은 username-less 및 password-less 인증이라고도 한다).

2FA에 사용할 경우 WebAuthn은 Keycloak과 코드 생성에 사용되는 서드파티 애플리케이션 간에 공유 키가 없기 때문에 OTP보다 더 안전하다. 대신, 사용자는 민감한 데이터를 노출하지 않고 2FA와 통신하기 위해 강력한 암호화를 사용하는 보안 기기를 소지

해야 한다.

WebAuthn은 패스워드 또는 OTP 코드를 처리할 필요가 없기 때문에 사용자가 시스템에 인증을 수행할 경우 더 나은 편의성을 제공한다.

보안 기기 또는 인증자는 FIDO2의 요구 사항을 준수하는 경우 어떠한 것도 사용할 수 있다. 지문을 지원하는 스마트폰, USB에 포함된 보안 키, NFC^{Near-Field Communication} 기기를 사용할 수 있다.

WebAuthn은 해당 기기를 통해 사용자가 등록하고 인증하는 방법에 대한 다양한 측면을 세부적으로 제어할 수 있다. 기기를 소유한 사용자의 ID를 확인하는 방법에 대한 요구 사항을 제어하거나 자격증명을 기기에 저장할 수도 있기 때문에 서버에 자격증명을 저장해야 하는 필요성을 제거할 수 있다.

Keycloak에서 WebAuthn을 통해 다음과 같은 다양한 이용 사례을 해결할 수 있다.

- 사용자 인증 과정 또는 계정 콘솔을 사용해 기기를 등록한다.

- OTP의 좀 더 안전한 대안으로 2FA용 보안 기기를 사용한다.

- 보안 기기에서 지원하는 모든 형태의 생체 인증을 사용해 MFA용 보안 기기를 사용한다.

- 사용자 이름 또는 패스워드가 없는 인증에 보안 기기를 사용한다.

또한 사용자가 로그인 페이지에서 다양한 인증 방법을 선택할 수 있다.

예를 들어 WebAuthn을 통해 패스워드 없는 인증 또는 OTP를 이중 인증으로 사용하는 패스워드 기반 인증 사용 여부를 사용자가 선택할 수 있다.

> **TIP**
>
> Keycloak에서 WebAuthn을 활용하는 방법에 대한 자세한 내용은 다음 링크(https://www.keycloak.org/docs/latest/server_admin/#_webauthn)를 참조하면 된다.

이번 절에서 WebAuthn은 보안 기기를 이중 인증 요소로 사용하거나 자격증명 제공 필요성을 제거하는 경우 사용자 편의성을 개선할 수 있다.

다음 절에서 WebAuthn을 통해 사용자를 인증하기 위해 인증 흐름 정의 방법에 대해 알아볼 것이다.

인증 흐름에서 WebAuthn 활성화

사용자가 기기를 사용해 인증을 수행하려면 WebAuthn을 지원하는 인증 흐름 정의를 생성해야 한다.

'인증 흐름 이해' 절에서 학습한 것을 기반으로 다음 단계를 통해 신규 흐름을 생성한다.

1. My Browser 흐름(인증 흐름 이해 절에서 생성함)을 사용해 신규 흐름 생성한다. 흐름의 이름을 My WebAuthn으로 입력한다.

2. My WebAuthn My Browser Browser - Conditional OTP 하위 흐름에서 OTP Form 실행을 삭제한다.

3. WebAuthn Authenticator 실행을 선택해 WebAuthn Authenticator 신규 실행을 My WebAuthn My Browser Browser - Conditional OTP 하위 흐름에 추가한다.

4. My WebAuthn My Browser Browser - Conditional OTP를 CONDITIONAL 흐름으로 설정한다.

지금까지 작업한 흐름 정의 설정은 다음과 같다.

그림 11.18 보안 기기를 통해 인증을 수행하기 위한 인증 흐름 정의 생성

마지막으로, 해당 인증 흐름 정의를 **Bindings** 탭에 있는 **Browser Flow**와 연동한다.

이미 알고 있겠지만, 우리는 현재 OTP를 WebAuthn의 2FA로 대체하고 있다.

OTP Form 실행을 WebAuthn Authenticator 실행으로 변경한 것 외에는 많은 작업이 필요하지 않았다.

사용자가 아직 보안 기기 설정을 하지 않았기 때문에 로그인을 수행하면 아직까지 패스워드를 통해 로그인을 할 수 있다.

다음 절에서 계정 콘솔에서 보안 기기를 등록하는 방법을 배울 것이다.

보안 기기 등록 및 인증

WebAuthn을 realm에 활성화하기 위한 첫 번째 단계는 사용자의 기기를 등록하는 것이다. 패스워드 및 OTP와 마찬가지로 보안 기기의 등록은 특정 required action을 수행해야 한다.

좌측 메뉴에 있는 **Authentication** 링크를 클릭한 다음 **Required Actions** 탭을 클릭한다. 해당 탭에서 리스트의 우측 상단에 있는 **Register** 버튼을 클릭하고 옵션 리스트에서 **Webauthn Register** required action을 선택해 신규 required action을 등록한다. **OK** 버튼을 클릭해 등록 단계를 완료한다.

그림 11.19 Webauthn Register required action 등록

Webauthn Register required action을 등록하면 계정 콘솔에서 보안 기기를 등록할 수 있다.

해당 작업을 하려면 브라우저에서 다음 링크(http://localhost:8080/auth/realms/myrealm/account)에 접속한 후 적절한 사용자 자격증명을 사용해 로그인한다. 계정 콘솔에서 좌측 사이드 메뉴에 있는 **Signing In** 링크를 클릭한다.

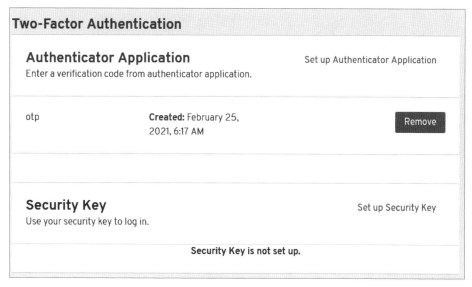

그림 11.20 사용 가능한 기기 리스트

해당 페이지의 **Security Key** 섹션에서 보안 기기를 등록하기 위해 **Set up Security Key**를 클릭한다.

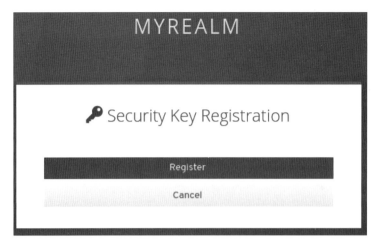

그림 11.21 기기 등록

신규 기기를 등록하려면 **Register** 버튼을 클릭한다.

브라우저는 보안 기기를 터치하는 것과 같이 등록을 완료하기 위해 보안 기기를 사용하도록 요청한다. 등록된 신규 기기에 원하는 이름을 입력한다.

기기를 성공적으로 등록하면 해당 기기가 사용 가능한 2FA 옵션에 포함돼야 한다.

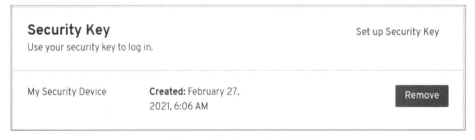

그림 11.22 성공적으로 보안 기기 등록

이제 alice 계정으로 인증을 수행해보자. 계정 콘솔 페이지의 좌측 상단에 있는 **Sign Out** 링크를 클릭하고 사용자 이름과 패스워드를 통해 다시 인증을 수행한다.

그림 11.23 인증 프로세스를 완료하기 위해 보안 기기와 사용자 간의 상호 작용이 요구된다.

alice로 인증을 수행하는 경우 인증을 완료하기 위해 보안 기기와 상호 작용을 요청하는 메시지가 표시된다. 이러한 작업은 OTP를 이중 인증으로 사용하는 방법과 유사하지만 사용자는 특정 코드를 입력하거나 전송할 필요가 없다.

이번 절에서 계정 콘솔을 통한 보안 기기 등록 방법에 대해서 알아봤다. 또한 Web Authn 및 2FA용 보안 기기를 사용하는 것이 얼마나 편리한지도 살펴봤다. 그다음 Key cloak을 사용해 보안 기기에서 제공하는 모든 생체 인식 인증을 통해 WebAuthn을 이중 인증으로 사용할 수 있다.

다음 절에서 강력한 인증과 관련된 핵심 개념에 대해 알아볼 것이다.

⁝⁝ 강력한 인증 사용

강력한 인증strong authentication은 최근 널리 사용되는 용어다. 해당 용어의 성의는 강력한 인증이 사용되는 상황에 따라 다르다. 일반적으로 강력한 인증은 사용자를 인증하기 위해 이중 인증 또는 다중 인증을 적용하는 것을 의미한다.

이미 살펴본 것처럼 Keycloak은 realm에 대한 2FA 또는 MFA를 활성화하는 데 필요한 기능을 제공한다. 2FA를 통해 강력한 인증 요구 사항을 수행해야 하는 경우 WebAuthn 을 통해 OTP 또는 보안 기기를 사용하면 된다.

하지만 MFA는 아마도 생체 인증을 통해 사용자를 안전하게 식별하고 인증하는 핵심 측면을 가진 가장 강력한 인증 유형일 것이다. 이와 같은 경우, WebAuthn을 사용해 사용자의 ID(예를 들면 지문 스캔)를 인증하기 위해 보안 기기를 설정하고 인증을 시도하는 사용자가 해당 보안 기기를 사용 중인지 확인할 수 있다.

또한 강력한 인증에는 2FA 또는 MFA를 활용해 IP 주소 히스토리 및 사용자가 인증을 수행하기 위해 사용하는 기기와 같은 여러 가지 인증 요소를 활성화하는 것도 포함된다. 이와 같은 경우, 위험 점수risk score 또는 사용자의 행동을 기반으로 사용자를 인증하는 최적의 요소를 선택할 수 있다. 또는 사용자가 민감한 데이터에 접근하거나 시스템에서 중요한 작업을 수행하는 경우 사용자에게 재인증을 요청할 수 있다.

이 책을 쓰는 있는 시점에서 Keycloak은 적응형 인증adaptive authentication, 리스크 기반 인증 또는 단계형 인증과 같은 범용 인증을 자체적으로 지원하지 않는다.

하지만 11장에서 살펴봤듯이 Keycloak은 realm에 대한 새로운 유형의 인증을 구성하고 구현하는 방법에 있어서 매우 유연하다. 13장, 'Keycloak 확장'에서 살펴보겠지만 Keycloak은 개발자들이 핵심 기능을 확장하기 위해 사용하는 SPIsService Provider Interfaces 집합을 제공한다.

이번 절에서 강력한 인증에 대한 간략한 개요와 Keycloak 에서 해당 인증을 설정하는 방법에 대해 알아봤다. 이제 11장의 요약을 살펴보자.

요약

11장에서 Keycloak에서 사용자를 인증하는 방법에 대한 자세한 방법을 살펴봤다. 먼저 인증 흐름을 소개하고 realm에서 사용자 및 클라이언트를 인증하기 위한 인증 흐름의 중요한 역할에 대해 알아봤다.

Keycloak에서 지원하는 주요 인증 방법을 살펴봤고 사용자를 신속하게 인증하기 위해 해당 인증을 구성하는 방법과 2FA 및 MFA를 지원하기 위해 인증 방법을 통합하는 방법도 살펴봤다. 마지막으로, 간략하게 강력한 인증을 소개하고 Keycloak을 통해 realm의 보안 인증 방법을 적용하는 방법에 대해서도 알아봤다.

11장에서 제시된 정보를 통해 Keycloak에서 다양한 인증 방법을 사용해 유연하게 설정할 수 있게 됐다.

12장에서 세션 관리와 인증과의 상관관계에 대해 배울 것이다.

질문

1. 11장에 표시된 페이지의 디자인을 어떻게 변경할 수 있습니까?

   Keycloak은 11장에 나온 페이지뿐만 아니라 전체적인 인터페이스를 사용자의 필요에 맞게 변경할 수 있습니다. 13장, 'Keycloak 확장'에서 살펴보겠지만 Keycloak에서 제공하는 다양한 테마를 사용해 인터페이스를 변경할 수 있습니다. 더 자세한 내용은 다음 링크(https://www.keycloak.org/docs/latest/server_development/#_themes)에서 확인할 수 있습니다.

2. WebAuthn 예시를 실행할 수 없고 보안 기기를 등록할 수 없습니다. 어떤 문제입니까?

   WebAuthn을 사용하려면 FIDO 또는 FIDO2와 호환되는 보안 기기를 사용해야 합니다. 또한 HTTPS와 유효한 도메인 네임을 통해 Keycloak에 접근해야 합니다. WebAuthn은 서버가 클라이언트와 다른 도메인에서 접근하고자 하는 경우 도메인 이름 및 보안 연결에 대해 엄격한 보안을 수행합니다. 사용자는 브라우저가 WebAuthn API를 지원하는지도 확인해야 합니다. 또한 WebAuthn 사이트의 데모를 보고 보안 기기가 어떻게 작동하는지 확인하는 것도 권장합니다.

⁝⁝ 참고문헌

- Keycloak authentication documentation: https://www.keycloak.org/docs/latest/server_admin/#authenticationKeycloak

- Keycloak required actions: https://www.keycloak.org/docs/latest/server_admin/#required-actions

- Keycloak login page settings: https://www.keycloak.org/docs/latest/server_admin/#login-page-settings

- Keycloak Account Console: https://www.keycloak.org/docs/latest/server_admin/#_account-service

- WebAuthn: https://webauthn.io/

12

토큰 및 세션 관리

Keycloak은 통합 인증 및 인가 서비스 역할 외에도 세션 및 토큰 관리 시스템 역할을 한다.

인증 프로세스의 일환으로 Keycloak은 서버 사이드 세션을 생성하고 토큰과 연동할 수 있다. 해당 세션을 통해 Keycloak은 세션이 시작된 인증 컨텍스트의 상태를 유지하고 사용자 및 클라이언트의 활동을 추적하며, 토큰의 유효성을 확인해 사용자와 클라이언트가 언제 재인증을 수행해야 하는지 결정할 수 있다.

12장에서 Keycloak을 통한 토큰 및 토큰 기반 세션 관리 방법과 이러한 작업을 수행할 때 주의해야 할 다양한 부분에 대해 알아볼 것이다. 이에 따라 12장에서는 다음과 같은 주제를 다룰 것이다.

- 세션 관리
- 토큰 관리

﹕ 기술 요구 사항

12장에서 몇몇 예시들을 실행하기 위해 Keycloak 관리 콘솔을 사용힐 깃이기 때문에 1장, 'Keycloak 시작하기'에서 살펴본 내용에 따라 Keycloak이 작동 중인지 확인해야 한다.

﹕ 세션 관리

세션 관리는 사용자 경험, 보안 그리고 성능과 같은 중요한 지표에 직접적인 영향을 미친다.

사용자 경험 관점에서, Keycloak은 세션에 활용해 사용자와 클라이언트의 인증 여부, 인증 기간, 재인증 시기 등을 결정한다. 세션의 이러한 특성은 기본적으로 동일한 영역 내의 서로 다른 클라이언트를 인증하는 경우 사용자에게 싱글 사인온 환경을 제공하고 통합 인증 경험을 실현한다.

보안 관점에서, 세션은 사용자 활동을 추적 및 제어하고 클라이언트에게 발급된 토큰이 사용자를 대신해 작동할 수 있는 유효한 토큰[password]인지 확인하기 위한 보안 계층을 제공한다. 세션 또는 토큰이 유출되거나 탈취됐을 경우 공격 표면[attack surface]을 제한할 수 있기 때문에 사용자의 realm 및 해당 클라이언트와의 세션 유지 시간을 제한하고 제어하는 것 또한 중요하다. 추후 살펴보겠지만 세션은 악의적인 행위자의 비인가 접근 차단 또는 대응을 하기 위해 관리자, 사용자 및 클라이언트가 조기에 무효화시킬 수 있다.

성능 측면에서, 세션은 메모리에 저장되며 Keycloak의 전반적인 성능에 직접적인 영향을 미친다. 9장 '프로덕션 환경을 위한 Keycloak 설정'에서 살펴봤듯이, Keycloak은 세션을 공유 캐시에 저장한다. 여기서 활성 세션의 개수와 활성 세션 유지 시간은 메모리와 CPU 리소스를 최적화하기 위해 균형을 유지해야 하는 주요 요소다. 이러한 점들을 고려할 때, Keycloak은 여기에 언급된 세 가지 측면의 균형을 유지하는 유연한 세션 및 토큰 관리를 제공한다. 관리자는 사용자 및 클라이언트의 활성 세션을 추적하고, 사용자가 인증한 클라이언트를 확인하며, 세션 무효화를 위해 단일 또는 전역 로그아웃을 수행하고, 토큰을 폐기하고, 세션 및 토큰 생명주기의 다양한 측면을 제어할 수 있다.

다음 주제에서 세션 생명주기 관리 방법에 대해 알아볼 것이다.

세션 생명주기 관리

Keycloak을 프로덕션 환경에 적용하기 전에 결정해야 하는 첫 번째 질문 중 하나는 얼마나 자주 사용자와 클라이언트가 재인증을 수행해야 하는지 정하는 것이다. 이 질문에 적절한 해답을 찾기 위해서는 Keycloak이 세션을 생성하는 방법과 세션의 생명주기를 정의하는 방법을 알고 있어야 한다.

세션 생명주기는 세션이 만료되고 삭제되는 시기를 결정한다. 세션이 만료되면 해당 세션과 관련된 사용자 및 클라이언트는 인증된 상태를 유지할 수 없고 신규 세션을 생성하기 위해 재인증을 수행해야 한다.

> **NOTE**
>
> Keycloak은 때때로 백그라운드 작업을 사용해 세션을 만료하고 만료된 세션을 확인한다. 기본적으로 작업은 15분마다 실행된다. 필요한 경우 해당 값을 자유롭게 변경할 수 있다. 대부분의 경우 기본 설정을 사용하는 것이 좋다.

Keycloak은 사용자를 인증하는 경우 다양한 레벨에서 세션을 생성한다. 첫 번째 레벨에서, 클라이언트에 관계없이 사용자 활동을 추적하기 위해 사용자 세션이 생성된다. 해당 레벨은 SSO$^{Single Sign-On}$ 세션이라고 하며 사용자 세션이라고도 한다. 두 번째 레벨에서 Keycloak은 사용자가 인증된 사용자 세션에서 각 클라이언트의 사용자 활동을 추적하기 위해 클라이언트 세션을 생성한다. 클라이언트 세션은 토큰의 유효성 및 애플리케이션에서 토큰을 사용하는 방식과 밀접하게 관련돼 있다.

최상위 세션인 SSO 세션 생명주기^{lifetime}는 사용자와 클라이언트가 재인증을 수행해야 하는 빈도를 설정하기 위해 사용하는 전역 설정이다. Keycloak을 사용하면 SSO 세션이 활성 상태로 유지하는 최대 시간과 세션이 조기에 만료되는 유휴 시간을 설정할 수 있다. SSO 세션이 만료되면, 해당 SSO 세션과 연동된 모든 클라이언트 세션 또한 만료된다.

> SSO 세션은 HTTP 세션과 유사하다. 두 세션 모두 동일한 에이전트가 전송하는 여러 개의 요청에서 상태를 추적하고 유지하기 위해 사용된다.

세션 생명주기를 설정하려면 좌측 패널의 **Realm Setting**을 클릭한 다음 **Tokens** 탭을 클릭한다.

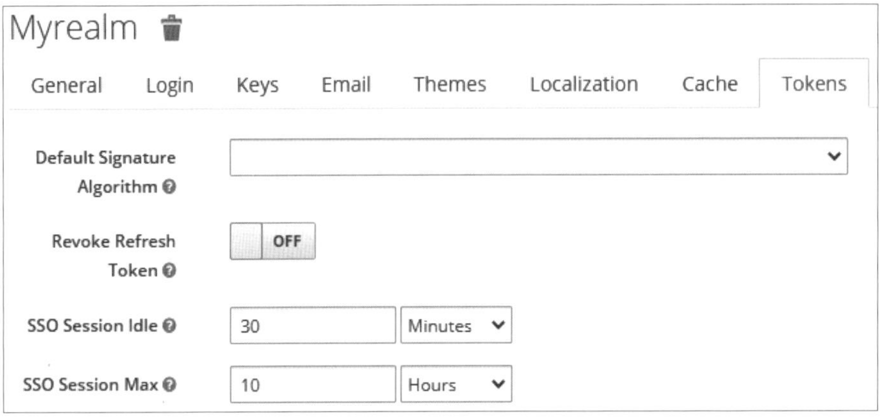

그림 12.1 SSO 세션 생명주기 설정

해당 탭에서 **SSO Session Max** 및 **SSO Session Idle** 설정을 통해 SSO 세션의 최대 시간과 유휴 시간을 각각 설정할 수 있다. 설정이 적용되면 세션은 일정 시간 동안 활성화 상태로 유지돼야 하고 최대 시간보다 길지 않아야 한다. 그리고 동시에 Keycloak은 세션 조기 만료 여부를 결정하기 위해 특정 시간(유휴 기간) 동안 사용자의 활동을 확인한다.

예시를 통해 세션 최대 시간 및 유휴 시간을 이해해보자. 기본적으로 Keycloak은 SSO 세션의 생명주기를 10시간으로 정의한다. 해당 시간은 세션이 최대 10시간 동안 지속될 수 있고 그 이후에는 만료된다는 것을 의미한다.

하지만 유휴 시간의 타임아웃은 기본 30분으로 설정되고 이는 Keycloak이 30분 이내에 사용자 활동을 확인하지 못하면 설정된 최대 시간에 관계없이 세션이 만료됨을 의미한다.

사용자가 인가 엔드포인트(브라우저를 사용하는 경우)를 통해 직접 통신하거나 토큰이 클라이언트에 의해 간접적으로 갱신되는 것과 같이 Keycloak과 상호 작용하는 경우 유휴 시간 타임아웃은 갱신된다.

사용자가 인증을 수행한 후 자리를 비우고 토큰을 갱신하지 않으면 사용자 세션은 30분 후에 만료된다. 하지만 사용자가 브라우저를 통해 지속적으로 Keycloak과 통신하거나 클라이언트가 지속적으로 토큰을 갱신하면, 사용자 세션은 최대 10시간까지 유지할 수 있다.

SSO 세션과 마찬가지로 관리자는 클라이언트 세션의 유휴 및 최대 시간을 설정하기 위해 **Client Session Idle** 및 **Client Session Max**를 각각 설정할 수 있다.

그림 12.2 클라이언트 세션 생명주기

위의 두 가지 설정은 토큰의 유효 기간에 대한 최댓값을 정의하고 클라이언트가 토큰을 재인증을 수행하도록 함으로써 관리자에게 클라이언트 세션 생명주기에 대한 세밀한 제어를 제공해준다. 즉, relam 클라이언트에 발급된 토큰은 설정한 최대 시간까지만 유효하며 클라이언트가 유휴 기간 내에 토큰을 갱신하지 않으면 클라이언트 세션이 조기에 만료되고 토큰이 폐기된다.

하지만 SSO 세션과 다르게 클라이언트 세션이 만료되고, SSO 세션이 만료되지 않은 경우 사용자는 재인증을 반드시 수행할 필요는 없지만 신규 토큰을 생성하기 위해 클라이언트는 재인증을 수행해야 한다. 클라이언트 세션이 만료된 경우, 클라이언트 재인증을 수행하기 위해 사용자는 Keycloak으로 리다이렉트되고, 브라우저를 사용하는 경우 사용자 경험에 영향을 미칠 수 있다.

기본적으로 Keycloak은 클라이언트 세션의 생명주기를 제어하기 위한 SSO 세션과 동일한 설정 집합을 정의한다. **Client Session Idle** 및 **Client Session Max** 설정값을 0이 아닌 값으로 변경해 클라이언트 세션의 다양한 생명주기를 정의할 수 있다.

경험에 비춰 볼 때 보안, 퍼포먼스 및 사용자 경험 측면을 고려해 세션의 생명주기를 가능한 한 짧게 설정해야 한다. 이러한 짧은 생명주기를 통해 세션 하이재킹 공격 또는 토큰 유출이나 도난에 대한 영향을 최소화할 수 있다. 또한 사용자의 활동을 보여주지 않는 세션에 의해서 서버에 과부하가 걸리는 것을 회피하고, 메모리나 CPU 등의 서버 리소스의 낭비를 막을 수 있다. 하지만 짧은 세션 생명주기는 사용자 경험과 사용자 재인증 횟수에 직접적인 영향을 미친다. 사용자 우선 접근법In a user-first approach에서는 사용자에게 최적인 것부터 시작해 보안 요구 사항 및 메모리와 CPU와 같은 리소스 제약에 따라 세션 생명주기를 조정한다.

이번 주제에서 세션의 생명주기를 관리하는 방법과 세션이 사용자 경험, 보안 및 성능에 미치는 영향에 대해 알아봤다. 또한 인증 프로세스 및 토큰 발행 프로세스 과정에서 Keycloak은 사용자별로 SSO 세션과 사용자가 인증된 각 클라이언트의 클라이언트 세션을 생성하는 것에 대해서도 알아봤다.

다음 주제에서는 사용자 및 클라이언트 세션을 추적하고 관리하는 방법에 대해 알아볼 것이다.

활성 세션 관리

Keycloak은 관리자에게 다양한 수준의 뛰어난 세션 추적성과 가시성을 제공한다.

- realm별

- 클라이언트별

- 사용자별

관리자는 realm 레벨에서 클라이언트별로 활성 세션 개수에 대한 통계를 볼 수 있다. 해당 통계를 확인하려면 좌측 패널의 **Sessions** 링크를 클릭한다.

그림 12.3 realm의 활성 세션 개수 관리

해당 페이지에서 임의의 클라이언트를 클릭하면 활성 세션에 대한 자세한 내용을 확인할 수 있다.

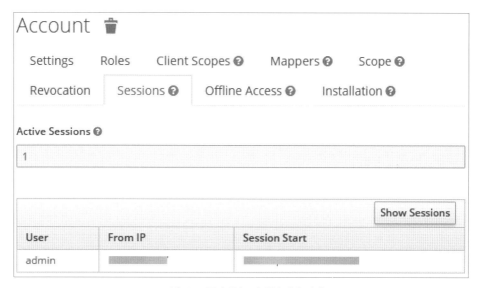

그림 12.4 클라이언트의 활성 세션 관리

클라이언트를 선택하면 클라이언트 상세 페이지의 **Sessions** 탭으로 리다이렉트된다. 해당 페이지에서 **Show Session** 버튼을 클릭해 사용자별로 클라이언트의 활성 세션을

확인할 수 있다. 해당 페이지에서 사용자 IP 주소 및 세션 시작 시간 등과 같은 세션에 대한 몇 가지 세부 정보에 접근할 수 있다.

해당 페이지에서 임의의 사용자를 클릭하면 활성 세션의 세 번째 및 마지막 표시 수준인 사용자 상세 페이지로 리다이렉트된다.

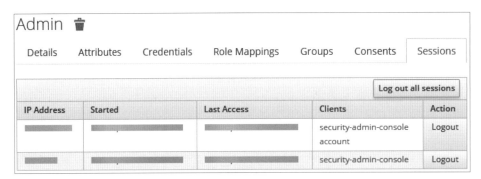

그림 12.5 사용자 세션 관리

사용자 상세 페이지에서, 사용자의 전체 활성 세션을 확인하려면 **Sessions** 탭을 클릭해야 한다. 해당 탭에서 세션이 시작된 시간, Keycloak이 사용자의 활동을 마지막으로 기록한 시간, 사용자 세션과 관련된 클라이언트 및 클라이언트 세션에 대한 자세한 정보가 제공된다.

일반적인 경우 단일 세션을 가진 사용자와 여러 클라이언트가 표시된다. 이는 사용자가 브라우저를 사용해 인증하는 일반적인 SSO 시나리오에 적합하며, 동일 세션이 서로 다른 클라이언트를 인증하기 위해 재사용된다. 하지만 사용자가 브라우저를 닫거나 쿠키를 지우거나 다른 기기를 사용해 인증할 수 있다. 이런 경우, 단일 사용자는 여러 개의 사용자 세션을 가진다.

이번 절에서 realm의 활성 세션에 대한 가시성을 높이는 방법에 대해 알아봤다. 또한 Keycloak은 realm, 클라이언트 및 사용자별로 다양한 수준의 가시성을 제공하는 것도 살펴봤다. 마지막으로, 각 레벨에서 세션에 대한 추가 정보를 확인했다.

다음 절에서 서로 다른 수준의 가시성을 더 자세히 살펴보고 단일 또는 글로벌 로그아웃을 통해 세션을 조기 만료하는 방법에 대해 알아볼 것이다.

사용자 세션 조기 종료

세션 통계 정보를 제공하는 것 외에도 Keycloak은 이전 절에서 살펴본 각기 다른 레벨에서 세션을 조기에 만료시키는 메커니즘을 제공한다.

realm 레벨에서 활성 세션을 확인하는 경우 **Logout all** 버튼을 클릭해 realm의 전체 활성 세션을 만료시킬 수 있다.

그림 12.6 realm 레벨의 세션 만료 수행

Logout all 버튼을 클릭하면 Keycloak은 전체 세션을 로그아웃해 해당 세션들을 즉각 만료시키고 레퍼런스를 삭제한다. 다음 절에서 살펴보겠지만 이에 대한 후속 조치로 해당 페이지의 **Revocation** 탭에서 토큰을 무효화시킬 수 있다.

사용자 레벨에서 **Logout** 버튼을 클릭하거나 **Log out all sessions** 버튼을 클릭해서 개별 세션을 만료시킬 수 있다.

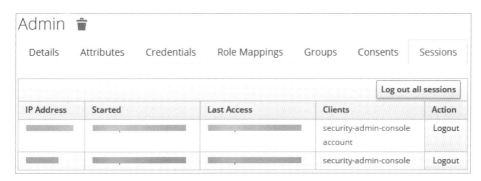

그림 12.7 사용자 세션 만료

realm 또는 사용자 레벨에서 모든 세션을 로그아웃하기 위해 위의 방법 중 하나를 사용하는 경우, Keycloak은 전체 세션을 순회하며 하나씩 만료시킨다. 사용자 레벨에서는 활성 사용자 세션이 많진 않지만 사용자가 인증된 클라이언트 개수에 따라 클라이언트 세션이 많을 수 있다. 하지만 realm에 인증된 전체 사용자의 realm 세션을 만료시키는 작업은 많은 자원이 필요할 수 있다.

이번 절에서 Keycloak 관리 콘솔을 통해 사용자 세션을 조기 만료시키는 방법에 대해 알아봤다. 여기에 제시된 다양한 옵션을 사용해 세션을 만료하는 방법에 대한 고려 사항도 살펴봤다.

다음 절에서 사용자와 클라이언트 세션을 추적하기 위해 Keycloak에서 쿠키cookies를 사용하는 방법에 대해 알아볼 것이다.

쿠키 및 세션과의 관련성 이해

HTTP는 무상태stateless 프로토콜이며 브라우저와 서버 사이의 상태state를 공유하기 위해 쿠키를 사용한다. Keycloak은 사용자가 브라우저를 통해 통신하는 경우 사용자의 세션을 추적하기 위해 HTTP 쿠키를 활용한다.

사용자를 성공적으로 인증한 다음, Keycloak은 KEYCLOAK_IDENTITY 쿠키를 통해 브라우저 세션을 서버의 사용자 세션과 연동한다. KEYCLOAK_IDENTITY 쿠키가 유출되거나 탈취된 경우, 사용자 세션의 보안이 위협을 받을 수 있다.

KEYCLOAK_IDENTITY 쿠키는 XSScross-site scripting 및 세션 하이재킹session hijacking 공격을 방지하기 위해 HttpOnly 쿠키로 설정된다. 해당 쿠키의 만료는 사용자 세션에 설정된 최대 시간 값을 기반으로 하며, 이 값은 추측 공격^{guessing attacks}을 방지하기에 충분한 엔트로피를 가진다.

쿠키에 더 많은 보안 설정을 추가할 수 있으며 가장 중요한 것은 HTTPS^{HTTP over TLS}를 사용하는 보안 채널을 통해서만 Keycloak에 접근할 수 있도록 하는 것이다.

HTTPS를 사용하는 경우 secure 속성은 쿠키가 평문으로 전송되지 않도록 하기 위해 설정되며, SameSite=none 속성은 보안 연결을 사용하는 사이트 간 요청에서만 쿠키가 전송되도록 한다. TLS 활성화에 관한 자세한 내용은 9장, '프로덕션 환경을 위한 Keycloak 설정'을 확인한다.

세션 만료와 관련해 KEYCLOAK_IDENTITY 쿠키는 위에서 살펴본 방법을 사용하는 경우 자동으로 만료되지 않는다. 따라서 브라우저는 여전히 해당 쿠키를 전송할 수 있지만 더 이상 활성 세션을 참조하지 않는다. 유효하지 않은 쿠키가 수신되면 Keycloak은 쿠키를 폐기하고 사용자가 재인증을 수행하도록 한다.

이 주제에서는 Keycloak이 쿠키를 사용해 사용자 세션을 추적하는 방법에 대해 간략하게 소개했다. 또한 쿠키를 보호하는 것이 사용자 세션을 안전하게 유지하는 데 중요하다는 것과 Keycloak이 쿠키에 대해 엄격한 정책을 적용하는 데 어떻게 도움이 되는지 배웠다.

이번 절에서는 Keycloak에서 세션 관리의 몇 가지 주요 측면을 관찰했다. Keycloak은 인증된 사용자와 인증된 클라이언트를 추적하기 위해 서버 측 세션을 지속적으로 생성한다는 것을 배웠다. 또한 세션의 수명을 올바르게 구성하는 것의 중요성과 세션이 애플리케이션과 Keycloak의 사용자 경험, 보안, 성능에 미치는 영향에 대해 살펴봤다. 마지막으로, 관리 콘솔을 통해 세션을 만료하는 다양한 옵션과 사용자가 브라우저를 사용할 때 Keycloak이 쿠키를 활용해 세션을 추적하는 방법을 소개했다.

다음 절에서 토큰 관리 방법과 세션과의 관련성에 대해 알아볼 것이다.

⁝⁝ 토큰 관리

'쿠키 및 세션과의 관련성 이해' 절에서 살펴본 것처럼 토큰은 세션과 연동된다. 따라서 토큰 유효성(생명주기를 의미하지 않음) 세션에 따라 달라진다. 토큰은 각각 생명주기를 가지며 토큰이 유효한 것으로 간주되는 기간은 토큰이 인증된 방식에 따라 달라진다. JWT^{JSON Web Token}를 토큰 형식으로 사용하는 경우, Keycloak은 애플리케이션이 서버에 대한 추가적인 통신 없이 로컬에서 토큰을 검증하고 검사할 수 있도록 지원한다. 하지만 JWT 토큰을 사용하는 경우 토큰이 유효한 생명주기를 갖고 있더라도 세션이 만료되면 토큰이 무효화된다.

이를 고려하지 않으면 토큰은 무효화됐지만 유효한 생명주기 기간 내에 있기 때문에 애플리케이션에서 여전히 허용되므로 토큰이 유출될 경우 공격 표면이 증가할 수 있다. 이번 절에서 배우게 될 토큰 만료 및 폐기에 대한 명확한 전략을 항상 고려해야 한다.

애플리케이션이 Keycloak으로부터 토큰을 획득하는 경우, 다음과 같은 토큰 데이터를 포함한다.

- ID 토큰
- 접근 토큰
- 리프레시 토큰

'쿠키 및 세션과의 관련성 이해' 절에서 살펴본 것처럼 클라이언트의 권한 부여에 따라 Keycloak은 위의 토큰을 모두 발행하거나 일부 토큰만 발행할 수 있다. 각 토큰은 자체 생명주기를 가진다.

리프레시 토큰을 제외하고, ID 토큰과 접근 토큰은 동일한 생명주기를 가진다. 두 토큰 모두 수명이 짧고 토큰 스토리지가 가장 안전하지 않은 공용 클라이언트(예: 단일 페이지 애플리케이션)에서 일반적으로 사용된다. 접근 토큰의 경우, 일반적으로 케이블을 통해 전송되며 토큰 정보가 통신 중에 유출될 가능성이 있다. 접근 토큰의 생명주기와 유효성은 토큰 유출 또는 폐기 시 영향을 줄이는 핵심 요소다.

반면 리프레시 토큰은 수명이 더 길고, 유효성은 사용자 및 클라이언트 세션에 설정된 생명주기에 따라 달라진다. 이러한 특성으로 인해 ID 토큰과 접근 토큰은 짧은 생명주기를 가지며 리프레시 토큰은 해당 토큰들이 만료되는 경우 갱신할 수 있다. 리프레시 토큰은 수명이 길기 때문에 공격자에게 완벽한 타깃이 되며, 만료와 폐기를 위한 명확한 전략도 필요하다.

NOTE

> 14장, 'Keycloak 및 애플리케이션 보안'에서 살펴보겠지만 키 순환(key rotation)과 같이 토큰이 유출된 경우 악용되지 않도록 보호하기 위해 추가 보안 계층을 사용할 수 있다. 또한 토큰 생명주기는 클라이언트와 클라이언트의 전반적인 보안을 결정하는 데 매우 중요한 역할을 한다.

이번 절에서 토큰의 생명주기 및 유효성과 같은 토큰에 관한 몇 가지 기본적인 개념을 간략하게 살펴봤고 해당 개념들이 전반적인 애플리케이션 보안에 미치는 영향을 관찰했다.

다음 절에서 토큰 생명주기 관리 방법에 대해 알아볼 것이다.

ID 토큰 및 접근 토큰 생명주기 관리

Keycloak에서 세션과 마찬가지로 토큰 생명주기를 설정할 수 있다. 해당 설정을 하려면, Realm Settings 페이지에서 Tokens 탭을 클릭한다. Tokens 탭에서 리프레시 토큰에 대한 특정 설정 정의를 포함해 '토큰 관리' 절에서 언급한 3개 토큰(ID 토큰, 접근 토큰, 리프레시 토큰)의 생명주기를 설정한다.

ID 토큰 및 접근 토큰의 경우, **Access Token Lifespan** 설정을 통해 생명주기를 설정할 수 있다. Keycloak에서 해당 토큰들의 lifespan 기본값은 5분으로 설정돼 있다.

그림 12.8 ID 토큰 및 접근 토큰 lifespan 설정

> **NOTE**
>
> 이름이 혼란스럽지만 Keycloak 내부에서 Access Token Lifespan 설정을 통해 ID 토큰의 생명주기도
> 계산한다.

Keycloak은 또한 **Access Token Lifespan**을 클라이언트별로 설정할 수 있다. 해당 설정을 하려면 클라이언트 상세 페이지로 이동한 다음 **Settings** 탭에서 **Advanced Setting** 섹션을 클릭한다.

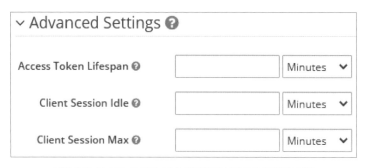

그림 12.9 ID 토큰 및 접근 토큰 생명주기를 클라이언트별로 설정

Advanced Settings에서 특정 클라이언트의 ID 토큰 및 접근 토큰 생명주기를 재설정하기 위해 **Access Token Lifespan**을 설정한다.

토큰이 유출될 경우 피해를 줄이기 위해 토큰 생명주기 값은 최대한 짧게 해 클라이언트가 해당 토큰을 갱신하도록 해야 한다. 하지만 토큰 생명주기 값이 너무 짧으면 토큰 리프레시 요청이 더 자주 발생하므로 애플리케이션 및 Keycloak 자체의 성능에 영향을 줄 수도 있다. 토큰 생명주기의 기본값은 대부분의 사용 사례에 적합해야 하지만 필요에 따라 값을 조정할 수 있다.

이 설정은 RFC 6750 – Bearer Token Usage에 따라 애플리케이션에 접근하기 위해 베어러bearer 토큰으로 자주 전송되기 때문에 접근 토큰에 특히 중요하다. 이미 언급했듯이 Keycloak에서 발행한 토큰은 JWT 포맷이며, 애플리케이션이 Keycloak의 토큰 검사 엔드포인트를 사용해 토큰을 검사하기 위한 추가적인 통신 없이 토큰 시그니처 및 생명주기와 관련된 일부 표준 클레임의 유효성을 검증한다. 또한 보안 요구 사항에 따라 토큰이 수명 내에 있지만 리프레시 토큰은 더 이상 Keycloak의 활성 세션에서 사용되지 않는 상황을 허용하지 않을 수 있다. 이러한 상황에서는 보안을 위해 토큰 검사 엔드포인트를 사용할 때 추가 오버헤드가 필요할 수 있다.

생명주기는 사용자 경험과 클라이언트의 복잡성에도 직접적인 영향을 미친다. 일반적으로 수명이 짧은 토큰은 수명이 긴 리프레시 토큰과 함께 사용돼 토큰이 만료될 때마다 사용자가 재인증하는 것을 방지한다. 리프레시 토큰을 사용하는 클라이언트는 리프레시 토큰을 처리하는 추가 논리로 인해 구현이 더 복잡하다. 반면 빈번한 토큰 갱신 필요성이 없는 수명이 긴 토큰은 토큰이 유출될 경우 추가적인 위험을 갖고 있지만 클라이언트의 복잡성을 제거한다. 환경에 맞는 적절한 균형을 찾을 필요가 있다.

이번 절에서는 ID 및 접근 토큰의 생명주기 설정 방법에 대해 알아봤다. 베스트 프랙티스는 토큰의 수명이 가능한 한 짧아야 한다는 점을 배웠으며 수명이 짧은 토큰, 리프레시 토큰, 클라이언트 복잡성, 보안 그리고 성능 간의 연관성도 알아봤다. 마지막으로, 토큰의 유효성이 세션 상태와 연동되지 않을 수 있으며 토큰의 로컬 유효성 검사를 수행하는 대신 토큰 검사 엔드포인트를 사용해 이를 방지할 수 있는 방법도 살펴봤다.

다음 절에서 리프레시 토큰의 생명주기 관리 방법을 알아볼 것이다.

리프레시 토큰 생명주기 관리

리프레시 토큰 생명주기는 사용자 세션과 클라이언트 세션의 생명주기를 각각 설정하기 위해 'ID 토큰 및 접근 토큰 생명주기 관리' 절에서 살펴본 SSO Session Max 및 Client Session Max 설정을 통해 정의한다.

먼저 리프레시 토큰의 생명주기는 클라이언트 세션에 설정된 시간을 기반으로 계산되며 realm 수준의 Client Session Max를 설정하거나 동일한 설정을 클라이언트 기반으로 재설정한다. 클라이언트 세션에 대한 생명주기가 명시적으로 설정되지 않은 경우,

Keycloak은 SSO Session Max 설정에서 사용자 세션으로 설정한 값이 사용된다.

클라이언트 기반의 리프레시 토큰 생명주기를 재설정하려민 클라이언트의 상세 페이지로 이동한 다음 **Settings** 탭에서 **Advanced Settings** 섹션을 클릭한다.

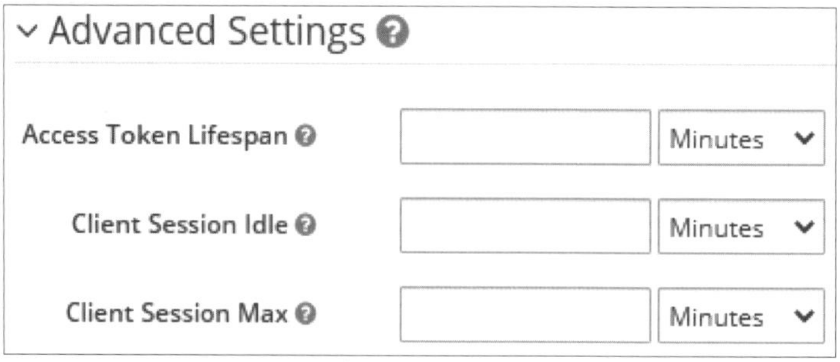

그림 12.10 클라이언트 리프레시 토큰 생명주기 재설정

Advanced Settings에서 **Client Session Max** 및 **Client Session Idle** 설정을 통해 리프레시 토큰 생명주기를 재설정할 수 있다. Keycloak은 기본적으로 클라이언트 수준에서 해당 설정에 대한 명시적 값을 정의하지 않으므로 'ID 토큰 및 접근 토큰 생명주기 관리' 절에서 살펴본 것처럼 realm 수준에서 설정된 값이 암시적으로 설정된다.

리프레시 토큰과 관련해 다음과 같은 내용을 고려해야 한다.

- 리프레시 토큰은 인증 코드와 같은 특정 권한 부여를 사용해 Keycloak에서 사용자를 인증한 후 항상 클라이언트 세션과 연동된다.

- 리프레시 토큰은 연동된 사용자 및 클라이언트 세션이 만료되지 않은 경우 유효한 것으로 간주된다.

- 클라이언트는 클라이언트 세션이 활성 상태인 경우에만 리프레시 토큰을 사용해 신규 토큰을 획득할 수 있다.

위 세 가지 고려 사항을 고려하면 수명이 짧은 ID 토큰 및 접근 토큰을 사용하는 데 있어서 리프레시 토큰의 역할이 얼마나 중요한지 알게 될 것이다. 또한 클라이언트 기반의 토큰 생명주기를 통해 보다 엄격한 정책을 정의해 애플리케이션의 전반적인 보안에도 큰 영향을 미칠 수 있다.

토큰 생명주기 갱신은 얼마나 많은 클라이언트가 토큰을 안전하게 유지할 것인지에 따라 조정된다. 예를 들어 보안성이 높은 클라이언트는 수명이 더 긴 리프레시 토큰을 사용할 수 있지만 공용 클라이언트의 경우 수명이 짧은 리프레시 토큰을 사용해야 할 수도 있다.

하지만 리프레시 토큰이 만료되면 사용자는 클라이언트에 대한 재인증을 수행해야 하기 때문에 브라우저를 사용하는 경우 사용자 경험에 영향을 줄 수 있음을 고려해야 한다.

발생할 수 있는 최악의 상황 중 하나는 리프레시 토큰이 유출되는 경우다. 이를 통해 공격자는 Keycloak에서 토큰을 획득하고 토큰이 발급된 클라이언트로 위장해 애플리케이션에 접근할 수 있다. 이러한 상황이 발생할 경우 영향을 피하거나 줄이기 위해 사용할 수 있는 여러 대응책이 있다. 그중 하나는 리프레시 토큰 로테이션이다.

이번 절에서 리프레시 토큰 생명주기 관리 방법과 수명이 짧은 토큰 활성화 및 애플리케이션의 전반적인 보안의 중요성에 대해 알아봤다.

다음 절에서 공격자가 리프레시 토큰을 재사용하는 것을 막기 위해 리프레시 토큰 로테이션을 활성화하는 방법에 대해 살펴볼 것이다.

리프레시 토큰 로테이션 활성화

리프레시 토큰이 유출된 경우에 대한 보안 대응책으로 Keycloak에서 리프레시 토큰 로테이션을 활성화할 수 있다. 리프레시 토큰 로테이션은 합법적인 클라이언트가 리프레시 토큰 요청을 하는 경우 리프레시 토큰을 발행하기 전에 리프레시 토큰을 무효화해 리프레시 토큰이 유출된 경우에 영향을 줄이기 위한 전략이다. 해당 기능을 활성화하면 로테이션은 리프레시 토큰이 언제 유출됐는지 신속하게 식별하고 신규 및 유효한 리프레시 토큰이 포함된 토큰 갱신 집합을 획득하기 위해 공격자와 합법적인 클라이언트 모두를 재인증한다. 합법적인 클라이언트만 토큰 엔드포인트에 대해 인증할 수 있다는 점을 고려할 때, 클라이언트만 신규 리프레시 토큰을 성공적으로 얻을 수 있다.

리프레시 토큰 로테이션을 활성화하려면 **Realm Settings** 페이지의 **Tokens** 탭으로 이동한 다음 **Revoke Refresh Token** 설정을 활성화한다.

그림 12.11 리프레시 토큰 로테이션 활성화

해당 설정을 활성화하면 신규 리프레시 토큰을 재발급하지 않고 클라이언트가 리프레시 토큰을 재사용할 수 있는 횟수를 정의한 **Refresh Token Max Reuse** 설정이 추가로 제공되며 해당 횟수가 초과되면 기존 리프레시 토큰은 폐기된다.

Refresh Token Max Reuse 설정은 기본적으로 0으로 설정되며, 리프레시 토큰의 재사용은 한 번만 가능하다. 클라이언트가 동일한 리프레시 토큰을 재사용하려고 시도하면 Keycloak은 해당 요청을 차단하고 클라이언트가 사용자를 재인증하도록 한다. 예를 들어 값을 1로 증가시키면 클라이언트가 동일한 리프레시 토큰을 두 번 사용할 수 있다.

실제로 리프레시 토큰 로테이션은 일반적으로 해당 토큰이 유출된 경우 공격 표면[attack surface]을 줄이는 좋은 방법이다. 또한 토큰 유출을 신속하게 식별할 수 있으며 발생 가능한 공격에 대응할 수 있다. 하지만 공용 클라이언트의 경우 리프레시 토큰 로테이션이 고려할 수 있는 유일한 보안 조치는 아니다.

공용 클라이언트는 토큰 엔드포인트에 인증하기 위해 자격증명을 제공할 필요가 없으므로 본질적으로 안전하지 않다. 따라서 클라이언트 인증서가 토큰을 발급받은 클라이언트에 바인딩하는 데 사용되는 발신자 제한 토큰[sender-constrained tokens] 사용을 수행하기 위해 상호[Mutual] TLS 클라이언트 인증 사용을 고려해야 하며, 이를 통해 리프레시 토큰을 토큰 엔드포인트에 제공할 때 공격자가 유출된 리프레시 토큰을 사용할 수 없게 할 수 있다. 더 자세한 내용은 14장, 'Keycloak 및 애플리케이션 보안'에서 확인할 수 있다.

다음 절에서 토큰이 더 이상 필요하지 않은 경우 토큰을 만료하거나 발생 가능한 토큰 공격에 대응하기 위한 토큰 폐기 방법에 대해 알아볼 것이다.

토큰 폐기

Keycloak에서 여러 가지 방법을 통해 토큰을 폐기할 수 있다.

'세션 관리' 절에서 살펴본 것처럼, 토큰은 세션과 연동되며 만료된 세션의 토큰은 Keycloak에서 더 이상 유효하지 않은 것으로 간주된다.

사용자와 클라이언트에 관계없이 토큰을 전체적으로 비활성화하는 가장 쉬운 방법 가운데 하나는 not-before-revocation 정책을 사용해 토큰이 시간에 따라 만료되도록 하는 것이다.

'활성 세션 관리' 절에서 살펴본 것처럼 Keycloak의 좌측 메뉴에서 **Sessions**을 클릭해 realm의 활성 세션을 관리할 수 있다. **Sessions** 페이지에서 **Revocation** 탭을 클릭해 이전에 생성된 토큰을 폐기할 수 있다.

그림 12.12 시간 기반 폐기 정책을 사용한 세션 만료

Set to now 버튼을 클릭하면 Keycloak은 **Not Before** 필드를 현재 시간으로 설정하고 해당 시간 전에 토큰이 생성되는 경우 토큰 유효성 검사에 실패하도록 realm 설정을 업데이트한다.

Not-before 정책을 사용해 토큰을 폐기할 때 폐기 상태가 애플리케이션에 즉시 진달되시 않는다. 따라서 클라이언트에게 해당 상태를 전달하기 위해 Push 버튼을 클릭해야 한다. 하지만 해당 기능은 Keycloak 어댑터를 사용하는 애플리케이션에서만 사용 가능하다. Keycloak으로부터 이벤트를 수신하기 위한 Admin URL 설정 방법에 대한 더 자세한 내용은 다음 링크(https://www.keycloak.org/docs/latest/server_admin/#oidc-clients)에서 확인할 수 있다.

또한 Keycloak을 사용하면 기본 세션(사용자 또는 클라이언트 세션)을 만료하거나 RFC 7009에 정의된 폐기 엔드포인트를 사용해 토큰을 폐기할 수 있다.

세션 만료를 통해 토큰을 폐기하면 관리자는 '세션 관리' 절에서 살펴본 내용을 활용해 세션과 연동된 모든 토큰을 자동으로 폐기할 수 있다.

또한 Keycloak은 RFC 7009 기반의 토큰 폐기^{token revocation} 엔드포인트와 같은 특정 엔드포인트를 통해 클라이언트가 토큰을 폐기할 수 있도록 해준다. 해당 접근 방식을 사용해 클라이언트는 Keycloak이 사용하지 않는 토큰을 추적하도록 돕고, 토큰이 유출되기 쉬운 시간을 줄이며, 메모리와 CPU 리소스를 절약하기 위해 관련된 데이터를 정리할 수 있다.

토큰 폐기 엔드포인트를 사용해 토큰을 폐기하는 방법에 대한 자세한 내용은 다음 링크 (https://www.keycloak.org/docs/latest/server_admin/#_oidc-endpoints)를 참조하면 된다.

여기에 언급된 모든 방법은 토큰 유출에 대응하거나 토큰이 더 이상 사용되지 않는 즉시 토큰을 폐기하는 데 도움이 된다.

Not-before-revocation 정책을 제외하고 다른 모든 방법은 토큰 폐기 엔드포인트를 사용할 때 realm의 모든 활성 세션을 만료하거나 클라이언트 세션만 만료해 사용자 및 클라이언트 세션을 만료함을 의미한다. Not-Before 정책은 토큰의 유효성을 검사하는 방법에만 영향을 주며 관련 세션은 여전히 활성 상태로 유지된다.

이번 절에서 토큰 관리의 몇 가지 주요 측면과 토큰과 세션 관리의 연관성에 대해 알아봤다. 먼저 토큰 생명주기와 관련된 주요 개념 및 고려 사항과 이를 구성하기 위한 다양한 설정을 살펴봤다. 그리고 리프레시 토큰이 수명이 짧은 접근 토큰과 연동되는 방법과 해당 토큰이 애플리케이션의 전반적인 보안 및 성능에 대한 미치는 영향에 대해 살펴봤다. 마지막으로, 리프레시 토큰이 유출된 경우 리프레시 토큰 로테이션이 공격 표면을 줄이는 데 어떻게 활용될 수 있는지 살펴봤고 토큰을 폐기하는 여러 가지 방법도 알아봤다.

⁂ 요약

12장에서 토큰 및 세션 관리에 대한 몇 가지 주요 측면을 살펴봤다. 여기서 배운 내용들을 활용하면 보안, 사용자 경험 그리고 애플리케이션 및 Keycloak 성능에 미칠 영향을 고려해 세션 만료 및 토큰 폐기에 대한 명확한 정책을 정의할 수 있다. 13장에서는 Keycloak의 주요 측면 중 하나인 확장성extensibility 및 추가적인 요구 사항을 만족시키기 위해 해당 확장성을 적용하는 방법에 대해 배울 것이다.

⁂ 질문

1. Keycloak은 세션을 데이터베이스에 저장합니까?

2. 오프라인 세션이란 무엇입니까?

3. 재시작을 수행하는 동안 Keycloak이 세션 상태를 잃지 않도록 하려면 어떻게 해야 합니까?

4. 세션이 생성되지 않는 상황은 무엇입니까?

⁝⁝ 참고문헌

12장에서 다루는 주제에 대한 자세한 내용은 다음 링크를 참조하면 된다.

- Keycloak User and Session Management: https://www.keycloak.org/docs/latest/server_admin/#user-session-management

- Mutual-TLS Client Authentication: https://www.keycloak.org/docs/latest/server_admin/#advanced-settings

- Token Revocation Endpoint: https://tools.ietf.org/html/rfc7009

- Keycloak Threat Model Mitigation https://www.keycloak.org/docs/latest/server_admin/#compromised-access-and-refresh-tokens

- OAuth 2.0 Threat Model and Security Considerations: https://tools.ietf.org/html/rfc6819

13

Keycloak 확장

이제 Keycloak이 IAM^{Identity and Access Management} 솔루션으로서 제공하는 것에 대해 잘 알고 있을 것이다. 또한 지금까지 배운 내용을 바탕으로 해결해야 하는 실무 문제에 적용하고 Keycloak의 기능을 자신의 요구 사항에 맞게 활용할 수 있을 것이다.

Keycloak은 필요에 따라 기능을 쉽게 변경할 수 있는 다양한 설정 모델을 제공하지만 해당 설정 모델을 모든 상황에 적용할 수는 없다.

여러 가지 질문을 할 수 있겠지만 기존 UI^{User Interface}, UX^{User Experience} 패턴을 준수하도록 Keycloak 페이지를 변경하는 방법을 고민할 수 있으며 또는 Keycloak이 기존 사용자의 ID 관련 데이터를 가져오기 위해 레거시 데이터베이스 ID 저장소를 활용하고 통합할 수도 있다. 마지막으로 감사^{audit} 이벤트를 사기 행위 탐지 시스템^{fraud detection system}에 전송하고 리스크 기반 인증을 수행하기 위해 시스템과 통합할 수 있다.

13장에서 Keycloak을 확장해 기존 기능을 사용자 요구에 맞게 변경하거나 신규 기능을 추가해 제한된 설정 이외의 작업을 수행할 수 있다. 또한 Keycloak 디자인에 대한 개요와 IAM을 자신의 생태계^{ecosystem}에 신속하게 배치하는 것뿐만 아니라 IAM을 사용자의 요구에 맞게 빠르게 적용하는 것이 왜 완벽한 선택인지 설명한다.

13장에서 다음과 같은 주제를 다룰 것이다.

- 서비스 제공자 인터페이스 이해

- 인터페이스 변경

- 인증 흐름 사용자 정의

- 기타 사용자 정의 지점 확인

13장을 통해 사용자 정의 훅hooks을 활용해 UI 및 UX 요구 사항에 따라 Keycloak의 인터페이스를 변경하는 방법을 알게 되고 SPIService Provider Interface의 개념과 사용자 정의와 관련해 SPI가 수행하는 역할을 이해하며 마지막으로 사용자 정의가 구현되고 설치되는 방법에 대한 몇 가지 레퍼런스와 예제 코드를 살펴볼 것이다.

NOTE

> **Keycloak에 기여하기**
>
> 널리 사용되는 오픈 소스 프로젝트인 Keycloak은 신규 기능을 추가하거나 확장하기 위해 하루 단위의 코드 기여(contributions)를 할 수 있는 확장성을 고려해 설계됐다. 또한 13장의 기본적인 학습을 통해 Keycloak의 기능 집합을 지속적으로 개선하고 발전하는 데 도움을 줄 수 있을 것으로 기대된다.

⁑ 기술 요구 사항

13장에서 JDKJava Development Kit 11 스펙이 포함된 개발 환경이 필요하다. 또한 이 책과 관련된 GitHub 저장소의 로컬 복사본을 갖고 있어야 한다. Git을 설치한 경우, 터미널에서 다음 명령어를 실행해 저장소를 복제할 수 있다.

```
$ git clone https://github.com/PacktPublishing/Keycloak-
Identity-and-Access-Management-for-Modern-Applications.git
```

또는 저장소를 ZIP 파일로 다운로드(https://github.com/PacktPublishing/Keycloak-Identity-and-Access-Management-forModern Applications/archive/master.zip)할 수 있다.

13장에서 사용할 예시는 다음 디렉터리에서 확인할 수 있다.

```
$ cd Keycloak-Identity-and-Access-Management-for-Modern-
Applications/ch13
```

13장의 예시들을 수행하기 위해 myrealm을 생성해야 한다. 또한 예시들을 실행할 때 계정 콘솔을 인증하기 위해 사용자 alice를 생성해야 한다.

SPI 정의를 살펴보고 Keycloak를 확장하는 경우 왜 SPI가 핵심 개념인지 알아보는 것으로 우리의 첫 번째 여정을 시작해보자.

다음 링크(https://bit.ly/3vLWzjL)에서 Code in Action 동영상을 확인해보라.

⁞⁞⁞ 서비스 공급자 인터페이스 이해하기

자바 언어에 이미 익숙하다면 서비스 제공자 인터페이스SPI를 알고 있을 것이다. 그렇지 않은 경우, 코드베이스를 변경하지 않고 확장 가능한 Java 애플리케이션의 기능을 추가하거나 변경하기 위한 플러그 가능한 메커니즘으로 생각할 수 있다.

Keycloak은 잘 정의된 인터페이스 집합을 통해 기능이 구현되는 확장성을 고려해 설계됐다. 다양한 인증 메커니즘을 통한 사용자 인증, 감사, ID 데이터를 가져오기 위해 레거시 시스템과의 통합, 클레임을 토큰과 매핑, 신규 사용자 등록 및 프로파일 업데이트 그리고 서드파티 ID 제공자 통합과 같은 기능들은 모두 서비스 인터페이스 집합 및 관련 서비스 제공자 인터페이스를 통해 수행된다. 캐싱, 스토리지 또는 Keycloak에서 지원하는 다양한 보안 프로토콜과 같은 핵심 기능 또한 동일한 내용이 적용된다(해당 기능들에 사용자 정의를 수행할 가능성이 거의 없긴 하지만 말이다).

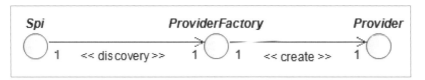

그림 13.1 Keycloak 서비스 제공자 인터페이스

Keycloak에서 기능은 3개의 주요 인터페이스를 기반으로 정의된다.

- Spi

- ProviderFactory

- Provider

> **NOTE**
>
> 복잡함을 줄이기 위해 Provider Factory와 Provider 구현의 조합을 언급할 때마다 제공자(Provider)라는 용어를 사용할 것이다. 사용자 정의 제공자는 기존 SPI 또는 기능에 대한 사용자 정의를 의미한다.

자바 용어에 따르면 SPI는 기능의 다양한 구현을 로드하고 설명하기 위한 최상위 인터페이스다.

ProviderFactory는 서비스 팩토리 인터페이스이며 이름에서 알 수 있듯이, 특정 구현의 라이프 사이클을 관리하고 Provider 인스턴스를 생성하기 위한 계약^{contract}을 정의한다. 팩토리는 또한 다른 제공자 구현과 충돌이 발생하지 않도록 SPI의 범위에서 고유한 식별자를 정의해야 한다.

Provider는 기능을 구현하기 위한 실제 서비스 인터페이스다. 기존 기능을 사용자 정의하거나 신규 기능을 추가하기 위해 구현할 기본 인터페이스는 다음과 같다.

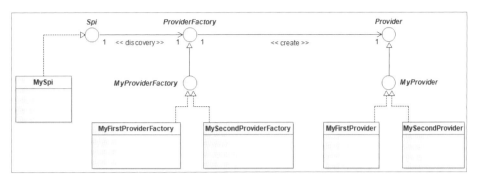

그림 13.2 3개의 주요 인터페이스 구현

기능 또는 Spi의 여러 구현을 허용함으로써, Keycloak은 신규 기능을 추가하거나 동작을 변경해 사용자 고유의 구현을 생성하고 개선할 수 있다. SPI 및 해당 제공자의 목록을 참조해 이 방법이 실제로 어떻게 적용되는지 알아보자. 관리자 콘솔에 접속하고 우측 상단의 사용자 아이콘을 클릭한다. 아이콘을 클릭하면 **Server Info** 옵션이 포함된 서브 메뉴가 표시된다.

그림 13.3 서버 런타임 정보 접근

Server Info 옵션을 클릭하면 서버 런타임 정보와 **Providers**라는 두 번째 탭이 포함된 페이지가 표시된다. 서버에 설치된 전체 제공자 리스트를 표시하기 위해 **Providers** 탭을 클릭한다.

제공자 리스트를 보면 위에서 제시한 다이어그램의 구현을 명확하게 확인할 수 있다. 예를 들어 리스트 상단 입력 필드에 **social**을 입력해 소셜 ID 제공자 통합과 관련된 결과만 필터링한다.

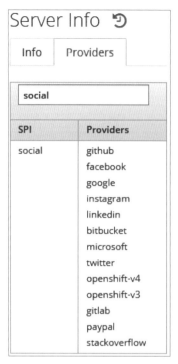

그림 13.4 소셜 ID 제공자의 다양한 구현 목록

위 목록에서 볼 수 있듯이 social SPI에는 10장, '사용자 관리'에서 살펴본 소셜 ID 제공자에 대해 서로 다른 제공자를 가진다. `required-action, protocol-mapper` 등과 같은 다른 SPI에도 동일한 내용이 적용된다.

이번 절에서 확장성에 초점을 맞춘 Keycloak 디자인을 간략하게 살펴봤다. 추가적인 기능들을 서버에 연결하거나 동작을 변경하기 위해 잘 정의된 인터페이스를 활용하는 것과 사용 가능한 SPI에 대한 정보를 획득하는 방법 및 다양한 제공자에 대해 살펴봤다.

다음 절에서 사용자 정의 제공자 패키징 및 서버 배포 방법에 대해 알아볼 것이다.

사용자 정의 제공자 패키징

Keycloak은 JAR^Java Archive로 패키지된 사용자 정의 제공자를 사용한다. 해당 클래스 (ProviderFactory 및 Provider 구현) 외에도 Keycloak이 런타임에 사용자 정의 제공자를 검색하고 초기화할 수 있도록 서비스 서술자^{service descriptor} 파일도 포함해야 한다.

서비스 서술자는 JAR 파일 내의 META-INF/services 디렉터리에 있는 일반 파일이며, 파일 이름은 구현 중인 ProviderFactory 유형의 완전한 이름이다.

가상의 `com.acme.MyProviderFactory` 팩토리(정규화된 이름 사용에 대한 요점을 명확히 하기 위해 패키지를 추가함)를 예를 들면, 이전 절의 다이어그램 JAR 파일은 다음과 같다.

```
: mycustomprovider.jar
META-INF/services/com.acme.MyProviderFactory
MyFirstProviderFactory.class
MyFirstProvider.class
```

META-INF/services/com.acme.MyProviderFactory 파일에는 `com.acme.MyProviderFactory` 구현에 대한 참조가 포함돼야 한다.

```
MyFirstProviderFactory
```

이번 절에서 제공자가 JAR 파일에 패키징되는 것과 제공자 구현을 검색하기 위해 Keycloak이 자바 언어의 기존 메커니즘을 활용하는 방법에 대해 살펴봤다.

이제 Keycloak에서 사용되는 JAR의 구조를 알았으므로 사용자 정의 제공자를 설치하기 위한 여러 가지 접근 방식에 알아보자.

사용자 정의 제공자 설치

사용자 정의 제공자를 구현하는 경우 마지막 단계는 Keycloak에 사용자 정의 제공자를 설치하는 것이다. 해당 작업을 수행하기 위해 다양한 접근 방법을 사용할 수 있다.

- JAR 배포
- WildFly 모듈 생성
- JEE^{Java Enterprise Edition} EJB^{Enterprise JavaBeans} JAR로 배포하기

JAR 파일을 서버에 직접 배포하는 것이 사용자 정의 제공자를 설치하는 가장 일반적이고 간단한 방법이다. JAR 파일을 $KC_HOME/standalone/deployments 디렉터리에 복사하면 된다.

해당 접근 방식을 사용하는 경우 Keycloak은 공급자를 적절하게 배포하는 데 필요한 런타임 종속성을 자동으로 구성한다.

TIP

> 또한 JAR을 EAR(Enterprise Application Archive) 또는 WAR(Web Application Archive) 패키지에 배포할 수 있다. 하지만 Keycloak은 사용자 정의 제공자 기능과 관련이 있을 수 있지만 전체 애플리케이션을 배포하는 데 사용되지 않는다. 제공자를 작성할 때 가능하면 일반 Java 클래스를 사용해야 한다.

서버에 모듈을 추가해 사용자 정의 제공자를 배포할 수도 있다. 모듈 개념을 잘 모르는 경우 Keycloak은 WildFly 애플리케이션 서버를 사용한다. 해당 서버는 런타임 종속성을 정의하고 로드하기 위해 JBoss 모듈을 기반으로 한다. 해당 모듈은 $KC_HOME/modules 디렉터리에 포함돼 있다.

해당 접근 방법을 자세히 다루진 않을 것이다. 따라서 자세한 내용은 다음 링크(https://www.keycloak.org/docs/latest/server_development/#register-a-provider-using modules)에서 확인할 수 있다. 해당 접근 방법을 적용하고자 하는 경우의 고려 사항은 다음과 같다.

- 공통 종속성 집합을 공유하는 여러 제공자를 배포해야 할 때 매우 편리하다. 이 경우 각 종속성에 대한 모듈을 생성해 다른 모듈에서 참조할 수도 있다.

- 프로덕션 환경에서는 잠재적인 보안상의 이유로 배포 스캐너를 사용하지 않도록 설정해 런타임에 예기치 않은 변경을 방지할 수 있다.

- 제공자 클래스 로더loader 및 해당 종속성에 대한 더 많은 격리 및 제어를 제공한다.

마지막으로, Keycloak에서 제공자를 EJB로 설치할 수 있다. 이 방법을 통해 WildFly 및 JEE에서 제공하는 몇몇 주요 기능들을 활용할 수 있다. 대부분 Keycloak API 및 SPI에만 사용하는 일반 Java 유형으로 구현되기 때문에 일반적으로 제공자를 구현하거나 배포하기 위해 해당 방법을 사용하지 않는다. 하지만 상황에 따라 JPA^Java Persistence API를 사용해 기존 데이터베이스를 활용하거나 제공자의 JMS^Java Message Service를 사용할 수 있는데, 이러한 상황이 Keycloak에서 해당 옵션을 지원하는 주요 이유 중 하나다. 제공자 배포 방법에 대한 더 자세한 내용은 다음 링크(https://www.keycloak.org/docs/latest/server_development/#leveraging-java-ee)에서 확인할 수 있다.

KeycloakSessionFactory 및 KeycloakSession 컴포넌트 이해

Keycloak은 제공자를 관리하기 위해 KeycloakSessionFactory와 KeycloakSession을 사용한다.

> **NOTE**
>
> KeycloakSessionFactory 및 KeycloakSession 컴포넌트의 목적과 사용 방법에 대해 자세히 알아보진 않을 것이다. 하지만 제공자의 생명주기를 이해하기 전에 해당 토픽에 대한 개요를 제공하고 13장에서 살펴볼 코드 예시를 다룰 것이다.

KeycloakSessionFactory는 서버에 설치된 모든 제공자의 레지스트리 역할을 하며 생명주기 관리를 담당한다. Keycloak을 실행하면 KeycloakSessionFactory가 생성돼 서버에 설치된 제공자 팩토리를 초기화하고 등록한다. 반대의 경우도 적용된다. Keycloak이 정상적으로 종료 절차를 진행하는 경우 KeycloakSessionFactory는 초기화 단계에서 생성된 리소스를 회수할 수 있는 마지막 기회를 팩토리에 제공한다.

한편 Keycloak이 실행되고 요청을 처리하는 경우 Keycloak 세션이 생성돼 각 요청에 바인딩된다. KeycloakSession은 KeycloakSessionFactory를 기반으로 생성되며 realm, 사용자, 클라이언트, 세션을 관리하고 현재 realm 및 요청에 대한 컨텍스트 정보에 접근하고 제공자 인스턴스를 획득하기 위한 진입점 역할을 한다.

세션으로부터 획득한 제공자 인스턴스는 한 번만 생성되며 KeycloakSession의 생명주기 동안 캐시된다. KeycloakSession은 제공자 개발자가 제공자를 구현할 때 가장 많이 사용하는 구성 요소다.

2개의 컴포넌트가 무엇인지 피상적으로라도 이해함으로써, 추후 다룰 주제 및 절에서 해당 컴포넌트를 언급할 때마다 해당 내용을 이해할 수 있다. 다른 공급자가 Keycloak 에서 구현되는 방식을 보고 자체 공급자를 구현하면 자연스럽게 이해될 것이기 때문에 지금 당장 해당 컴포넌트를 더 자세히 이해하려고 노력할 필요는 없다.

다음 절에서 제공자의 생명주기를 살펴볼 것이다.

제공자의 생명주기 이해

제공자는 초기화^{initialization} 및 초기화 해제^{deinitialization}를 수행하기 위해 잘 정의된 생명주 기를 갖는다.

제공자를 설치하는 동안 Keycloak은 기화를 수행하기 위해 ProviderFactory 구현의 특정 메서드를 호출한다. 초기화 단계에서 생성된 리소스를 해제하기 위해 메서드 호출 이 수행되는 서버가 정상적으로 종료될 때도 마찬가지다. ProviderFactory의 생명주기 는 KeycloakSessionFactory가 초기화 또는 초기화 해제가 수행될 때 초기화 및 초기화 해제가 한 번만 수행되는 서버 생명주기에 바인딩된다.

NOTE

> 해당 작업에 대한 유일한 예외는 런타임에 제공자를 재배포할 때다. 이 경우 초기화 및 초기화 해제가
> 여러 번 발생할 수 있다.

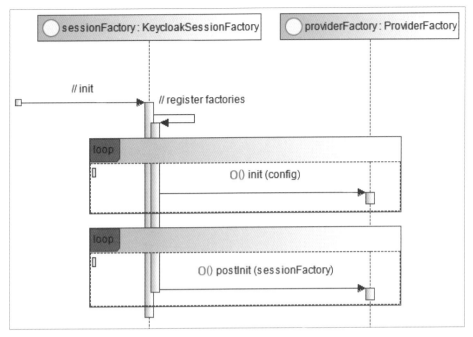

그림 13.5 서버가 실행되는 동안 팩토리 초기화

다음 단계는 제공자 초기화 단계에서 수행된다.

1. Keycloak은 각 SPI의 사용 가능한 모든 팩토리를 로드한다.

2. 각 팩토리에서, 제공자 설정과 함께 init 메서드를 호출한다.

3. 모든 팩토리가 초기화되고 등록되면 각 팩토리에서 postInit 메서드가 호출돼 Key cloakSessionFactory를 기반으로 추가 초기화 단계를 수행한다.

> **NOTE**
>
> 초기화 해제의 경우도 초기화와 유사하지만 해당 단계에서는 각 팩토리의 해제(close) 메서드만 호출된다.

init 메서드는 $KC_HOME/standalone/configuration/standalone.xml 파일의 특정 제공자로 설정된 구성을 기반으로 초기화하기 위해 팩토리가 등록 과정을 진행하는 과정 초기에 호출된다. 팩토리가 다른 팩토리나 KeycloakSession에 사용하지 않고 자체 초기화를 수행하는 경우 이 단계는 팩토리를 초기화하기에 충분하다.

하지만 postInit 메서드는 모든 팩토리가 등록된 후에만 호출되며 초기화 중에 팩토리가 다른 제공자와 KeycloakSession 자체를 사용해 추가 단계를 수행할 수 있다.

또한 제공자의 생명주기는 요청에 바인딩된다. 이미 언급했듯이 제공자는 해당 **ProviderFactory**에서 생성되며 요청 생명주기 동안 한 번만 발생한다. 초기화 해제와 관련해 제공자의 close 메서드는 요청의 마지막에 호출된다.

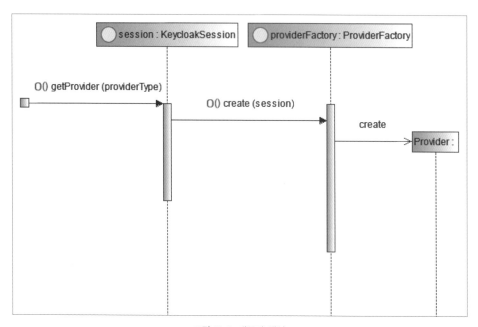

그림 13.6 제공자 생성

이번 절에서 제공자의 생명주기 및 서버 부팅 또는 제공자를 배포할 때 초기화하는 방법에 대해 알아봤다. 또한 제공자 인스턴스가 요청 범위에서 런타임에 생성되고 KeycloakSession에 바인딩되는 것도 살펴봤다.

다음 절에서 서버 설정 파일을 통해 제공자를 설정하는 방법을 배울 것이다.

제공자 설정

제공자는 일반적으로 $KC_HOME/standalone/configuration/standalone.xml 파일을 변경해 설정된다. 제공자로 설정된 모든 구성은 초기화 단계에서 사용할 수 있다.

설정은 다음과 같이 **keycloak-server** 서브시스템에 정의한다.

```
<subsystem xmlns=''urn:jboss:domain:keycloak-server:1.1''>
    <spi name=''hostname''>
        <default-provider>default</default-provider>
            <provider name=''default'' enabled=''true''>
                <properties>
                    <property name=''frontendUrl''
value=''https://mykeycloak/auth''/>
                </properties>
            </provider>
    </spi>
    …
</subsystem>
```

NOTE

> 위 설정은 9장, '프로덕션 환경을 위한 Keycloak 설정'에서 다뤘던 설정 중 하나다.

이미 알고 있을 수도 있지만 해당 설정은 이 절의 시작 부분에서 살펴본 것과 동일한 원칙을 따른다. 각 SPI에 대해 제공자 구현에 대한 설정 속성을 정의할 수 있다. 위 설정에서는 hostname SPI 내에 default 제공자에 대한 구성을 설정한다. 이 경우 FrontendUrl 속성이 설정되며 초기화 과정 중에 팩토리에서 사용할 수 있다.

제공자에 대한 구성 속성을 설정하는 것 외에도, SPI에 여러 제공자 구현이 있는 경우 기본[default] 제공자를 정의해야 한다. 이 작업은 구성의 <default-provider> 요소를 통해 수행되며, 해당 요소의 값은 기본값으로 설정할 제공자의 ID이다. SPI에 단일 제공자 구현만 있는 경우에는 해당 설정은 필요하지 않다.

이번 절에서 서버 설정 파일을 통해 제공자를 설정하는 방법에 대해 간단히 알아봤다.

다음 절에서 확장할 기능을 선택하고, SPI를 사용해 제공자를 구현하며, 서버에 제공자를 설치하는 단계를 진행할 것이다. 예시에서는 활용 사례 및 요구 사항에 맞게 Key cloak을 변경할 때 필요할 수 있는 가장 일반적인 사용자 정의 유형을 다룰 것이다.

∷ 인터페이스 변경

사용자들이 가장 많이 사용하는 주요 사용자 정의 후크customization hooks 중 하나는 Key cloak 기본 제공 테마를 브랜딩에 맞게 변경하고 UI 및 UX 요구 사항을 반영하기 위해 변경하는 것이다.

Keycloak은 테마를 변경할 수 있는 매우 간단한 환경을 제공하며, 사용자 페이지에서 관리 콘솔에 이르기까지 대부분의 UI를 변경할 수 있다.

이번 절에서 로그인 페이지의 인터페이스 변경을 통해 테마를 설정하는 기본적인 사항들을 살펴볼 것이다. 이러한 기본 사항을 이해하면 사용자 정의가 필요한 다른 UI에 동일한 개념을 적용할 수 있다.

> **NOTE**
>
> 테마는 아마도 Keycloak에서 문서화가 가장 잘 돼 있는 기능 중 하나일 것이다. 다음 링크(https:// www.keycloak.org/docs/latest/server_development/#_themes)에서 자세한 내용을 확인할 수 있다.

테마 이해

Keycloak의 다른 기능과 마찬가지로 테마는 자체 SPI를 통해 지원된다. 하지만 테마를 변경하기 위해 자바 코드를 구현해야 하는 대신, Keycloak은 단순한 CSS 클래스, 자바스크립트 그리고 HTML 구조를 통해 간단하고 우아한 방법을 제공한다. 실제로 필요에 따라 테마를 변경하는 것은 새로운 CSS 스타일시트를 정의하는 것에 불과하다.

테마의 또 다른 중요한 측면은 국제화internationalization이다. 전 세계적인 프로젝트로서 Keycloak은 다양한 언어를 지원하는 데 기여하고 있으며, 사용자의 추가 노력 없이 해당 국가의 사용자가 이미 모국어로 된 Keycloak을 사용하고 있을 가능성이 높다.

Keycloak에서 기본 제공 테마는 theme 디렉터리에 배포의 일부로 포함돼 있다.

```
$ cd $KC_HOME\themes
$ ls
├── base
├── keycloak
├── keycloak-preview
├── keycloak.v2
```

테마 디렉터리의 각 디렉터리는 지금까지 우리가 사용한 페이지를 렌더링하는 데 필요한 모든 설정 및 리소스가 포함된 기본 제공 테마다.

예를 들어 Keycloak 테마는 realm에 테마를 설정하는 않은 경우 사용되는 기본 테마다. 해당 테마는 지금까지 우리가 예시를 실행할 때 사용해왔다.

> **NOTE**
>
> Base 테마는 테마가 아니라 페이지 템플릿, 국제화를 위한 메시지 번들 및 공통 리소스가 포함돼 다른 테마에서 사용될 수 있는 구조를 제공한다. Keycloak 테마와 같은 다른 테마는 base 테마를 확장해 특정 CSS 스타일시트, 자바스크립트, 이미지 등을 사용해 레이아웃을 정의한다.

각 theme 디렉터리에는 사용자 정의가 가능한 Keycloak의 다양한 UI 집합에 대한 하위 디렉터리가 존재한다. 해당 하위 디렉터리는 테마 유형을 나타낸다.

```
cd keycloak
$ ls
.
├── account
├── admin
├── common
├── email
├── login
└── welcome
```

테마 유형과 해당 이름을 보면 테마에서 무엇을 변경할 수 있는지 알 수 있다. 각 테마 유형을 확인해보자.

- account: 계정 콘솔에 대한 UI 정의

- admin: 관리자 콘솔에 대한 UI 정의

- common: 테마 유형에서 사용되는 공통 리소스

- email: 이메일에 대한 UI 정의

- login: 프로파일 업데이트, 패스워드 리셋 등을 포함한 로그인 관련 페이지에 대한 UI 정의

- welcome: 웰컴 페이지에 대한 UI 정의

각 테마 유형에는 theme.properties라는 필수 파일이 존재하며 해당 파일에 테마 유형의 설정을 정의한다. 예시는 다음과 같다.

- 다른 테마에서 설정 상속

- 다른 테마에서 리소스 가져오기

- CSS 스타일

- 자바스크립트 리소스

- CSS 스타일을 Keycloak 컴포넌트(입력 상자 및 버튼)에 매핑

테마 설정의 한 가지 중요한 측면은 테마 유형을 사용자 정의하는 경우 처음부터 모든 걸 생성하지 않고 다른 테마의 구성을 활용해 필요한 부분만 변경할 수 있다는 점이다. 기존 테마를 적절하게 변경하고 싶을 때 매우 편리하다.

realm에 테마를 정의하는 방법에 대해 알아보자. 해당 작업을 하려면 관리자 콘솔을 열고 좌측 패널에 있는 **Realm Settings** 아이템을 클릭한다. 해당 페이지에서 **Theme** 탭을 클릭한다.

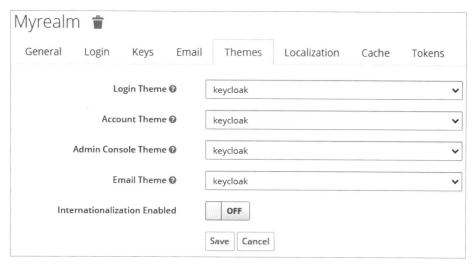

그림 13.7 realm 테마 정의

Themes 페이지에서 사용 가능한 테마 유형에 대한 테마를 설정할 수 있다. 각 테마 유형에 대한 선택 상자select box는 테마 디렉터리의 디렉터리 구조와 서버에 배포된 다른 테마를 기반으로 구축된다. 특정 테마 유형을 정의하는 테마만 해당 선택 상자에서 사용할 수 있다.

> **NOTE**
>
> 유일한 예외는 welcome 테마 유형이며, 특정 realm이나 클라이언트와 관련되지 않기 때문에 다르게 정의된다. 자세한 내용은 다음 링크(https://www.keycloak.org/docs/latest/server_development/#configure-theme)에서 확인할 수 있다.

여기에는 국제화 관리를 위한 추가 옵션도 있다. **Internationalization Enabled** 설정을 활성화하면, 현지화localizations 또는 지원하고자 하는 언어를 정의할 수 있는 추가적인 옵션이 제공되며, 해당 설정이 활성화되지 않은 경우 요청 또는 인증된 사용자의 환경 설정에 따라 기본적인 현지화가 제공된다.

Keycloak에서 로그인 관련 페이지를 개별 클라이언트 기반으로 정의할 수 있다. 해당 설정을 통해 인증 대상 클라이언트에 따라 사용자 정의된 최종 사용자 환경을 제공할 수 있다.

클라이언트의 login 테마를 정의하려면 클라이언트를 선택하고 클라이언트 상세 페이지의 **Login Theme** 설정에서 테마를 선택한다.

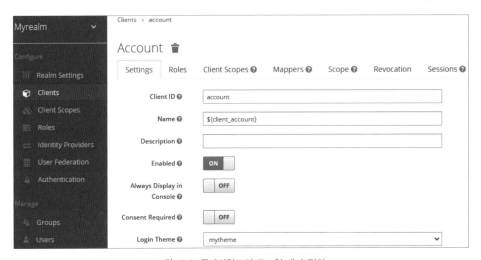

그림 13.8 클라이언트의 로그인 테마 정의

인터페이스 관련해서 Keycloak은 필요에 따라 조정할 수 있는 몇 가지 옵션을 제공한다.

이번 절에서 테마에 대한 개요, 테마 설정 방법, 다양한 테마 유형에 대한 테마를 설정해 인터페이스를 변경하는 방법을 살펴봤다.

다음 절에서 추후 필요에 따라 자신의 테마를 신속하게 생성할 수 있도록 처음부터 테마를 생성해볼 것이다.

신규 테마 생성 및 적용

신규 테마를 생성하려면 디렉터리를 만들고 theme.properties 파일을 사용해 테마를 설정하고, CSS 스타일시트, 자바스크립트 라이브러리 및 메시지 번들과 같은 필요한 정적 리소스를 추가한다.

이번 절에서 GitHub 저장소의 다음 디렉터리에 사전 정의된 테마를 사용할 것이다.

```
$ cd ch13/themes/mytheme/src/main/resources/theme/mytheme
```

mytheme 디렉터리는 다음과 같은 구조를 가진다.

```
login/
├── messages
└── resources
├── css
├── img
└── js
```

mytheme 테마는 login 테마만 변경할 수 있다. 예시에서는 로그인 페이지만 변경할 것이다.

테마 유형을 정의하는 경우, 다음과 같은 표준 디렉터리 구조를 가진다.

- resources 디렉터리는 Keycloak이 테마에서 사용하는 정적 리소스가 위치한다.

- messages 디렉터리는 메시지 번들을 가져오는 디렉터리다.

리소스 디렉터리 내에 CSS 스타일시트, 자바스크립트 및 이미지 파일과 같이 테마에서 사용되는 리소스 유형과 관련된 특정 디렉터리 생성을 권장한다.

NOTE

> 예시에서 메시지 번들을 정의할 필요가 없고 base 테마에 있는 번들을 사용하기 때문에 messages 디렉터리는 사용하지 않는다.

앞서 언급했듯이 테마 유형은 설정을 정의하기 위해 theme.properties 파일을 사용한다. 예시에서 사용되는 해당 파일에는 사용자 정의 CSS 스타일을 사용해 로그인 페이지를 변경하기 위한 기본 설정만 포함돼 있다. ch13/temes/mytheme/src/main/resources/theme/login/theme.properties의 GitHub 저장소에 있는 파일을 열어 해당 파일이 어떻게 정의돼 있는지 알아보자.

```
# Inherit resources and messages from the keycloak theme
parent=keycloak
# Define the CSS styles
styles=css/login.css css/bootstrap.min.css css/signin.css
# Mapping CSS classes from Keycloak to custom CSS classes
kcHtmlClass=login-page
kcLoginClass=form-signin
```

파일 내용을 확인하면 mytheme가 keycloak 테마를 확장하고 몇 가지 추가 CSS 스타일시트를 정의하는 것을 확인할 수 있다. 또한 Keycloak CSS 클래스와 ch13/themes/mytheme/src/main/resources/theme/mytheme/login/css/signin.css의 사용자 정의 CSS 스타일시트에 정의된 클래스 간의 매핑이 존재한다.

계정 콘솔에 대한 인증을 수행할 때 해당 테마를 사용해보자. 해당 작업을 하려면 예시 프로젝트를 생성하고 JAR 파일을 사용해 서버에 테마를 배포해야 한다.

```
$ cd ch13/themes/mytheme
$ ./mvnw clean package
$ cp target/mytheme.jar $KC_HOME/standalone/deployments
```

해당 작업을 수행한 다음, 관리자 콘솔에 관리자로 로그인한다. 해당 콘솔에서 클라이언트 리스트에서 account-console 클라이언트를 선택하고 클라이언트 상세 페이지에서 Login Theme 설정의 옵션 리스트에 있는 mytheme 테마를 선택한다. Account-console 클라이언트 설정의 최종 결과는 다음과 같다.

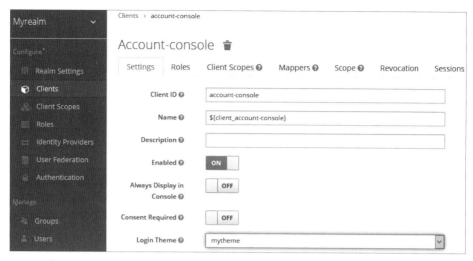

그림 13.9 계정 콘솔의 로그인 테마로 mytheme 테마 정의

관리 콘솔에서 로그아웃하고 다음 링크(http://localhost:8080/auth/realms/myrealm/account)를 열어 계정 콘솔에 로그인한다. 지금까지 잘 따라왔다면 다음과 같은 새로운 레이아웃을 가진 로그인 페이지가 표시될 것이다.

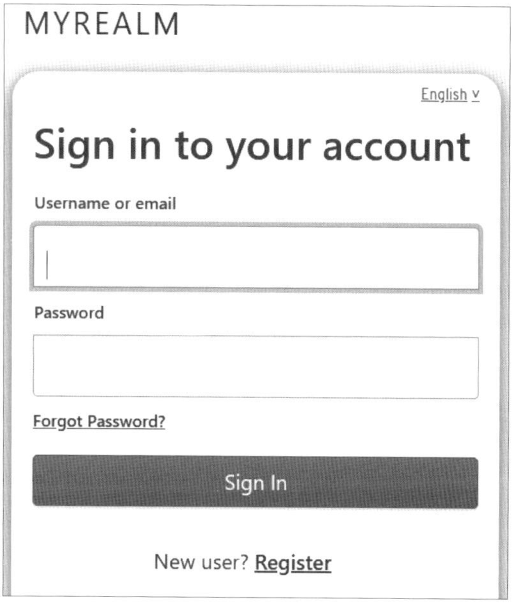

MYREALM

English ⌄

Sign in to your account

Username or email

Password

Forgot Password?

Sign In

New user? **Register**

그림 13.10 계정 콘솔 로그인 페이지 신규 레이아웃

테마를 생성할 때 중요한 팁 중 하나는 캐시를 비활성화해 테마가 변경되면 자동으로 반영되게 만드는 것이다. 기본적으로 성능 향상을 위해 Keycloak은 템플릿과 테마 설정을 캐시한다. 캐시를 비활성화하려면 $KC_HOME/standalone/configuration/standalone.xml 파일의 아랫부분을 변경한다.

```
<theme>
    <staticMaxAge>-1</staticMaxAge>
    <cacheThemes>false</cacheThemes>
    <cacheTemplates>false</cacheTemplates>
</theme>
```

이번 절에서 테마를 생성하고 Keycloak에 적용하는 방법에 대해 알아봤으며 GitHub 저장소에 있는 로그인 페이지 레이아웃을 변경하는 예시를 살펴봤다. 또한 신규 테마를 생성하는 경우, 캐시를 비활성화해 서버 페이지에 다시 접속할 때 테마 변경 사항이 적용되도록 할 수 있다.

다음 절에서 기본 제공 페이지 템플릿을 변경해 더 상세한 사용자 정의에 대해 알아볼 것이다.

템플릿 확장

때때로 CSS 스타일만 사용해 테마를 확장하는 것만으로는 충분하지 않고 base 테마의 페이지 템플릿 컴포넌트 처리를 변경해야 하는 경우도 있다.

Keycloak은 잘 알려져 있고 널리 사용되는 템플릿 엔진인 아파치 프리마커^{Apache Freemarker}를 사용해 템플릿을 기반으로 페이지를 렌더링한다.

이 상태에서 base 테마의 테마 유형 중 하나에서 템플릿을 복사해 사용자 정의 테마 유형에 포함시키면 된다.

하지만 이러한 유연성은 Keycloak이 릴리스될 때마다 기본 제공 템플릿에 대한 변경 사항을 사용자 정의 템플릿에 수동으로 적용해야 하는 번거로움이 발생한다. 테마에 사용자 정의를 적용하는 방법은 매우 편리하지만 Keycloak이 해당 템플릿를 정의하는 방법에 대한 추가적인 지식이 요구된다.

더 자세한 내용은 다음 링크(https://www.keycloak.org/docs/latest/server_development/#htmltemplates)를 참조하면 된다.

테마 관련 SPI 확장

이번 절에 포함된 코드에서는 테마 선택을 사용자 정의하고 사용자 정의 템플릿 및 SPI를 사용하는 리소스를 추가하는 방법을 다룬다.

코드는 GitHub 저장소의 ch13/themes/mytheme 디렉터리에 포함돼 있다. 해당 디렉터리에서 다음 클래스를 확인할 수 있다.

- ch13/themes/mytheme/src/main/java/org/keycloak/book/ch13/theme/ MyThemeSelectorProvider

- ch13/themes/mytheme/src/main/java/org/keycloak/book/ch13/theme/ MyThemeResourceProvider

해당 클래스를 통해 '서비스 제공자 인터페이스 이해' 절에서 살펴본 내용들의 구현을 확인할 수 있고 테마에 적용할 수 있다. 위의 서비스 제공자는 각각 themeSelector와 themeResource SPI와 관련돼 있다.

MyThemeSelectorProvider는 런타임 과정에서 테마를 동적으로 선택할 수 있다. 해당 과정에서 상황에 따라 요청, 클라이언트 또는 Keycloak에 인증하는 사용자와 관련된 정보를 기반으로 테마를 선택해야 할 수도 있다. 해당 제공자는 요청 쿼리 파라미터 값에 따라 테마를 선택하는 매우 간단한 논리를 갖고 있다.

해당 제공자를 배포하는 단계는 mytheme 테마를 배포하는 것과 동일하다.

```
$ cd ch13/themes/mytheme
$ ./mvnw clean package
$ cp target/mytheme.jar $KC_HOME/standalone/deployments
```

해당 제공자를 적용하려면 realm 또는 클라이언트에 설정된 테마를 제거한 다음 관리자 콘솔에 다시 로그인한다.

로그인 페이지 URL에 &theme=mytheme 쿼리 파라미터를 추가하고 페이지를 다시 로드한다. realm 또는 클라이언트에 테마가 설정돼 있지 않아도 mytheme 테마의 로그인 페이지 레이아웃을 확인할 수 있다. 또한 테마는 realm에 관계없이 적용된다.

MyThemeResourceProvider는 추가 템플릿 및 리소스를 테마에 로드하는 방법에 대한 예시다. 해당 제공자의 경우, 추가 템플릿이나 리소스를 다루지 않고 해당 수준의 사용자 정의가 필요한 경우 기준점만 제공한다. 해당 공급자는 사용자 정의 인증자[authenticators] 또는 필수 작업을 생성하는 것과 같이 추가 페이지가 필요한 사용자 정의를 다루는 경우 유용하다.

이번 절에서 테마 선택을 사용자 정의하는 방법과 themeSelector 및 themeResource SPI 를 각각 활용해 페이지를 추가하는 방법에 대한 몇 가지 코드 예시를 살펴봤다.

또한 Keycloak 테마와 해당 테마를 사용해 다른 서버 페이지의 인터페이스를 변경하는 방법에 대해 알아봤다. 해당 작업을 하기 위해 테마를 생성하고 설정하는 방법, 배포하는 방법, 기본 제공 페이지 템플릿을 변경해 사용자 정의를 추가로 진행하는 방법을 알아봤다. 마지막으로 런타임 과정에서 테마를 동적으로 선택하는 방법과 사용자 정의 인증자 또는 필수 작업에서 사용할 수 있는 페이지를 추가하는 방법을 보여주는 몇 가지 코드를 살펴봤다.

다음 절에서 이중 인증 요소를 사용해 사용자 인증 절차를 사용자 정의하기 위해 Authentication SPI를 활용하는 방법을 알아볼 것이다.

⁝⁝⁝ 인증 흐름 사용자 정의

11장, '사용자 인증하기'에서 배운 것처럼 Keycloak을 사용하면 관리 콘솔을 통해 인증 흐름을 변경해 사용자 인증을 쉽게 사용자 지정할 수 있다. 결국 기본 제공 인증 실행으로 인증 요구 사항을 해결하기에 충분하지 않을 수 있으며, 이러한 경우 인증 SPI를 활용해 자체 인증 실행을 구현할 수 있다.

이번 절에서 Authentication SPI와 관련된 모든 세부 정보를 다루지 않지만 자체 인증자를 생성하는 단계와 메커니즘을 이해하는 데 도움이 되는 코드 예시를 제공할 것이다. 코드 예시는 GitHub 저장소(ch13/simple-risk-basedauthenticator)에서 확인할 수 있다.

여기서 사용할 예시는 사용자를 인증하는 경우 이중 인증 요소 제공 여부를 결정하기 위해 위험 점수risk score를 사용하는 매우 간단한 인증자다. 위험 점수는 실패한 로그인 시도 횟수를 기준으로만 계산되며, 사용자가 3번 연속으로 로그인에 실패할 경우 OTPOne-Time Password를 이중 인증 요소로 제공한다. 또한 해당 예시를 사용자 기기, 위치, 또는 외부 사기 탐지 시스템 점수와 같이 다른 요소들을 고려하는 더 정교한 위험 분석에 활용할 수 있다.

사용자 정의 인증자를 설치하려면 제공자의 JAR 파일을 다음과 같이 배포해야 한다.

```
$ cd ch13/simple-risk-based-authenticator
$ ./mvnw clean package
$ cp target/simple-risk-based-authenticator.jar
$KC_HOME/standalone/deployments
```

제공자를 배포한 다음, 다음과 같이 신규 인증 흐름을 설정하기 위해 11장, '사용자 인증'에서 살펴본 내용을 사용할 것이다.

1. Browser 흐름의 복사본을 생성하고 이름을 My Risk-Based Browser Flow로 설정한다.

2. My Risk-Based Browser Flow Browser - Conditional OTP 하위 흐름에서 OTP Form 실행을 삭제한다. 하위 흐름이 REQUIRED인지 확인한다.

3. My Simple Risk-Based Authenticator 실행을 My Risk-Based Browser Flow Browser - Conditional OTP 하위 흐름에 추가한다.

4. Conditional OTP Form 실행을 My Risk-Based Browser Flow Browser - Conditional OTP에 하위 흐름에 추가한다. 해당 실행이 REQUIRED인지 확인한다.

5. **Bindings** 탭으로 이동한 다음 My Risk-Based Browser 흐름을 Browser 흐름과 연동한다.

6. Conditional OTP Form 실행의 **Actions** 링크를 클릭한 다음 **Config** 옵션을 클릭한다.

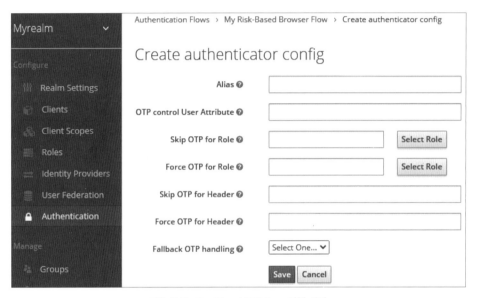

그림 13.11 Conditional OTP form 실행 설정

해당 페이지에서 다음과 같은 설정을 수행해야 한다.

- **Alias**: conditional-otp

- **OTP control User Attribute**: my.risk.based.auth.2fa.required

- **Fallback OTP handling**: force

위 설정을 한 다음 **Save** 버튼을 클릭한다.

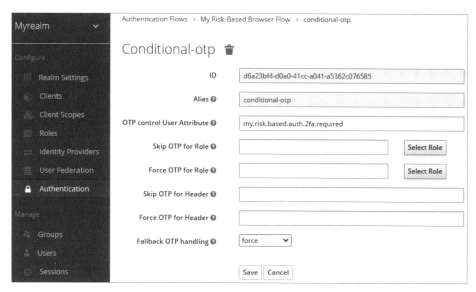

그림 13.12 Conditional-otp form 설정 저장

신규 My Risk-Based Browser Flow의 최종 설정은 다음과 같다.

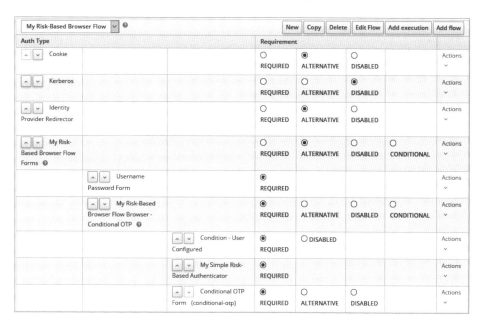

그림 13.13 My Risk-Based Browser Flow 최종 설정

마지막으로, realm에 Brute Force Detection 기능을 활성화한다. 해당 기능은 실패한 로그인 시도를 추적하고 공격자가 사용자 패스워드를 알아내려고 하는 무차별 대입 공격brute force attacks을 차단한다. 신규 생성한 사용자 정의 인증자는 해당 기능을 사용해 실패한 로그인 시도 횟수를 추적한다. Brute Force Detection 기능을 활성화하려면, 좌측 패널의 **Realm Settings**를 클릭한다. 해당 페이지에서 **Security Defenses** 탭을 클릭한 다음 **Brute Force Detection** 하위 탭을 클릭한다. 해당 탭에서 **Enabled** 설정을 활성화한다.

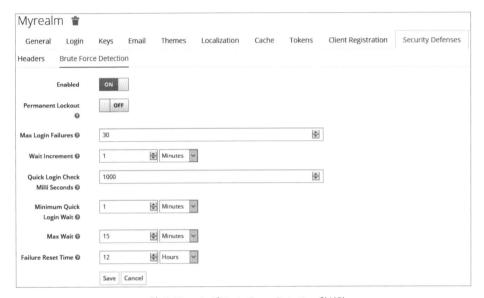

그림 13.14 realm에 Brute Force Detection 활성화

TIP

무차별 대입 공격 기능에 대한 더 자세한 내용은 다음 링크(https://www.keycloak.org/docs/latest/server_admin/#password-guess-brute-force-attacks)를 확인하면 된다.

이제 브라우저에서 다음 링크(http://localhost:8080/auth/realms/myrealm/account)에 접속한 다음 alice 사용자의 자격증명을 통해 계정 콘솔에 로그인해보자.

지금은 패스워드만 사용해 계정 콘솔에 인증할 수 있다. 이번에는 계정 콘솔에서 로그아웃하고 로그인 페이지에서 잘못된 패스워드를 사용해 다시 로그인을 시도한다. 이 단계를 세 번 반복한다.

네 번째 시도에서 사용자 패스워드를 입력한다. 패스워드에 문제가 없는 경우 인증을 수행하고 계정 콘솔에 접근하기 위해 OTP 설정 메시지가 표시된다. 3회 로그인 실패 후 다시 인증을 수행하는 경우 OTP를 입력해야 한다.

Authentication SPI는 Keycloak이 인증 요구 사항에 잘 대응하기 위한 핵심 사용자 정의 훅hook을 제공한다.

11장, '사용자 인증'에서 살펴본 내용을 기반으로, 사용자 정의 인증 실행, 필수 작업, 사용자 인증 과정에 추가적인 단계 등을 보낼 수 있다. 더 자세한 내용은 다음 링크(https://www.keycloak.org/docs/latest/server_development/#_auth_spi)를 참조하라.

이번 절에서 사용자 정의 인증자 제공자를 생성하기 위해 Authentication SPI를 활용하는 예시를 살펴봤다.

다음 절에서 Keycloak에서 제공하는 다른 사용자 정의 포인트에 대한 추가 레퍼런스에 대해 알아볼 것이다.

다른 사용자 정의 포인트 확인

이전 절에서 Keycloak에서 사용할 수 있는 사용자 정의 포인트 중 일부를 살펴봤다.

이미 언급한 것처럼 Keycloak은 SPI의 개념을 중심으로 구축돼 있으며 다양한 사용자 정의 포인트가 많이 존재한다.

사용 가능한 SPI를 확인하려면 https://www.keycloak.org/docs/latest/server_development를 참조하면 된다. 또한 몇몇 핵심 SPI에 대한 예시는 Keycloak Quickstart 저장소(https://github.com/keycloak/keycloak-quickstarts/)에 포함돼 있다.

해당 문서에서 다음 SPI를 확인할 수 있다.

- User Storage

- Event Listener

User Storage SPI를 통해 Keycloak을 외부 ID 스토어와 통합할 수 있다. 해당 SPI에 대한 일반적인 사용 사례는 기존 데이터베이스에서 ID 데이터를 가져오는 것이다.

- 문서: https://www.keycloak.org/docs/latest/server_development/#_user-storage-spi

- 퀵스타트:
  https://github.com/keycloak/keycloak-quickstarts/tree/latest/user-storage-jpa
  https://github.com/keycloak/keycloak-quickstarts/tree/latest/user-storage-simple

이벤트 리스너[Event Listener] SPI를 통해 Keycloak에서 발생한 이벤트를 처리하는 방법을 사용자 정의해 감사[audit] 또는 사기 탐지 시스템과 통합할 수 있다.

- 문서: https://www.keycloak.org/docs/latest/server_development/#_events

- 퀵스타트:
  https://github.com/keycloak/keycloak-quickstarts/tree/latest/event-listener-sysout
  https://github.com/keycloak/keycloak-quickstarts/tree/latest/event-store-mem

위에서 살펴본 것처럼 사용 가능한 모든 SPI 리스트는 Server Info 페이지의 관리 콘솔에서 쿼리할 수 있다. 해당 리스트에 나열된 모든 SPI에 대한 사용자 정의를 구현할 수 있다.

하지만 대부분의 SPI 내부 SPI이기 때문에 관련 문서가 부족하다. 해당 SPI의 경우, Keycloak의 코드 베이스^{code base}를 확인해서 SPI의 동작 원리를 파악해야 한다.

이번 절에서 그동안 다루지 않았던 사용자 정의 포인트와 관련된 레퍼런스 및 고려 사항을 살펴봤다.

요약

13장에서 Keycloak의 주요 측면 중 하나인 확장성에 대해 알아봤다. Keycloak이 IAM을 에코시스템에 배포하는 데 도움이 될 뿐만 아니라 IAM을 필요에 맞게 조정하는 데에도 도움이 된다는 것을 배웠다.

테마를 사용해 서버의 인터페이스를 변경하는 방법과 사용 가능한 SPI 중 일부를 사용해 사용자 정의 공급자를 구현하는 기본적인 방법을 살펴봤다.

Keycloak을 확장하는 방법에 대한 몇 가지 예시만 살펴봤지만 여기에서 배운 내용을 통해 SPI를 사용해 Keycloak을 확장할 수 있다.

14장에서 Keycloak과 관련된 보안 베스트 프랙티스 및 고려 사항에 대해 알아볼 것이다.

질문

1. 공용 및 사설 SPI란 무엇입니까?

2. KeycloakSessionFactory 및 KeycloakSession API 사용 방법에 대해 추가 레퍼런스가 있습니까?

3. Keycloak을 확장하려면 자바 개발자가 돼야 합니까?

⠿ 참고문헌

13장에서 다룬 주제에 대한 자세한 내용은 다음 링크를 참조하면 된다.

- Keycloak Server Developer Guide: https://www.keycloak.org/docs/latest/server_development

- Apache Freemarker: https://freemarker.apache.org/

- Java Service Provider Interface: https://docs.oracle.com/javase/tutorial/ext/basics/spi.html

- Keycloak GitHub repository: https://github.com/keycloak/keycloak

4부

보안 고려 사항

비즈니스를 보호하기 위해서는 해커의 삶을 최대한 어렵게 만드는 것이 중요하다. 4부에서는 비즈니스에 적합한 보안 수준을 달성하는 데 도움이 되는 몇 가지 베스트 프랙티스와 체크리스트를 다룬다.

여기에서는 다음과 같은 내용을 다룬다.

- 14장, Keycloak 및 애플리케이션 보안

14

Keycloak 및 애플리케이션 보안

14장에서 프로덕션 환경에서 Keycloak에 보안을 적용하는 방법에 대해 알아볼 것이다. 그런 다음 데이터베이스를 보호하는 방법과 Keycloak 노드 간의 클러스터 통신을 보호하는 방법에 대해 알아볼 것이다. 마지막으로 위협으로부터 애플리케이션을 보호하는 방법에 대한 주제를 다룰 것이다.

14장을 통해 데이터베이스 보안에 필요한 사항을 포함해 Keycloak을 안전하게 배포하는 방법을 잘 이해할 수 있다. 이 책은 애플리케이션 보안에 관한 책이 아니라 Keycloak에 대한 책이므로 애플리케이션 보안 전문가가 되는 것은 아니지만 보안에 익숙하지 않은 경우, 기본적인 이해와 더 많은 학습 방법에 대한 아이디어를 얻을 수 있다.

14장에서는 다음의 주요 주제를 다룰 것이다.

- Keycloak 보안

- 데이터베이스 보안

- 클러스터 통신 보안

- 애플리케이션 보안

⁞⁞ Keycloak 보안

이번 절에서 Keycloak 서버 자체를 보호하는 몇 가지 중요한 측면을 다뤄보자.

먼저 다음 다이어그램과 같이 보안 Keycloak 배포 예시를 살펴보자.

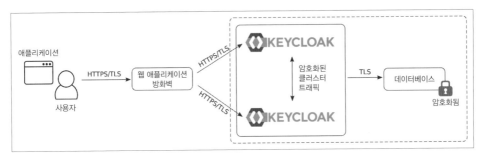

그림 14.1 보안 배포 예시

이 예제에서 Keycloak과 해당 데이터베이스는 웹 애플리케이션 방화벽WAF, Web Application Firewall을 사용해 사용자 및 애플리케이션으로부터 격리되며, 모든 네트워크 요청이 암호화되고 데이터베이스도 암호화된다.

Keycloak에 송수신되는 트래픽에 TLSTransport Layer Security를 사용해야 하는 이유를 먼저 알아보자.

Keycloak에 대한 통신 암호화

Keycloak과의 통신에는 엔드 투 엔드 암호화end-to-end encryption 사용을 권장한다. 즉 HTTP가 아닌 HTTPS를 항상 사용해야 한다. 이 책을 쓰는 시점에서 HTTPS의 가장 최근 보안 계층은 TLS 1.3이므로 가능하다면 해당 버전 사용을 권장한다. 대부분의 HTTP 라이브러리는 최소 TLS 1.2를 지원한다. TLS 1.2는 2008년부터 사용해왔기 때문에

HTTPS 라이브러리가 TLS 1.2를 지원하지 않는 경우 해당 라이브러리를 사용하지 않는 것을 고려해야 한다.

로드 밸런서 또는 리버스 프록시를 Keycloak 앞단에 사용하고 있는 경우 가장 안전한 접근 방식은 클라이언트와 Keycloak 간에 엔드 투 엔드 암호화를 제공하는 TLS 패스스루passthrough를 활용하는 것이다.

상황에 따라 TLS 패스스루 사용이 어려울 수 있다. 이러한 경우 내부 인증서internal certificate를 통해 프록시와 Keycloak 간의 통신을 다시 암호화할 수 있다.

프록시와 Keycloak 간에 암호화되지 않은 통신은 권장하지 않으며 프록시와 Keycloak이 동일한 시스템에 있는 경우와 같이 프록시와 Keycloak이 포함된 네트워크를 완전히 격리할 수 있는 경우에만 암호화되지 않은 통신을 고려할 수 있다.

다음 절에서 외부에 노출되는 Keycloak URL에 대해 알아볼 것이다.

Keycloak 호스트 이름 설정

Keycloak은 사용자에게 이메일을 전송하는 것과 같이 다양한 이유로 호스트 이름을 알아야 한다. 일반적으로 Keycloak은 클라이언트가 전송한 Host HTTP 헤더를 통해 호스트 이름을 확인한다. 해당 설정은 공격자가 헤더에 다른 값을 사용해 Keycloak에 요청을 전송할 수 있기 때문에 프로덕션 환경에서 사용하면 안 된다.

이와 관련된 공격은 공격자가 Keycloak의 패스워드 복구 기능을 통해 호스트 헤더를 변경해 공격자가 제어할 수 있는 사이트에 대한 링크가 포함된 이메일을 사용자에게 전송하는 경우다. 사용자가 URL을 확인하지 않으면 공격자는 패스워드를 업데이트하기 위한 요청을 중간에서 가로챌 수 있다. 요청 가로채기를 통해 공격자는 업데이트된 암호를 획득하거나 다른 패스워드를 설정할 수 있다. 두 경우 모두 공격자는 사용자 계정에 대한 접근 권한을 얻는다.

이러한 유형의 공격을 방어하려면 Keycloak에 대한 고정 호스트 이름을 설정하거나 Keycloak이 역방향 프록시를 사용하는 경우 역방향 프록시에서 호스트 헤더를 확인할 수 있다. Keycloak에 고정 호스트네임을 설정하는 것이 가장 간단하고 안전한 접근 방법이다. 해당 설정을 수행하려면 9장, '프로덕션 환경을 위한 Keycloak 설정'을 확인하면 된다.

다음 절에서 주기적인 키 순환의 중요성에 대해 알아볼 것이다.

Keycloak에서 사용하는 서명 키 순환

모든 서명 및 패스워드 키를 주기적으로 순환하는 것을 권장한다. 한 달에 한 번 정도 자주 수행하는 것이 좋다. 한 달에 한 번 정도 해당 작업을 수행하는 것을 고려하는 것이 좋다.

다행히 Keycloak은 중단 없이 원활하게 키를 순환시킬 수 있도록 해준다. 신규 키를 활성화할 수 있으며, 기존 키는 여전히 토큰을 계속해서 검증할 수 있기 때문이다.

키 순환은 다음과 같은 몇 가지 이점을 제공한다.

- 특정 키로 서명되거나 암호화된 콘텐츠의 양을 줄인다.
- 키를 획득하려는 모든 사용자가 사용할 수 있는 시간을 줄인다.
- 사용자 세션 제한 시간 설정에 관계없이 사용되지 않은 리프레시 토큰 또는 만료 시간이 긴 접근 토큰을 정리한다.
- 공격자가 키에 접근할 수 있거나 최악의 상황에서 키가 유출된 경우 영향을 줄일 수 있다.

Keycloak에서 서명 키를 순환하려면, 브라우저에서 관리자 콘솔에 접속해야 한다. 키를 순환하고자 하는 realm을 선택하고, **Realm Serttings**로 이동한 다음, **Keys**를 클릭한다.

다음 스크린샷과 같이 realm에서 활성화된 서명 키를 확인할 수 있다.

그림 14.2 활성화된 서명 키

해당 스크린샷은 realm이 현재 2개의 서명 키를 사용 중임을 나타낸다(하나는 RS256 알고리듬이 며 다른 하나는 HS256 알고리듬이다). Keycloak의 키는 3개의 다른 상태를 가진다.

- **Active**: 활성화 키는 신규 토큰에 서명하는 데 사용되며, 우선순위가 가장 높은 키 는 특정 알고리듬에 사용된다.

- **Passive**: 수동 키는 신규 토큰 서명에 사용되지 않지만 이전에 서명된 토큰을 검증 하기 위해 사용된다.

- **Disabled**: 비활성화된 키는 현재 사용하지 않는 키다.

키를 순환하기 위한 첫 번째 단계는 신규 활성화 키를 생성하는 것이다. 신규 활성화 키 를 생성한 후 이전 키가 비활성화되면 모든 활성 사용자 세션 및 토큰이 폐기된다. 이 방 법은 키 유출이 의심되는 경우에만 사용해야 한다. 그 외의 경우에는, 기존 키를 삭제하 기 전에 모든 사용자 세션과 토큰이 신규 서명 키로 업데이트되도록 일정 기간 동안 기 존 키를 비활성화하는 것이 좋다.

신규 키를 생성하려면 추가적인 키 제공자를 사용해야 한다. **Providers** 탭을 클릭하고 **Add keystore** 하단의 **rsa-generated**를 선택한다. 다음 스크린샷과 같이 값들을 폼에 입 력한다.

Master
General
Login
Keys
Email
Themes
Localization
Cache
Tokens
Active
Passive
Disabled
Providers
Keystores › Add Keystore
Console Display Name
rsa-generated
Priority
100
Enabled
ON
Active
ON
Algorithm
RS256
Key size
2048
Save
Cancel

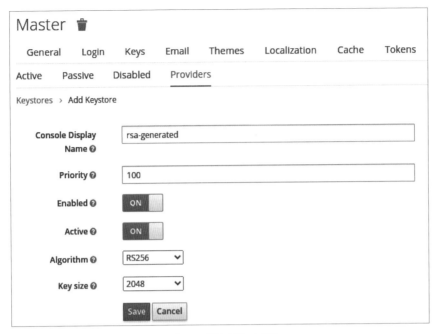

그림 14.3 신규 서명 키 생성

키를 생성한 다음 **Active** 탭으로 이동한다. 다음 스크린샷과 같이 이제 RS256 알고리듬을 사용하는 2개의 서명 키가 있음을 알 수 있다.

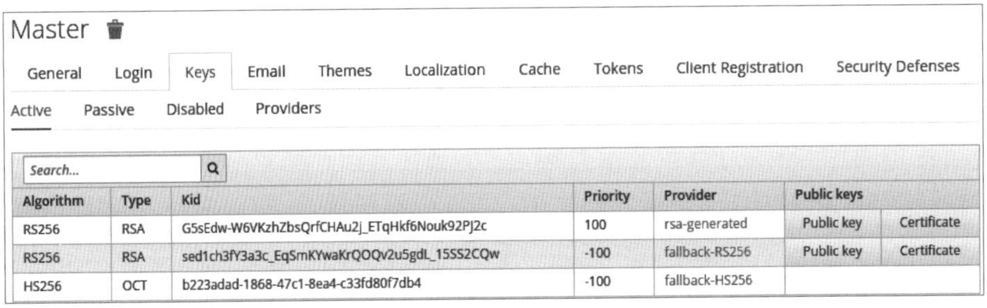

Master
General
Login
Keys
Email
Themes
Localization
Cache
Tokens
Client Registration
Security Defenses
Active
Passive
Disabled
Providers
Search...
Algorithm
Type
Kid
Priority
Provider
Public keys
RS256
RSA
G5sEdw-W6VKzhZbsQrfCHAu2j_ETqHkf6Nouk92PJ2c
100
rsa-generated
Public key
Certificate
RS256
RSA
sed1ch3fY3a3c_EqSmKYwaKrQOQv2u5gdL_15SS2CQw
-100
fallback-RS256
Public key
Certificate
HS256
OCT
b223adad-1868-47c1-8ea4-c33fd80f7db4
-100
fallback-HS256

그림 14.4 동일한 알고리듬을 사용하는 2개의 서명 키

신규 생성된 키가 가장 높은 우선순위를 갖고 있기 때문에 신규 토큰을 서명하는 데 사용된다. Keycloak은 자동으로 쿠키와 토큰을 신규 키로 재서명하며 해당 작업은 사용자와 애플리케이션에 영향을 주지 않는다.

Keycloak은 기본적으로 개인 키를 데이터베이스에 저장한다. 적절한 데이터베이스 보안과 주기적인 키 순환을 사용하는 것이 가장 보편적이다.

추가적인 보안 기능으로 Keycloak은 외부 저장소에 키를 저장할 수 있다. 현재 책을 시점에서 Keycloak은 자바^{Java} 키 저장소에서 키를 로드할 수 있다. 키에 대한 사용자 정의 소스를 구현할 수 있는 확장 메커니즘도 있다. Keycloak용 사용자 정의 제공자를 개발하는 방법은 13장, 'Keycloak 확장'에서 살펴봤다.

최고 수준의 보안을 위해 토큰 서명에 HSM^{Hardware Security Module}과 같은 외부 서비스를 사용하는 것도 고려할 수 있다. 기본적으로 Keycloak은 현재 이러한 통합을 지원하지 않지만 사용자 정의 제공자를 직접 개발할 수 있는 확장 포인트를 가진다.

다음 절에서 정기적인 업데이트의 중요성에 대해 알아볼 것이다.

주기적인 Keycloak 업데이트

잠재적으로 공격자의 가장 좋은 동기 중 하나는 패치되지 않은 소프트웨어의 알려진 취약점에서 비롯된다. Keycloak 또는 운영체제를 주기적으로 업데이트하지 않으면 공격 가능한 패치되지 않은 알려진 취약점 리스트가 점점 더 늘어나게 된다. 신규 릴리스를 발견하고 신속하게 업그레이드할 수 있는 프로세스를 갖추는 것이 특히 중요하다.

여기서 주의할 점은 Keycloak에는 장기간 지원되는 버전이 없다는 점이다. 그 대신 지속적인 배포 모델, 또는 롤링 릴리스^{rolling release}를 활용한다. 이슈가 발생한 경우 Keycloak을 지속적으로 업그레이드하면 변경 사항이 상당히 적기 때문에 한 번에 바이트 크기의 청크^{bite-sized chunks}를 처리하게 된다.

지속적인 릴리스를 사용하려면 대부분의 경우 업그레이드 프로세스를 자동화하고 업그레이드가 프로덕션 시스템에 영향을 미치는지 여부를 신속하게 테스트할 수 있어야 한다.

장기간 지원되는 버전을 선호하는 경우 레드햇^{Red Hat}은 Keycloak의 장기 지원 버전인 Red Hat Single Sign-On을 제공한다. 이 책을 쓰는 시점에서 Red Hat Single Sign-

On의 가장 최신 버전은 7.4(Keycloak 9에 해당함)이며 보안 및 버그 패치를 지속적으로 받고 있다. Red Hat Single Sign-On에 대한 더 자세한 정보는 다음 문서(https://access.redhat.com/products/red-hat-single-sign-on)에서 확인할 수 있다.

다음 절에서 시크릿secrets을 저장할 수 있는 외부 저장소external vault 사용 방법에 대해 알아볼 것이다.

외부 저장소 시크릿을 Keycloak으로 로드

이메일 서버에 접속하거나 디렉터리 서버에서 사용자를 연동하는 것과 같이 외부 시스템에 접근하기 위해 Keycloak에 자격증명을 제공해야 하는 몇 가지 사용 사례가 있다.

Keycloak은 기본적으로 자격증명을 데이터베이스에 저장하지만 외부 저장소에서 자격증명을 가져올 수도 있다.

이 책을 쓰는 시점에서 Keycloak은 기본적으로 암호화된 파일인 Elytron 자격증명 저장소와 쿠버네티스의 시크릿을 지원한다.

위에서 언급한 바와 같이 Keycloak은 외부 저장소와 통합할 수 있는 확장 메커니즘을 갖고 있다. Keycloak 확장에 관한 자세한 내용은 13장, 'Keycloak 확장'을 참조하면 된다.

저장소 설정에 대한 자세한 정보는 Keycloak 서버 관리자 가이드(https://www.keycloak.org/docs/latest/server_admin/index.html#_vault-administration)를 참조하면 된다.

방화벽 및 침입 방지 시스템을 통한 Keycloak 보안

최소한 방화벽을 활용해 Keycloak에 송수신 트래픽을 제어하는 것을 권장한다. 가능하면 Keycloak 및 데이터베이스를 내부 애플리케이션과 완전히 분리하는 것도 고려해야 한다.

수신되는 트래픽의 경우, HTTPS 트래픽만 허용하는 제한된 수신 트래픽 정책이 포함된다. 또한 Keycloak 관리자 콘솔 및 관리자 REST API에 대한 접근을 내부 네트워크에서만 허용하는 것을 고려할 수도 있다.

송신 트래픽의 경우, 사용자 환경에 따라 조금 더 까다로울 수 있다. 허용해야 하는 트래픽은 다음과 같다.

- 로그아웃 요청과 같은 애플리케이션에 대한 HTTPS 백채널 요청

- LDAP과 같은 사용자 연동 제공자에 대한 연결

- OpenID 토큰 요청과 같은 외부 ID 제공자에 대한 백채널 요청

Keycloak을 사용해 내부 애플리케이션만 보호하는 경우, 송신 트래픽을 보호하는 것이 더 간단할 수 있지만 네트워크 외부에 배포된 서드파티 애플리케이션도 보호해야 하는 경우 해당 작업이 더 어려울 수 있다.

또한 침입 방지 (또는 탐지 전용) 시스템을 활용하는 것이 현명한 결정일 수 있다. 침입 방지 시스템은 서비스 거부 공격에 대응하는 데 도움을 주며 비정상적인 트래픽을 탐지하고 차단하는 데 유용한 도구다.

추가적인 보안을 고려하는 경우, WAF^{Web Application Firewall}를 활용하는 것도 좋은 방법이 될 수 있다. WAF를 적절하게 설정하는 것은 상대적으로 복잡하고 주기적으로 업데이트를 수행해야 할 수도 있지만 해당 작업을 적절히 수행하는 경우 WAF는 공격에 대한 추가 보호 계층을 제공할 수 있다.

다음 절에서 Keycloak 보안의 가장 중요한 측면 중 하나인 데이터베이스 보안에 대해 살펴볼 것이다.

데이터베이스 보안

Keycloak은 여러 가지 민감한 데이터를 자체 데이터베이스에 저장하기 때문에 해당 데이터베이스는 안전하게 유지해야 하며, 공격자가 데이터베이스 접근하거나 수정하는 것을 방지해야 한다.

Keycloak이 데이터베이스에 저장하는 데이터 예시는 다음과 같다.

- Relam 설정

- 사용자

- 클라이언트

데이터베이스에 보안 침해 사고가 발생해 공격자가 Keycloak 데이터에 접근할 수 있는 경우 발생할 수 있는 몇 가지 상황은 다음과 같다.

- 공격자는 직원이나 고객에 대한 세부 정보에 접근할 수 있다. 해당 접근에 대한 영향은 저장된 개인 정보의 양에 따라 다르지만 공격자는 이메일 주소 리스트를 확보한 것만으로도 충분할 수 있다.

- 공격자는 사용자 자격증명에 접근할 수 있다. 패스워드는 데이터베이스에 단방향 해시one-way salted hashes로 저장되지만 공격자는 보안 수준이 낮은 패스워드 중 일부를 크랙crack할 수 있다.

- 외부 및 키 저장소를 사용하는 경우, 공격자는 데이터베이스에 저장된 시크릿(LDAP 연동 자격증명, SMTP 패스워드, Keycloak에서 사용되는 사설 서명 키)에 접근할 수 있다.

위의 내용은 몇 가지 예시에 불과하지만 공격자는 일반적으로 매우 창의적이며 데이터를 악용할 모든 종류의 방법을 고안할 수 있다.

여기서 강조해야 할 중요한 점은 공격자가 데이터베이스에서 직접 데이터를 가져오는지 또는 데이터베이스 백업에서 데이터를 가져오는지 여부에 관계없이 데이터베이스 자체의 보안을 유지하는 것만큼이나 데이터베이스 백업을 보호하는 것이 중요하다는 것이다.

공격자가 데이터베이스의 쓰기 접근 권한을 획득하면 Keycloak에 의해 보호되는 모든 애플리케이션에 접근할 수 있기 때문에 잠재적으로 상황이 더 악화될 수 있다. 즉, 사용자의 자격증명을 도용하기 위해 realm 설정 또는 사용자 자격증명을 변경할 수 있다. 데이터베이스 보안을 자세히 다루는 것은 이 책의 주제가 아니지만, 몇 가지 베스트 프랙티스에 대해 간략히 살펴보자.

방화벽을 사용한 데이터베이스 보안

데이터베이스를 보호할 때 가장 먼저 해야 할 일은 방화벽으로 데이터베이스를 보호하는 것이다. 모든 트래픽은 기본적으로 차단해야 하고, Keycloak 서버와 같은 필수적인 접근만 허용해야 한다. 또한 뚜렷한 이유가 없는 한 아웃바운드 연결은 차단해야 한다.

그다음 해야 할 일은 인증 및 접근 제어를 활성화하는 것이다.

데이터베이스 인증 및 접근 제어 활성화

가능한 한 최소한의 사용자만 데이터베이스에 접근할 수 있어야 하며, 작업을 수행하는 데 필요한 최소한의 접근 권한만 가져야 한다.

Keycloak은 데이터베이스의 데이터와 스키마를 관리하기 때문에 데이터베이스에 영구적인 접근 권한이 필요한 사람이 있는지 확인할 필요가 있다.

Keycloak과 데이터베이스에 접근할 수 있는 모든 사용자는 강력한 암호를 사용해야 하며 로그인 시도가 실패하면 해당 계정을 중지시켜야 한다. 클라이언트 인증서[client certificates]와 같은 더 강력한 인증 메커니즘을 활용을 고려할 수 있다.

데이터베이스 접근 제어를 설정한 다음 암호화를 통해 전송 중인 데이터와 저장된 데이터를 보호해야 한다.

데이터베이스 암호화

전송 중인 데이터를 보호하려면 TLS를 사용해 데이터베이스에 대한 모든 연결을 암호화해야 한다.

데이터베이스가 실행 중인 서버에 불법적인 접근이 발생할 수 있기 때문에, 저장된 데이터를 보호하는 것이 중요하며 데이터베이스 백업 또한 암호화해야 한다.

데이터베이스를 적절하게 보호하기 위한 다양한 단계가 있으며, Keycloak을 주기적으로 업데이트하는 것처럼 데이터베이스도 주기적으로 업데이트해야 한다.

기업이 자체 데이터 센터를 소유한 경우 해당 작업을 수행할 수 있는 직원이 이미 있을 가능성이 높다. 그렇지 않은 경우 클라우드의 관계형 데이터베이스 서비스 활용을 고려할 수 있다.

다음 절에서 클러스터 노드 간의 통신 보안을 구현하는 방법에 대해 알아볼 것이다.

⁙ 클러스터 통신 보안

Keycloak에는 Keycloak 노드 클러스터를 생성할 때 활용되는 Infinispan이 포함돼 있다. 데이터베이스와는 다르게 Keycloak은 대부분의 민감한 정보를 로컬 캐시에 저장하는 클러스터를 통해 민감한 정보를 전송하지 않으므로, 무효화invalidations를 위해서만 클러스터 통신을 활용한다. Keycloak은 클러스터 전체에 분산된 클러스터의 사용자 세션에 대한 정보를 저장한다. 세션 자체에는 세션 ID, 만료 날짜 및 연동된 클라이언트 세션과 같은 일부 정보가 포함된다. 공격자가 해당 정보에 대한 접근 권한을 획득해도 Keycloak을 통해 세션에 접근하려면 Keycloak에서 서명한 토큰이나 쿠키가 필요하기 때문에 공격 범위를 제한할 수 있다.

적어도 방화벽을 사용해 클러스터 통신을 보호하는 것이 권장된다. 그 밖의 추가적인 보안을 위해서 클러스터 통신에 대한 인증 및 암호화를 활성화할 수 있다.

TIP

> 책을 쓰는 시점에는 Keycloak 문서에 클러스터 통신 보호 방법에 대한 지침을 제공하지 않았다. 기본적인 WildFly 애플리케이션 서버에 대한 문서도 마찬가지다. 반면 Red Hat Jboss Enterprise Application Platform(레드햇에서 지원하는 WildFly 버전) 문서는 클러스터 보안을 위한 훌륭한 지침을 제공한다. 해당 문서는 다음 링크(https://access.redhat.com/documentation/en us/red_hat_jboss_enterprise_application_platform/7.3/html/configuration_guide/configuring_high_expectability#cluster)에서 확인할 수 있다.

클러스터 인증 활성화

인증을 활성화하면 인증되지 않은 노드가 클러스터에 포함되는 것을 방지할 수 있다. 하지만 클러스터 멤버와 비멤버[non-members] 간의 통신을 방지할 수는 없다. 따라서 단순히 인증만 추가하는 것은 거의 의미가 없으며, 인증은 비대칭 암호화[asymmetric encryption]와 통합해야 한다.

클러스터 통신 암호화

클러스터 통신은 공유 키를 사용하는 대칭 암호화를 사용하거나 인증과 통합된 비대칭 암호화를 사용해 암호화할 수 있다. 가장 단순한 접근 방식은 대칭 암호화를 활성화하는 것이므로 해당 암호화를 활성화하는 방법에 대해 알아볼 것이다.

첫 번째 단계는 공유 시크릿을 저장하는 자바 키 저장소[keystore]를 생성하는 것이다. 키 저장소를 생성하려면 터미널에서 다음 명령어를 실행한다.

```
$ cd $KC_HOME
$ java -c modules/system/layers/base/org/jgroups/main/
jgroups-*.jar org.jgroups.demos.KeyStoreGenerator --alg AES
--size 256 --storeName defaultStore.keystore --storepass
PASSWORD --alias mykey
```

해당 명령어는 대칭 암호화에 사용할 수 있는 키와 함께 Keycloak 홈 디렉터리에 키 저장소를 생성한다. 해당 파일을 모든 Keycloak 노드에 복사해야 한다.

그런 다음 standalone/configuration/standalone-ha.xml 파일을 텍스트 편집기로 연다. 암호화를 활성화하기 위한 적절한 위치를 찾기 위해 pbcast.NAKACK2를 검색한다. 해당 텍스트는 UDP 전송[transport]에서 한 번, TCP 전송[transport]에서 한 번, 총 두 번 검색된다. 해당 프로토콜에 대해 암호화를 설정하거나 사용하지 않는 프로토콜은 제거해야 한다. 다음 예시와 같이 pbcast.NAKACK2 프로토콜 바로 앞에 SYM_ENCRYPT 프로토콜을 추가하고 업데이트한다.

```
<protocol type="VERIFY_SUSPECT"/>
<protocol type="SYM_ENCRYPT">
    <property name="provider">SunJCE</property>
    <property name="sym_algorithm">AES</property>
    <property name="encrypt_entire_message">true</property>
    <property name="keystore_name">defaultStore.keystore</property>
    <property name="store_password">PASSWORD</property>
    <property name="alias">mykey</property>
</protocol>
<protocol type="pbcast.NAKACK2"/>
```

또한 standalone-ha.xml 파일에 대한 변경 사항이 모든 Keycloak 노드에 적용되는지 확인해야 한다.

암호화 활성화 여부를 확인하려면 암호화가 활성화된 Keycloak 노드와 암호화가 활성화되지 않은 노드를 실행하거나, 하나의 노드에 서로 다른 키 저장소를 생성하면 된다.

다음 예시는 서로 다른 키 저장소를 가진 특정 노드가 클러스터에 가입하려고 할 때 Keycloak의 출력을 보여준다.

```
21:37:54,763 ERROR [org.jgroups.protocols.SYM_ENCRYPT] (thread-
8,ejb,fedora) fedora: rejected decryption of unicast message
from non-member node2
```

위 메시지는 노드가 클러스터에 가입할 수 없으며 메시지를 읽거나 클러스터에 메시지를 보낼 수도 없음을 나타낸다.

지금까지 클러스터 통신을 보호하는 방법에 대해 알아봤다. 다음 절에서 사용자 계정을 보호하는 방법을 살펴볼 것이다.

∷ 사용자 계정 보안

사용자 계정 보안과 관련해 공격자가 사용자 계정에 접근하는 것을 보호해야 하며 패스워드를 포함해 사용자에 관한 정보도 보호해야 한다.

공격자로부터 사용자 계정을 보호하는 것은 단순히 패스워드를 인증 방법으로 사용하는 것이 아니라 강력한 인증을 통해서만 가능하다. 사용자가 패스워드를 이중 인증 요소와 함께 사용 중이더라도 패스워드를 보호하는 것이 중요하다. 패스워드는 강력한 패스워드 해싱 알고리듬, 적절한 패스워드 정책 그리고 패스워드 무차별 대입 공격 보호 기능 활성화를 통해 보호돼야 한다. 또한 강력한 패스워드 정책과 다른 곳에서 사용 중인 패스워드를 재사용하지 않도록 사용자를 교육하는 것도 중요하다.

패스워드 정책을 설정하려면 Keycloak 관리자 콘솔을 열고 설정하고자 하는 realm을 선택한다. 그다음 **Realm Settings**를 클릭하고 **Authentication**을 클릭한 다음 **Password Policy** 탭을 선택한다. **Add policy**를 클릭하고 사용할 정책을 선택하면 패스워드 정책을 생성할 수 있다. 다음 스크린샷은 최소 길이가 8이고 하나 이상의 소문자, 하나 이상의 대문자, 하나 이상의 특수 문자 및 숫자를 포함하는 패스워드 정책 예시다.

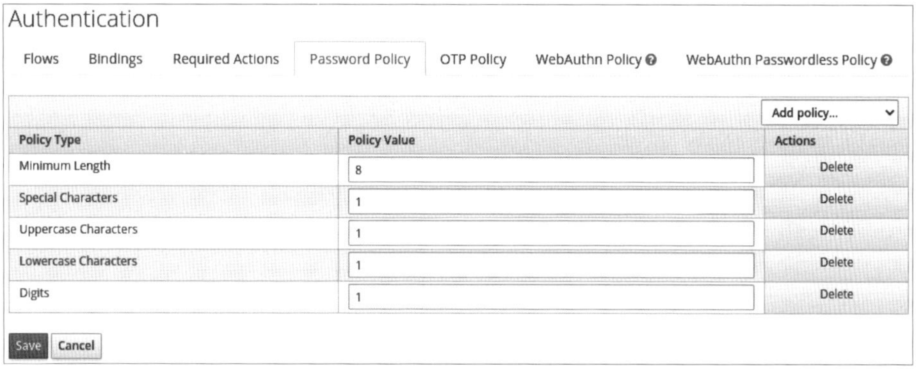

그림 14.5 패스워드 정책 예시

또한 패스워드 무차별 대입 공격 보호 기능을 활성화하는 것을 권장한다. **Realm Settings**를 클릭하고 **Security Defenses**에서 **Brute Force Detection** 탭을 선택하면 다음과 같은 스크린샷이 표시된다.

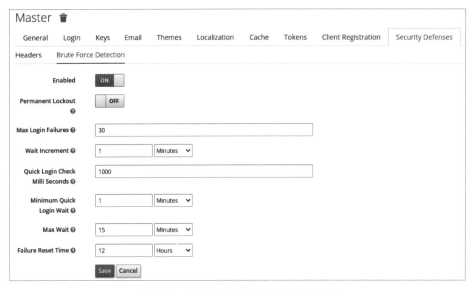

그림 14.6 패스워드 무차별 대입 공격 보호 활성화

사용자 환경에 따라 사용자와 관련된 다양한 수준의 개인 데이터 또는 개인 식별 정보를 저장할 수 있다. 개인 정보 처리와 관련돼 취할 수 있는 몇 가지 단계는 다음과 같다.

- 반드시 필요한 사용자 정보만 저장

- 애플리케이션에 노출되는 사용자 정보 제한

- 데이터베이스 보안

- 비즈니스를 운영하는 지역의 개인 정보 관련 법률에 대한 이해

개인 정보 취급을 가볍게 여겨서는 안 된다. 개인 정보는 공격자에게 매우 중요하며 그 자체로 판매될 수 있는 상품이다. 이러한 정보가 유출되면 막대한 벌금이 부과될 수 있으며 최악의 경우 비즈니스에 돌이킬 수 없는 피해를 입힐 수 있다.

다음 절에서 애플리케이션 보안을 개선할 수 있는 방법에 대해 알아볼 것이다.

애플리케이션 보안

많은 애플리케이션이 인터넷에 노출되고 있기 때문에 공격 및 데이터 침해 사고 건수가 날로 증가하고 있다. 따라서 애플리케이션을 적절하게 보호해야 한다.

최근까지 공격에 대한 일반적인 대응 방법으로 방화벽과 VPS를 주요 보안 계층으로 활용해왔다. 이는 기업 환경의 경계 내에서 의심스러운 보안과 결합됐다. 더 많은 직원이 재택 근무를 하고 개인 노트북이나 휴대폰을 사용함에 따라 이러한 상황은 점점 더 어려워지고 있다. 점점 더 많은 서비스가 파트너 또는 인터넷에 노출되고 있으며 기업 네트워크의 경계를 모호하게 만든다. 내부에 존재하는 것을 신뢰하고 외부에 있는 것은 신뢰하지 않는다는 아이디어는 공격자가 엔터프라이즈 네트워크 내부로 침투할 수 있는 다양한 방법이 있고 내부 공격에 대한 보안 강도가 낮기 때문에 다소 신뢰성이 낮다.

기본적으로 방화벽보다 더 나은 것이 필요하다. Keycloak은 애플리케이션의 보안을 강화할 수 있는 훌륭한 툴이지만, 단순히 Keycloak을 사용한다고 해서 애플리케이션이 안전해지진 않는다.

이 책에서 애플리케이션을 보호하는 데 필요한 모든 정보를 제공할 수는 없다. 여기에 포함된 내용을 통해 애플리케이션 보안에 대한 아이디어를 얻을 수 있다. 웹 애플리케이션 보안에 대해 먼저 살펴보자.

웹 애플리케이션 보안

웹 애플리케이션을 보호하는 방법을 배울 수 있는 많은 책과 좋은 자료가 인터넷에 존재한다. 웹 애플리케이션 보안과 관련된 몇몇 단계는 다음과 같다.

- **인증**: 현재 독자들은 현재 Keycloak에 관한 책을 읽고 있기 때문에 Keycloak을 활용해 애플리케이션 사용자를 인증할 것이다. 사용자가 인증되고 세션이 생성되면 세션도 안전하게 보호돼야 한다.

- **인가**: 최소 권한 접근Least privilege access은 준수할 필요가 있는 훌륭한 원칙이다. 작업을 수행하기 위해 사용자에게 부여된 접근 권한을 제한해 위협에 노출된 계정이나 악의적인 직원의 영향을 줄일 수 있다.

- **범용적인 공격 이해 및 방어**: 인젝션 공격 및 XSSCross-Site Scriptting와 같은 범용적인 취약점을 활용한 공격으로부터 애플리케이션을 보호해야 한다.

- **주기적 업데이트**: 웹 애플리케이션 보안은 지속적인 노력이며, 애플리케이션의 보안을 향상시키기 위해 끊임없이 노력해야 한다. 또한 프레임워크, 라이브러리 및 사용 중인 모든 도구를 주기적으로 업데이트해야 한다.

- **데이터 보안**: 민감한 데이터는 암호화해서 저장돼야 하며 전송 중인 데이터는 암호화돼야 한다. 백업 데이터 또한 암호화돼야 한다. 웹 애플리케이션과 마찬가지로 데이터 보안 또한 적절한 인증 및 인가 시스템을 갖고 있어야 한다.

- **로깅 및 모니터링**: 적절한 로깅 및 모니터링을 수행하지 않으면 보안 침해 발생을 식별할 수 없다. 로깅 및 모니터링은 진행 중인 공격으로 인한 더 큰 피해를 방지할 수 있는 유용한 도구가 될 수도 있다.

- **방화벽**: 방화벽과 웹 방화벽WAF, Web Application Firewall은 웹 애플리케이션에 추가적인 보안 계층을 형성한다. 보안을 웹 애플리케이션 방화벽에만 의존하는 것은 권장되지 않으며 애플리케이션 자체에 보안을 구축해야 한다.

웹 애플리케이션 보안에 대해 더 자세히 학습할 수 있는 자료는 OWASPOpen Web Application Security Project Top 10이다. OWASP Top 10은 웹 애플리케이션에 대한 가장 중요한 보안 위협 리스트다. 각 위협에 대해 취약점에 관한 세부 설명과 애플리케이션을 보호하는 방법에 대한 팁을 제공한다.

또 다른 훌륭한 리소스는 애플리케이션 보안의 특정 영역에 대한 매우 간결한 정보가 포함된 여러 치트 시트Cheat Sheet를 제공하는 OWASP 치트 시트 시리즈다.

다음 절에서 애플리케이션의 OAuth 2.0 및 OpenID 커넥트를 안전하게 활용하는 방법에 대해 알아볼 것이다.

OAuth 2.0 및 OpenID 커넥트 베스트 프랙티스

애플리케이션에서 OAuth 2.0과 OpenID 커넥트를 사용할 때 실수를 할 수 있는 부분이 많다. OAuth 2.0 및 OpenID 커넥트 사용 방법에 대한 사양 자체는 매우 유연하며, 범용적인 취약점에 대응하기 위한 메커니즘은 옵션으로 제공된다.

예를 들어 다음과 같은 인가 요청을 확인할 수 있다.

```
/auth?response_type=code&client_id=public-client&redirect_
  uri=https://acme.corp/myclient
```

해당 요청에는 상태state 파라미터가 포함돼 있지 않다. PKCE도 사용되지 않는다. 인가 서버에서 해당 파라미터들을 명시적으로 요청하지 않는 한, 인가 요청은 아무런 문제가 없지만 일부 범용적인 취약점에 노출된다.

JWTJSON Web Token 사양에도 동일한 상황이 적용된다. 비교적 실수가 발생하기 쉽다. 한 가지 예시는 사양에 포함된 none 알고리듬이다. 해당 사양에는 유효한 토큰을 서명 알고리듬이 없이 사용할 수 있도록 명시하고 있으며, 이러한 사실은 공격자가 악의적인 토큰을 쉽게 생성할 수 있음을 의미한다.

6장, '다양한 애플리케이션 유형에 대한 보안'에서 OAuth 2.0을 안전하게 사용하기 위해 알고 있어야 하는 내용을 충분히 다뤘지만, 다른 자료를 통해 이 부분에 대해 더 자세히 알아보기를 권장한다. OAuth 2.0 웹사이트(https://oauth.net/2/)는 다음과 같이 여러 가지 읽어볼 만한 유용한 자료를 갖고 있다.

- OAuth 2.0 for mobile and native apps

- OAuth 2.0 for browser-based apps

- OAuth 2.0 threat model and security considerations

- OAuth 2.0 security best current practice

OAuth 2.0의 모든 옵션과 베스트 프랙티스를 준수하지 않을 가능성이 있기 때문에 해당 자료는 약간 이해하기 어려울 수 있다. 다행히 OAuth 2.1이 도입되면서 이와 관련해 몇 가지 개선 사항이 진행되고 있다. OAuth 2.1은 사양 자체에 몇 가지 베스트 프랙티스를 통합해 사양을 준수하기만 하면 베스트 프랙티스를 쉽게 적용할 수 있다.

보안과 관련된 또 다른 중요한 작업이 FAPI^Financial-Grade API 워킹 그룹에서 진행되고 있다. 해당 워킹 그룹은 OIDC를 오픈 뱅킹에 활용하기 위해 OIDC의 매우 안전한 프로파일을 구축하는 것에서부터 시작됐다. 하지만 추가 보안이 필요한 OIDC의 모든 사용 사례에 해당 워킹 그룹이 생성한 프로파일을 적용할 수 있기 때문에 이름에 지나치게 구애받을 필요는 없다. 해당 프로파일에 포함된 가장 중요한 내용은 베스트 프랙티스를 제공하는 2개의 OIDC 프로파일이다.

- **FAPI 1.0 - Part 1**: API 보안 프로파일 기준

- **FAPI 1.0 - Part 2**: 개선된 보안 프로파일

위 프로파일들은 베스트 프랙티스 적용의 복잡성과 요구되는 보안 수준과의 균형을 유지할 수 있으며 필요한 사용 사례에 맞게 프로파일을 적용할 수 있다.

Keycloak 팀은 또한 클라이언트 정책이라는 기능 생성을 통해 애플리케이션에서 OAuth 2.0 및 OpenID Connect의 안전한 사용 방법을 좀 더 쉽게 적용할 수 있도록 큰 진전을 이루고 있다. 클라이언트 정책을 통해 필요한 보안 수준에 따라 다양한 애플리케이션에 대해 서로 다른 프로파일을 선택할 수 있으며, 애플리케이션에 대한 베스트 프랙티스를 쉽게 수행할 수 있다.

애플리케이션 보안에 영향을 줄 수 있는 Keycloak에서 사용 가능한 다양한 설정 옵션을 마지막으로 살펴보면서 14장을 마무리할 것이다.

Keycloak 클라이언트 설정

이번 절에서는 보안에 영향을 줄 수 있는 Keycloak OIDC 클라이언트에서 사용할 수

있는 몇몇 설정 옵션에 대해 알아볼 것이다.

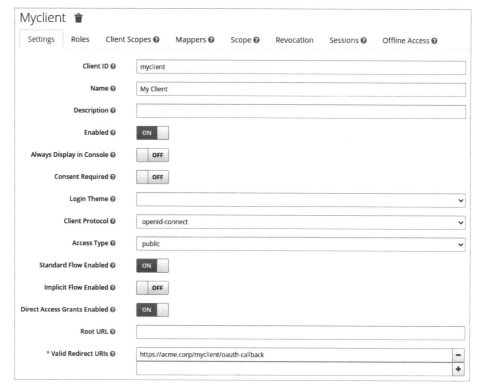

그림 14.7 클라이언트 설정

클라이언트 설정을 검토하고 어떤 것이 보안과 더 관련됐는지 생각해보자.

- **Consent Required**: 해당 옵션을 선택하지 않으면 사용자는 애플리케이션에 설정된 접근 수준을 볼 수 없다. 서드파티 애플리케이션을 대상으로 해당 옵션을 활성화해야 한다. 또한 CLI와 같은 네이티브 애플리케이션에도 이 옵션을 활성화해야 한다.

- **Access Type**: 클라이언트 자격증명을 서버 측에 안전하게 보관할 수 있는 경우 해당 설정을 기밀confidential로 설정하면 더 안전하다.

- **Standard Flow Enabled**: 클라이언트에 대한 인가 코드 흐름을 활성화한다.

- **Implicit Flow Enabled**: 더 이상 사용되지 않는 암시적 흐름을 활성화한다. 반드시 필요한 경우에만 해당 기능을 활성화해야 하며, 해당 기능을 비활성화할 수 있도록 애플리케이션을 업데이트해야 한다.

- **Direct Access Grants Flow Enabled**: 더 이상 사용되지 않는 리소스 소유자 흐름을 활성화한다. 반드시 필요한 경우에만 해당 기능을 활성화해야 하며, 해당 기능을 비활성화할 수 있도록 애플리케이션을 업데이트해야 한다.

- **Valid Redirect URIs**: 리다이렉트 URI와 정확히 일치하는 URI를 사용해야 한다. 권장되는 URI 예시는 다음 링크(https://acme.corp/myclient/oauth-callback)와 같다. Keycloak은 모든 리다이렉트 URI에 와일드카드를 지원한다. 리다이렉트 URI에 와일드카드를 사용하지 않는 것을 권장하지만, 와일드카드를 사용해야 하는 경우에는 다음 링크(https://acme.corp/myclient/*)와 같이 애플리케이션에서 사용할 수 있는 URI 요청으로 제한해야 한다.

이번에는 Keycloak에서 지원하는 몇몇 서명 알고리듬을 알아볼 것이다.

- **Rivest-Shamir-Adleman**[RSA] **서명**: Keycloak에서 지원하는 기본 알고리듬이다. 가장 안전한 옵션은 아니지만 가장 널리 사용되는 옵션이므로 기본값으로 사용된다.

- **ECDSA**[Elliptic Curve Digital Signature Algorithm]: RSA보다 안전하며 빠른 속도를 가진다.

- **Hash-based Message Authentication Code**[HMAC]: 대칭 키[shared secret]에 대한 접근 권한이 필요한 대칭 서명 알고리듬이다.

RSA는 아직까지 안전한 알고리듬으로 고려되지만, 가능하면 RSA 대신 ECDSA를 사용해야 한다. 애플리케이션이 토큰 검사 엔트포인트를 사용해 토큰을 검증하도록 하려면 HMAC을 필수 시크릿으로 사용할 수 있다. 해당 설정은 Keycloak에서만 가능하다.

또한 다양한 길이의 서명 해시를 선택할 수 있으며, 해시의 길이가 길수록 더 높은 보안을 제공한다. 리프레시 토큰 및 접근 토큰과 같이 상대적으로 토큰의 수명이 짧은 토큰의 경우 256비트 길이는 대부분의 사용 사례에서 충분히 안전한 것으로 간주된다.

또 다른 중요한 옵션은 토큰 생명주기 설정이다. Keycloak을 사용하면 개별 클라이언트의 접근 토큰 생명주기를 재정의할 수 있다. 또한 리프레시 토큰의 생명주기를 제어하는 클라이언트 세션 생명주기도 재정의할 수 있다. 해당 재정의를 통해 수명이 짧은 리프레시 토큰(1시간 미만)을 가진 수명이 긴 SSO 세션(하루 또는 1주)을 설정할 수 있다.

수명이 짧은 리프레시 토큰은 리프레시 토큰이 유출된 경우 영향을 줄일 수 있으며 애플리케이션 HTTP 세션의 생명주기를 단축할 수 있다.

⠿ 요약

14장에서 Keycloak을 안전하게 프로덕션 환경에 배포하는 측면에 대한 몇 가지 중요한 부분을 살펴봤다. Keycloak에서 사용하는 데이터베이스와 노드 간 통신을 보호하는 것이 얼마나 중요한지 배웠다. 또한 사용자 계정을 위협으로부터 보호하는 것과 사용자 정보를 안전하게 유지하는 것의 중요성을 살펴봤다.

마지막으로 웹 애플리케이션을 중심으로 애플리케이션을 보호하는 것에 대한 의미와 애플리케이션에 OAuth 2.0 및 OpenID Connect를 활용하는 방법에 대한 통찰력을 갖추게 됐다.

이제 프로덕션 환경에서 Keycloak을 안전하게 실행하는 방법과 애플리케이션 보안과 관련된 더 자세한 내용을 어디서 배울 수 있는지를 알게 됐을 것이다. 14장은 이 책의 마지막 장이다. 이 책이 여러분에게 유익하고 Keycloak에 대한 이해와 애플리케이션 보안을 위해 이 책을 활용할 수 있는 방법에 대한 충분한 정보를 얻었기를 희망한다.

아마도 이 책이 독자들이 알아야 할 모든 내용을 다루고 있진 않겠지만, Keycloak을 실제로 적용해볼 수 있는 지식을 갖추게 됐을 것이다. 다음 단계로 OAuth 2.0 및 OpenID Connect 또는 범용적인 웹 애플리케이션 보안에 대해 자세히 알아볼 수 있을 것이다.

⫸ 질문

1. Keycloak을 주기적으로 업데이트해야 하는 핵심적인 이유는 무엇입니까?

2. Keycloak에서 사용되는 데이터베이스 보안이 특히 중요한 이유는 무엇입니까?

3. 웹 애플리케이션 보안을 위해 웹 방화벽을 사용하는 것만으로도 충분합니까?

⫸ 참고문헌

14장에서 다루는 주제에 대한 자세한 내용은 다음 링크를 참조하면 된다.

- OWASP Top 10: https://owasp.org/www-project-top-ten/

- OWASP Cheat Sheet Series: https://cheatsheetseries.owasp.org/index.html

- OAuth 2.0 for Mobile and Native Apps: https://tools.ietf.org/html/rfc8252

- OAuth 2.0 for Browser-Based Apps: https://tools.ietf.org/html/draft-ietf-oauth-browser-based-apps

- OAuth 2.0 Threat Model and Security Considerations: https://tools.ietf.org/html/rfc6819

- OAuth 2.0 Security Best Current Practice: https://tools.ietf.org/html/draft-ietf-oauth-security-topics

- OAuth 2.1: https://tools.ietf.org/html/draft-pareckioauth-v2-1

| 평가 |

⠿ 1장

1. Keycloak은 쿠버네티스에서 실행되는 도커용 컨테이너 이미지를 배포한다. 또한 쿠버네티스에서 Keycloak 설치 및 관리를 도와주는 Keycloak용 쿠버네티스 오퍼레이터^{Kubernetes Operator}도 있다.

2. Keycloak 관리자 콘솔은 애플리케이션 및 사용자 관리와 함께 Keycloak을 설정하고 관리할 수 있는 확장 콘솔을 제공한다.

3. Keycloak 계정 콘솔은 애플리케이션 계정을 관리하기 위해 사용자 프로파일 업데이트 및 패스워드 변경을 포함해서 애플리케이션 사용자를 위한 자체 서비스 콘솔을 제공한다.

⠿ 2장

1. 애플리케이션은 사용자를 Keycloak에서 제공하는 로그인 페이지로 리다이렉트한다. 인증 여부에 따라 사용자는 애플리케이션으로 다시 리다이렉트되고 애플리케이션은 Keycloak으로부터 인증된 사용자에 대한 정보를 식별하는 데 사용할 수 있는 ID 토큰을 획득한다.

2. 애플리케이션에서 Keycloak으로 사용자를 인증하도록 허용하려면, 애플리케이션이 Keycloak에 클라이언트로 등록돼 있어야 한다.

3. 애플리케이션은 요청에 접근 토큰을 포함하며, 백엔드 서비스는 접근 허용 여부를 결정하기 위해 해당 토큰을 확인할 수 있다.

3장

1. OAuth 2.0을 사용하면 애플리케이션이 사용자를 대신해 다른 애플리케이션에서 제공하는 리소스 집합에 대한 접근 권한을 부여하는 접근 토큰을 획득할 수 있다.

2. OpenID Connect는 OAuth 2.0 위에 인증 계층을 추가할 수 있다.

3. OAuth 2.0은 토큰 표준을 정의하지 않는다. JWT를 토큰 포맷으로 사용하면 애플리케이션은 토큰을 직접 검증하고 토큰에 포함된 내용을 확인할 수 있다.

4장

1. 디스커버리 엔드포인트를 통해 애플리케이션은 OpenID 제공자에 대한 여러 가지 유용한 정보를 찾을 수 있으며, OpenID 제공자를 통해 특정 제공자에 대한 설정을 자동으로 구성할 수 있다.

2. 애플리케이션은 OpenID 제공자로부터 인증된 사용자에 대한 정보가 포함된 ID 토큰, 서명된 JWT를 검색한다.

3. 프로토콜 매퍼 또는 클라이언트 범위를 통해 클라이언트에게 애플리케이션에서 사용할 수 있는 ID 토큰에 포함될 정보를 정확하게 제공할 수 있다.

5장

1. 애플리케이션은 인가 서버에서 접근 토큰을 획득하기 위해 OAuth 2.0 인가 코드 부여 유형을 활용할 수 있다. 그다음 애플리케이션은 REST API에 전송된 요청에 접근 토큰을 포함한다.

2. 접근 토큰은 사용자, 역할, 또는 범위를 기반으로 제한된다.

3. 서비스는 토큰 검사 엔드포인트를 호출해서 접근 토큰을 검증하거나 JWT 토큰을 사용하는 경우, 토큰 정보를 직접 확인하고 검증할 수 있다.

6장

1. SPA는 브라우저에서 실행되기 때문에 보안 클라이언트를 직접 사용할 수 없다. 이러한 상황은 리프레시 토큰이 유출되면 큰 위험을 초래하게 된다. 따라서 보안 클라이언트를 사용하고 토큰을 서버 사이드에 저장하는 백엔드를 웹 서버에서 실행하는 것이 더 안전하다.

2. 모든 유형의 애플리케이션은 외부 사용자 에이전트를 통해 OAuth 2.0을 사용해 접근 토큰을 획득할 수 있으며 다양한 유형의 서비스는 bearer 토큰을 지원한다.

3. 애플리케이션은 자격증명이 유출될 가능성이 높고 애플리케이션에 사용자 계정의 전체 접근 권한을 제공하므로 사용자 자격증명을 직접 수집하면 안 된다. 따라서 네이티브 및 모바일 애플리케이션은 Keycloak 인증을 수행하기 위해 외부 사용자 에이전트를 사용한다.

7장

1. 7장에서는 다양한 프로그래밍 언어 및 플랫폼에 대한 여러 가지 통합 옵션을 살펴봤다. 사용 중인 프로그래밍 언어가 이미 OpenID Connect를 지원하는 경우 라이브러리나 프레임워크를 통해 수행되더라도 해당 언어 사용을 권장한다. 또는 아파치 HTTP 서버와 같은 리버스 프록시를 사용할 수 있다.

2. Keycloak 어댑터는 신뢰할 수 있는 클라이언트 라이브러리가 많지 않은 경우 필요하다. 최신 프로그래밍 언어와 해당 언어를 기반으로 구축된 프레임워크는 OpenID Connect를 대부분 지원한다. 경험에 의하면 다른 선택 사항이 없는 경우에만 Keycloak 어댑터를 사용하기를 권장한다.

3. 리액트 네이티브[Reactive Native]를 사용하는 경우 다음 링크(https://github.com/FormidableLabs/react-native-app-auth/blob/main/docs/config-examples/keycloak.md)를 참조할 수 있다. 해당 페이지에서 리액트 네이티브와 Keycloak을 통합하는 방법을 찾을 수 있을 것이다. Keycloak은 OpenID Connect 제공자와 완전히 호환되며 다른 라이브러리 또한

활용할 수 있다는 점을 기억해야 한다.

4. 쿠버네티스 또는 오픈시프트에서 실행되는 애플리케이션의 경우 해당 통합 아키 텍처 스타일 모두 적합하다. 사용 중인 서비스 메시(예를 들어, Istio)의 기능을 활용해야 한다.

하지만 여전히 임베디드 아키텍처 스타일을 사용할 수도 있다. 애플리케이션이 사용 중인 기술 스택 옵션에 이미 익숙한 경우 해당 아키텍처 스타일이 적합할 수 있다.

⠗ 8장

1. 토큰에 데이터를 추가하는 경우, 실제로 크기가 불균형적으로 커진다. 고려할 만한 옵션은 애플리케이션에 필요한 최소한의 정보만 포함시키거나 추가적인 정보의 경우 토큰 검사 엔드포인트를 사용하는 것이다. 단점은 애플리케이션이 요청을 처리할 때 Keycloak에 대한 추가 요청을 수행해야 한다는 점이다.

또한 클라이언트 설정에서 Full Scope Allowed를 비활성화해 클라이언트와 관련된 정보만 토큰에 포함되도록 해야 한다.

2. realm 역할은 조직에 포함된 사용자의 역할을 표시해야 한다. 해당 역할은 realm에 생성된 클라이언트에 관계없이 동일한 의미를 갖는다. 반면, 클라이언트 역할에 대한 해당 정의는 클라이언트에 따라 다르다. 8장에서 우리는 realm 역할과 클라이언트 역할을 동일한 이름^{manager}으로 생성했다. realm 역할은 조직의 관리자 역할을 가진 사용자를 나타낼 수 있지만, 관리자 클라이언트 역할은 애플리케이션의 리소스를 관리하는 권한을 나타낼 수 있다. 자신의 필요에 맞게 적절한 역할을 선택하는 것은 사용자의 몫이다. 두 역할의 개념적 차이를 이해해 어느 하나를 과도하게 사용하지 않아야 한다.

3. 인증 SPI를 통해 Keycloak을 사용자 정의해야 한다.

예를 들어 사용자 정보를 수집하기 위해 흐름에 추가 페이지를 설정하거나, 컨텍스트 정보contextual information를 세션 노트에 제공하기 위해 사용자 정의 인증자를 사용하고 추후 프로토콜 매퍼를 사용해 해당 세션 노트의 정보를 토큰에 매핑할 수 있다.

4. Keycloak이 역할과 토큰을 매핑하는 방법을 변경하는 것은 일상적인 업무다. realm_access 또는 resource_access 클레임이 아닌 다른 클레임으로부터 역할을 매핑하는 경우 매핑 방법을 변경해야 한다. 애플리케이션 요구 사항에 따라 프로토콜 매퍼를 언제든지 변경할 수 있다.

5. 애플리케이션은 보안 요구 사항에 따라 다른 전략을 사용할 수 있다. 예를 들어 동일한 애플리케이션에서 RBAC 또는 그룹을 사용하거나 보호된 리소스에 대한 세분화된 접근이 필요한 경우 ABAC 또는 Keycloak Authorization Services를 사용할 수 있다.

⋮⋮ 9장

1. 장애가 발생한 경우 데이터베이스 인스턴스를 쉽게 전환할 수 있도록 active-passive 또는 active-active 데이터베이스를 사용하는 것을 권장한다. 하지만 Keycloak은 캐시에 가능한 한 많은 데이터를 보관하며 캐시된 데이터의 양이 데이터를 가져오는 것에 전혀 영향을 미치지 않아야 한다. 그러나 데이터베이스에 데이터를 저장하는 작업은 연결이 복구될 때까지 실패한다.

Keycloak은 또한 네트워크 장애 발생 시 장애 조치failover를 개선하기 위해 몇 가지 유용한 구성 옵션 설정을 제공한다. 추가적인 커넥션을 사용할 수 있는지 확인하기 위해 백그라운드 커넥션 유효성 검사를 활성화해야 하며 커넥션 풀에서 커넥션을 가져오기 전에 커넥션을 확인하거나 커넥센 풀의 모든 커넥션에 대한 유효성 검사 및 반복을 피하기 위해 커넥션이 종료되는 경우 페일 패스트fail fast를 수행할 수 있다.

2. 디폴트 설정은 IP 멀티캐스트를 사용해 노드 간에 메시지를 브로드캐스트하고 클러스터를 생성한다. Keycloak의 배포 위치에 따라 적절한 설정은 달라질 수 있다. 베어 메탈 또는 VM에 Keycloak을 배포하는 경우, 디스커버리를 위한 TCPPING 또는 JDBC_PING을 통해 다양한 JGroups 스택 사용을 고려할 수 있다.

3. Keycloak은 9장에서 논의한 대부분의 작업을 처리하는 연산자를 제공한다. 해당 연산자를 통해 쿠버네티스 또는 오픈시프트에서 Keycloak을 실행하는 것을 권장한다. 클러스터링 환경에서 오픈시프트 및 쿠버네티스를 실행하는 경우 디스커버리를 위해 DNS_PING 사용을 권장한다.

4. 동일한 멀티캐스트 주소 네트워크에서 수신 대기 중인 모든 인스턴스가 클러스터에 참여할 수 있도록 해당 통신에는 보안이 수행되지 않는다. 불필요한 노드가 클러스터에 가입하지 않도록 하려면 X.509 인증서를 사용해 노드를 인증하는 JGroups 스택을 설정할 수 있다. 또한 데이터가 유출되거나 평문으로 전송되는 것을 방지하기 위해 암호화를 활성화할 수 있다. 더 자세한 내용은 14장, 'Keycloak 및 애플리케이션 보안'을 참조하면 된다.

5. HTTPS를 사용해야 하는 이유는 프라이빗 네트워크 내에서 인스턴스가 실행되긴 하지만 Keycloak은 서버에서 발급한 사용자(개인 정보) 및 토큰에 대한 민감한 데이터를 지속적으로 애플리케이션과 통신하기 때문이다. 종단 간 암호화를 권장한다.

6. Keycloak은 패스워드 해싱, 토큰 발행 그리고 시그니처 및 암호화를 통해 검증을 수행하기 때문에 CPU 사용량이 높다. 로드 및 처리해야 하는 동시 요청 개수에 따라 클러스터의 각 노드에 2개 이상의 CPU를 할당해야 한다.

   높은 CPU 사용량은 빈번한 GC 실행으로 인해 발생할 수도 있다. 일반적인 원인은 작은 메타 공간 크기, 작은 영 제너레이션 크기small young generation size 또는 전체 힙 크기에 도달하는 JVM과 관련 있을 수 있다. 가능한 한 적은 일시 중지와 카운트를 얻을 때까지 GC 실행을 지속적으로 모니터링하고 조정해야 한다.

   TLS는 높은 CPU 사용량이 필요하다. 상황에 따라 TLS 터미네이션에 대한 리버스 프록시를 설정해 Keycloak 노드의 CPU 사용을 줄일 수 있다.

7. 필요한 메모리는 사용 사례에 따라 다르다. 기본 설정을 사용해 작게 시작하고 부하 및 성능 테스트에 따라 메모리를 조정해야 한다.

8. Keycloak 벤치마크 툴(https://github.com/keycloak/keycloak-benchmark)을 확인하면 된다.

⁝⁝ 10장

1. 11장에서 볼 수 있듯이 Keycloak은 SPI^Service Provider Interface를 제공해 데이터베이스뿐만 아니라 다른 모든 형태의 ID 저장소와도 통합할 수 있다.

2. 자체 데이터베이스에 LDAP의 정보를 저장하는 것 외에도 Keycloak은 LDAP에서 가져온 항목에 대한 데이터도 캐시한다. 정보가 캐시되는 방법과 만료 시기를 완벽하게 제어할 수 있다. 동기화 설정과 함께 LDAP 디렉터리의 정보는 서버의 전체 성능에 영향을 주지 않고 주기적으로 업데이트된다.

3. Keycloak에서 ID 제공자 매퍼를 설정할 수 있다. 해당 매퍼를 통해 사용자가 처음으로 인증을 수행할 때 특정 사용자 속성 또는 특정 역할을 설정해 사용자 생성 방법을 사용자 정의할 수 있다.

⁝⁝ 11장

1. Keycloak을 사용하면 11장에서 다룬 페이지뿐만 아니라 전체적인 디자인을 사용자 요구에 맞게 변경할 수 있다. 13장, 'Keycloak 확장'에서 살펴보겠지만 Keycloak에서 제공하는 여러 가지 테마를 사용해 페이지의 디자인을 변경할 수 있다. 더 자세한 내용은 관련 문서(https://www.keycloak.org/docs/latest/server_development/#_themes)에서 확인할 수 있다.

2. WebAuthn은 FIDO 또는 FIDO2를 지원하는 보안 기기를 사용해야 한다. 또한 HTTPS 및 유효한 도메인 네임을 사용해 Keycloak에 접근해야 한다. WebAuthn은 서버가 클라이언트와 다른 도메인에서 접근할 경우 도메인 이름과 보안 연결에

대한 엄격한 보안 정책을 가진다. 또한 사용하는 브라우저가 WebAuthn API 지원 여부를 확인해야 한다. 또한 WebAuthn 사이트의 데모를 참조해 보안 기기가 어떻게 작동하는지 확인해야 한다.

⁘ 12장

1. 세션 유형에 따라 다르다. 사용자 및 클라이언트 세션은 메모리에 저장되지만 오프라인 세션은 데이터베이스에 저장된다.

2. 오프라인 세션은 OpenID Connect 사양에 따라 오프라인 토큰을 사용할 때 특정 문제를 해결하는 특수한 유형의 세션이다. 오프라인 토큰의 목적은 사용자 정보에 접근하거나 처리하기 위해 백그라운드 작업을 수행하는 경우와 같이 사용자가 오프라인 상태인 경우에도 클라이언트가 사용자를 대신해 작업할 수 있도록 하는 것이다. 그러나 일부 사람들은 리프레시 토큰의 경우, 특정 상황에서 만료되지 않기 때문에 오프라인 토큰을 사용해 복잡성(또는 제약 사항)을 해결한다. 더 자세한 내용은 관련 문서(https://www.keycloak.org/docs/latest/server_admin/#_offline-access)를 참조하면 된다.

3. 프로덕션에서 Keycloak을 사용하는 경우 여러 개의 Keycloak 인스턴스를 클러스터에서 실행할 수 있다. 데이터 손실을 방지하려면 노드를 순차적으로 재시작해야 한다. 세션 상태는 명확하게 정의된 여러 노드에 분산되며 모든 노드가 갑자기 종료되면 세션 상태가 손실될 수 있다. 또한 Keycloak을 사용하면 별도의 Infinispan 서버를 사용해 클러스터 외부에서 세션 상태를 유지할 수 있다. 하지만 해당 기능은 원래 여러 데이터 센터에서 클러스터링이 가능하도록 설계됐지만 단일 데이터 센터를 지원하도록 확장될 수 있다.

4. 사용자가 클라이언트를 인증할 때마다 세션이 생성된다. 세션이 생성되지 않는 유일한 시나리오는 클라이언트가 클라이언트 자격증명 부여를 사용해 자체적으로 토큰을 얻는 경우다. 이 경우 리프레시 토큰을 사용하지 않기 때문에 사용자 및 클라이언트 세션도 생성되지 않지만 재인증을 통해 신규 토큰을 획득할 수 있다.

13장

1. Keycloak의 코드 기반에서 SPI는 `keycloak-server-spi` 및 `keycloak-server-spi-private` 2개의 모듈로 구성된다. 공용 SPI는 `keycloak-server-spi` 모듈에 포함되며 Keycloak은 릴리스 간에 인터페이스를 이전 버전과 호환되도록 하기 위해 노력한다. 해당 SPIs 또한 문서화된다. 반면 사설 SPI는 이전 버전과의 호환을 지원하지 않으며 일반적으로 관련 문서가 부족하다. 통상 서버를 확장하기 위해 문서화된 SPI를 사용할 것으로 예상하기 때문에 문서에서 사용할 수 있는 SPI를 먼저 살펴볼 것을 권장한다.

2. 해당 인터페이스(KeycloakSessionFactory 및 KeycloakSession)에 대한 구체적인 설명서는 없으며 Javadoc만 있다. Keycloak 팀은 이 부분을 개선하기 위해 노력하고 있다.

3. 확장하고자 하는 SPI에 따라 다르다. 13장에서 살펴본 것처럼 Keycloak 테마를 확장하기 위해서는 기본적인 CSS, 자바스크립트, HTML 지식만으로 충분하다. 다른 SPI는 자바스크립트를 통해 기능을 사용자 정의할 수 있다. 특히 인증자 및 프로토콜 매퍼의 경우에 해당된다. 더 자세한 내용은 관련 문서(https://www.keycloak.org/docs/latest/server_development/#_script_providers)를 참조하면 된다. 하지만 다른 형태의 사용자 정의를 수행하는 경우 자바에 대한 기본 배경지식이 필요하다.

14장

1. 실수는 언제든지 발생할 수 있기 때문에 완벽하게 안전한 소프트웨어는 존재하지 않는다. 다행히 Keycloak 팀과 커뮤니티 모두 지속적으로 취약점을 찾고 있으며 발견된 모든 문제를 지속적으로 해결하고 있다. Keycloak을 업데이트하지 않으면 이러한 업데이트를 적용할 수 없고 Keycloak 서버를 공격하고자 하는 누군가는 해당 업데이트를 확인할 수 있다.

2. Keycloak은 데이터베이스에 여러 민감한 데이터를 저장하며 해당 데이터는 공격자에게 중요한 정보다. 공격자가 데이터베이스의 쓰기 권한을 획득하면 Keycloak을 사용하는 애플리케이션에 대한 접근 권한을 획득할 수 있다.

3. 웹 애플리케이션 방화벽에만 의존하는 것은 권장하지 않는다. 강력한 인증을 활성화하고 애플리케이션 자체에서 적절한 수준의 보안을 제공해야 한다.

| 찾아보기 |

Keycloak – 모던 애플리케이션을 위한 ID 및 접근 관리

Keycloak, OpenID Connect 및 OAuth 2.0 프로토콜의 강력한 기능을 활용한 애플리케이션 보안

발 행 | 2023년 9월 26일

옮긴이 | 최 만 균
지은이 | 스티안 토르거센 · 페드로 이고르 실바

펴낸이 | 권 성 준
편집장 | 황 영 주
편 집 | 김 진 아
         임 지 원
디자인 | 윤 서 빈

에이콘출판주식회사
서울특별시 양천구 국회대로 287 (목동)
전화 02-2653-7600, 팩스 02-2653-0433
www.acornpub.co.kr / editor@acornpub.co.kr

한국어판 ⓒ 에이콘출판주식회사, 2023, Printed in Korea.
ISBN 979-11-6175-786-5
http://www.acornpub.co.kr/book/keycloak-iam

책값은 뒤표지에 있습니다.